高等本科
安全工程 /应急技术与管理专业教材

新时代应急管理

徐明伟　侯志强　主　编

王 一　闫东东　王冠韬　副主编

化学工业出版社

·北京·

内 容 简 介

本教材以新时代背景下的应急管理为核心，系统梳理了现代风险特征、应急管理体系构建、应急响应与恢复、新时代危机管理、新时代综合应急保障等关键内容，旨在为读者提供理论与实践并重的综合性知识框架。全书共分 5 章，结合前沿技术与政策法规，深入探讨了应急管理的创新模式、智能应用及可持续发展路径。书中融入了遥感技术、GIS 技术、大数据分析等现代信息化、智能化新技术在应急管理中的应用、应急实战一体化等案例。

本书可以作为普通高等本科应急技术与管理、安全技术相关专业教材，也可为公共安全、矿山、建筑、化工等领域从事安全、应急救援方面的管理、设计与生产、研究与评价的相关人员提供全面的指导。

图书在版编目（CIP）数据

新时代应急管理 / 徐明伟，侯志强主编． -- 北京 ：化学工业出版社，2025．6． --（高等本科安全工程/应急技术与管理专业教材）． -- ISBN 978-7-122-48165-8

Ⅰ．C934

中国国家版本馆 CIP 数据核字第 2025LV9515 号

责任编辑：刘丽宏　　　　　文字编辑：刘建平
责任校对：宋　玮　　　　　装帧设计：王晓宇

出版发行：化学工业出版社
　　　　　（北京市东城区青年湖南街 13 号　邮政编码 100011）
印　　装：河北延风印务有限公司
787mm×1092mm　1/16　印张 12　字数 287 千字
2025 年 6 月北京第 1 版第 1 次印刷

购书咨询：010-64518888　　　　售后服务：010-64518899
网　　址：http://www.cip.com.cn
凡购买本书，如有缺损质量问题，本社销售中心负责调换。

定　　价：46.00 元　　　　　　　版权所有　违者必究

本书编委会

主　编：

徐明伟　侯志强

副主编：

王　一　闫东东　王冠韬

其余参编人员：

陈建武　黄东明　刘　艳　徐　淳　李雅阁

沈春明　赵杰超　甄智鑫　马海澎　徐　欢

刘建国　于　露　姚海飞　张浩强　沈　静

武司苑　代濠源　栾婷婷　宋冰雪　杨　凯

王　科　杨尚学　余成刘　刘冠林　李昊斌

前言
PREFACE

在全球化浪潮和科技迅猛发展的当下，人类社会正经历着前所未有的变革，各类风险与挑战层出不穷，对各国应急管理能力提出了严峻考验。

自新中国成立以来，我国应急管理工作经历了从单项应对到综合协调，再到如今综合应急管理的深刻变革。自2018年成立应急管理部以来，我国进一步整合了各部门应急管理职能，构建了统一指挥、专常兼备、反应灵敏、上下联动、平战结合的中国特色应急管理体制。尽管应急管理体系在不断完善，但面对新时代日益复杂的风险和挑战，仍存在体制与总体国家安全体系关系不清、部门间权责划分不明、法律法规亟待修订等问题，这些制约因素影响了我国应急响应能力的提升和风险治理水平的进一步提高。

《新时代应急管理》一书立足于我国应急管理体系的现状，围绕新时代背景下应急管理的基础理论、体制构建、应急响应、危机管理及综合应急保障等方面进行系统论述。各章核心内容如下。

第1章：新时代应急管理基础。本章立足新时代风险特征与灾害演变，系统阐释应急管理的概念框架、历史演进及社会责任。重点分析新兴灾害类型（如网络风险、环境危机等）的特征与应对策略，探讨法律法规的适应性变革、政策执行的数字化转型，以及风险识别与评估技术的创新（如大数据分析、人工智能应用）。通过对比国内外案例，揭示我国应急管理面临的挑战与现代化方向。

第2章：新时代应急管理体系。聚焦应急管理系统的结构、体制与机制设计，强调现代化与灵活性的结合。解析政府、社会与市场在应急管理中的协同机制，探讨智能化决策支持系统、全球化风险响应策略及应急预案体系的优化路径。同时，梳理我国应急管理法制建设的成就与不足，提出适应新兴危机的法律框架改革方向。

第3章：应急响应与恢复。围绕应急全周期管理，突出数字化工具的应用。从智能资源调度、虚拟演练到灾情信息流的实时分析，系统阐述数字化技术如何提升应急响应效率。灾后恢复部分融合大数据评估、个人心理援助与经济重建的数字化模式，强调"韧性恢复"理念，构建从预警到重建的全链条解决方案。

第4章：新时代危机管理。深入探讨危机管理的数字化转型与智能化决策。分阶段解析公共危机的预警、应对与恢复机制，强调数据驱动方法在危机决策中的核心作用，同时关注跨部门协作、媒体信息传播及公众心理干预。结合法治保障与社会力量协作，提出构建高效、透明的危机管理体系。

第5章：新时代综合应急保障。以韧性城市理论为依托，构建涵盖物资储备、救援队伍、科技支撑的综合应急保障体系。重点讨论智能化物资调配、全球协作机制及应急产业的跨界融合，分析无人机、区块链等前沿技术在应急保障中的应用。此外，提出应急队伍多元化能力建设与高效管理的创新路径，展望未来技术趋势对应急产业的深远影响。

全书旨在总结我国应急管理体系从单灾种应对到综合应急管理的演进历程，深入剖析现存问题，并探讨如何通过顶层设计和技术创新，进一步提升我国应急管理能力，保障人民群众的生命财产安全和社会稳定发展。本书作为安全工程、应急技术与管理等专业的教材，既适用于高等院校的教学，也为政府管理人员、企业安全管理者及应急救援人员提供参考和借鉴。

本书由北京石油化工学院徐明伟和侯志强担任主编并统稿，由王一、闫东东、王冠韬担任副主编，参编人员还有陈建武、黄东明、刘艳、徐淳、李雅阁、沈春明、赵杰超、甄智鑫、马海澎、徐欢、刘建国、于露、姚海飞、张浩强、沈静、武司苑、代濠源、栾婷婷、宋冰雪、杨凯、王科、杨尚学、余成刘、刘冠林、李昊斌。

希望本书能够为我国应急管理体系的现代化建设提供理论支持和实践指导，助力我国更好地应对新时代风险与挑战，保障公共安全与社会稳定。同时，也期望本书能为培养应急管理领域的高素质人才提供系统的知识体系和实践参考，为国家安全和社会发展贡献智慧和力量。

在本书的编写过程中，我们得到了领域内众多专家的鼎力支持，并参考了大量的国内外文献资料。在此，谨向所有为本书提供指导和帮助的专家学者表示诚挚的谢意。同时，由于时间和能力的限制，书中难免存在不足之处，敬请广大读者批评指正，以便在今后的修订中不断完善和提升。

编者

目录
CONTENTS

第 5 章　新时代综合应急保障　　　　　　　　　　　146

第 **1** 章

新时代应急管理基础

导言

在全球化浪潮与科技迅猛发展的当下，人类社会正经历着前所未有的变革，各种风险与挑战层出不穷，对各国的应急管理能力提出了严峻考验。党中央高度重视应急管理工作，强调要坚持人民至上、生命至上，统筹发展和安全，推动公共安全治理模式向事前预防转型，加快构建现代化应急管理体系和能力，为我国应急管理事业的发展提供了根本遵循。

我国应急管理工作所应对的范围逐渐扩大，由自然灾害为主逐渐扩大到自然灾害、事故灾难、公共卫生事件和社会安全事件等方面，应急管理从专业部门应对单一灾害逐步发展到综合协调的应急管理，其发展历程大致可分为 4 个阶段。

（1）单项应对模式（1949～1978 年）

在"一元化"领导体制下，建立了国家地震局、水利部、林业部、气象局、国家海洋局等专业性防灾减灾机构，一些机构又设置若干二级机构以及成立了一些救援队伍，形成了各部门独立负责各自管辖的灾害预防和抢险救灾的分散管理、单项应对模式。该时期我国政府对洪水、地震等自然灾害的预防与应对尤为重视，但相关组织机构职能与权限划分不清晰，在应对突发事件时，实行党政双重领导，应急响应过程往往是自上而下传递计划指令的被动式应对突发事件。

（2）分散协调模式（1978～2003 年）

该时期，政府应急力量分散，表现为"单灾种"的应急多，"综合性"的应急少，处置各类突发事件的部门多，但大多"各自为政"。为了提高政府应对各种灾害和危机的能力，中国政府于 1989 年 4 月成立了中国国际减灾十年委员会，后于 2000 年 10 月更名为中国国际减灾委员会。1999 年，建立了一个统一的社会应急联动中心，将公安、交警、消防、急救、防洪、护林防火、防震、人民防空等政府部门纳入统一的指挥调度系统。2002 年 5 月，广西南宁市社会应急联动系统正式建立标志着"应急资源整合"的思想落地。在此阶段，当重特大事件发生时，通常成立一个临时性协调机构以开展应急管理工作，但在跨部门协调时工作量很大，效果不好。这种分散协调、临时响应的应急管理模式一直延续到 2003 年"非典"事件爆发前。

（3）综合协调模式（2003～2018 年）

2003 年春，我国经历了一场由非典疫情引发的从公共卫生到社会、经济、生活全方位的突发公共事件。应急管理工作得到政府和公众的高度重视，全面加强应急管理工作开始起步。2005年4月，中国国际减灾委员会更名为国家减灾委员会，标志着我国探索建立综合性应急管理体制。2006年4月，国务院办公厅设置国务院应急管理办公室（国务院总值班室），履行值守应急、信息汇总和综合协调职能，发挥运转枢纽作用。这是我国应急管理体制的重要转折点，是综合性应急体制形成的重要标志。同时，处理信访突出问题及群体性事件联席会议等统筹协调机制不断加强，国家防汛抗旱总指挥部、国家森林防火指挥部、国务院抗震救灾指挥部、国家减灾委员会、国务院安全生产委员会、国务院食品安全委员会等议事协调机构的职能不断完善，专项和地方应急管理机构得到充实。国务院有关部门和县级以上人民政府普遍成立了应急管理领导机构和办事机构，防汛抗旱、抗震救灾、森林防火、安全生产、公共卫生、公安、反恐怖、海上搜救和核事故应急等专项应急指挥进一步得到完善，解放军和武警部队应急管理的组织体系得到加强，形成了"国家建立统一领导、综合协调、分类管理、分级负责、属地管理为主的应急管理体制"的格局。这种综合协调应急管理模式应对了汶川特大地震、玉树地震、舟曲特大山洪泥石流、王家岭矿难、雅安地震等一系列重特大突发事件，但也暴露出应急主体错位、关系不顺、机制不畅等一系列结构性缺陷，而这需要通过顶层设计和模式重构完善新形势下的应急管理体系。

（4）综合应急模式（2018年至今）

2018年4月，我国成立应急管理部，将分散在国家安全生产监督管理总局、国务院办公厅、公安部（消防）、民政部、国土资源部、水利部、农业部、林业局、地震局以及防汛抗旱指挥部、国家减灾委、抗震救灾指挥部、森林防火指挥部等的应急管理相关职能进行整合，以防范化解重特大安全风险，健全公共安全体系，整合优化应急力量和资源，打造统一指挥、专常兼备、反应灵敏、上下联动、平战结合的中国特色应急管理体制。

纵观我国应急管理工作发展历程，从单项应对发展到综合协调，再发展到综合应急管理模式，我国应急管理工作理念发生了重大变革，从被动应对到主动应对，从专项应对到综合应对，从应急救援到风险管理。当前我国应急管理工作更加注重风险管理，坚持预防为主；更加注重综合减灾，统筹应急资源。现代社会风险无处不在，应急管理工作成为我国公共安全领域国家治理体系和治理能力的重要构成部分，明确了应急管理由应急处置向以防灾减灾和应急准备为核心的重大转变。这个变革将有利于进一步推动安全风险的源头治理，从根本上保障人民群众的生命财产安全。

然而，面对新时代的风险与挑战，我国应急管理体系仍存在一些亟待解决的问题。例如，应急管理体制与总体国家安全体系的关系需要进一步厘清，新体制与"一案三制"的关系需要进一步协调，应急管理部门的权力重组需要进一步优化，相关法律修订问题亟待解决，等等。这些问题的存在，制约了我国应急管理体系效能的进一步提升，也影响了我国在应对重大突发事件时的应急响应能力。

在这样的背景下，深入研究我国应急管理体系的发展现状、存在的问题以及未来的发展方向，具有重要的理论意义和实践价值。本书将从多个维度对我国应急管理体系进行深入剖析，探讨如何进一步完善我国的应急管理体系，提升我国的应急管理能力，以更好地应对新时代的风险与挑战，保障人民群众的生命财产安全和社会的稳定发展。

本书首先对新时代应急管理的基础理论进行了阐述，对我国应急管理体系的发展历程进行了梳理，总结了我国应急管理体系从单灾种应对到综合应急管理的转变过程，以及应急管理部成立后我国应急管理体系的新变化。在此基础上，深入剖析了我国应急管理体系存在的问题，如体制不顺、机制不畅、能力不足等，并针对这些问题提出了相应的解决对策和建议。

本书旨在为我国应急管理体系的建设和发展提供理论支持和实践指导，为我国应急管理事业的发展贡献智慧和力量。希望通过本书的研究，能够为我国应急管理体系的进一步完善和发展提供有益的参考，为我国更好地应对新时代的风险与挑战提供有力的支持。

1.1　新时代应急管理概述

1.1.1　突发事件与新时代风险

突发事件：《中华人民共和国突发事件应对法》所称突发事件，是指突然发生，造成或可能造成严重社会危害，需要采取应急处置措施予以应对的自然灾害、事故灾难、公共卫生事件和社会安全事件。针对此类事件，该法以预防和减少突发事件发生为核心目标，通过规范突发事件的预防与应急准备、监测与预警、应急处置与救援、事后恢复与重建等应对活动，旨在控制、减轻和消除其引发的社会危害，提升整体预防与应对能力，切实保障人民生命财产安全，维护国家安全、公共安全、生态环境安全及社会秩序。其中，突发公共卫生事件应对优先适用《中华人民共和国传染病防治法》等专项法律的规定；若相关领域法律未作规定，则适用该法。

新时代风险：当前，人类社会发展已经进入以全球化、社会自反性强化、非传统社会形式聚集、新兴风险和传统安全问题交织等为主要特征的"晚期现代性阶段"。世界正处于百年未有之大变局，经历着新一轮大发展、大变革、大调整。我国正处于新全球化、第四次工业革命与社会转型发展"三重叠加"的历史交汇期，公共卫生、安全和环境等领域的风险事件日益增多，"风险语境"正在构成社会治理亟须面对的"新常态"。

（1）风险社会成为社会治理亟须面对的新常态

随着风险挑战的形态与影响日益广泛、多元和复杂，诸多公共问题和集体行动困境的破解都涉及"共受风险"与"协同行动"问题。在重大突发公共卫生事件全球大流行的情形下，人类应当如何应对这一百年不遇的重大灾难，如何在科技支撑、文化诠释、伦理规约、社会治理、法治保障等各方面作出回应，以控制和减少疫情带来的各种损失，无疑是我们当下亟须检视回应的重要课题。

风险治理是社会治理的重要组成部分，公共卫生应急管理也成为新时代国家治理的重要任务。尤其是重大突发公共卫生事件是对我国风险管理体制和社会治理能力的考验，每一次事件也为我国进一步完善社会治理体系、提升社会治理能力提供了契机。疫情防控的成效和预期很大程度上依赖于整个社会的风险治理能力存量以及在灾害情境下激发的风险治理能力增量。要提升公共卫生等领域的风险治理能力，应当厘清该类事件背后隐藏的风险观念误区和认知性缺陷，把握风险传播的不确定性、复杂性特征，探索风险分配的均等性和全球性后果及其应对方略，从而为系统治理公共卫生突发事件难题提供全面支撑。

（2）全球风险对社会治理形成新挑战

目前，世界范围内的重大突发公共卫生事件依旧严峻，在全球性风险面前，没有国家和地区可以幸免。中国在疫情防控中采用的"新型举国体制"能够形成强有力的统一领导和决策部署，在短时间内紧急调配全国各方面力量和资源投入抗疫行动，迅速和坚决执行对城市和交通的紧急管制等应急措施，充分体现出中国特色社会主义制度优势。不过，我们也应当看到，当代中国社会治理还面临着诸多挑战。

① 社会治理能力需求和供给匹配性的挑战。处于时空压缩和快速现代化进程中的中国，其社会发展转型也呈现出传统性、现代性、后现代性思潮同在，农业文明、工业文明、信息文明并存的特点。不同风险挑战和不同社会矛盾在同一阶段发生，有时会出现不同群体的利益诉求相对合理又相互对立的情形，社会治理面临着极大的复杂性，社会治理共同体能够供给的资源和能力与解决社会治理问题的巨大需求之间存在着匹配性的严峻挑战。

② 风险不确定性对社会治理稳态特征的挑战。全球化趋势一定程度上消除了风险的边界，使得风险超越了原有的地区和空间限制。西方既有的社会理论特别是风险社会理论学说无法为在全球日益扩展的本土化风险实践提供合理解释，基于控制逻辑之上的风险治理策略已不能奏效，而在治理操作层面依旧沿用的传统风险决策和行动模式与充满不确定性和复杂性的风险实践之间的不匹配性，将导致风险治理困境，进而带来治理失效的多重效应。

③ 社会治理的系统性、协同性和可持续性挑战。当前中国社会治理面临诸多挑战的一个重要原因就是，在社会治理弱化甚至缺位的条件下，政府承担过多角色而导致其治理系统性、协同性和可持续性变差。理解公共卫生应急管理体系建设的关键，不仅需要从制度建设的角度对各国疫情应对加以考察，更要结合社会治理实际需要，关注社会治理共同体多元主体如何在突发公共卫生事件情境下协同发挥作用。

④ 由常态转换为应急状态中社会治理机制亟待完善的挑战。突发公共卫生事件的发展过程具有动态性，总体可划分为常态、常态转向非常态、非常态、非常态转向常态四个部分。如何构建社会治理常态与应急管理状态转换的有效机制，确保社会治理模式既能在平时实现有效组织的常态化，又能在突发事件中发挥关键支撑作用，同样是社会治理亟待回应的挑战。

（3）风险共生：走向后重大突发公共卫生事件时代的社会治理

后重大突发公共卫生事件时代的社会治理需适应国情和社会发展水平，构建整合型治理结构。社会治理不仅是宏观结构，更是微观实践，要与特定阶段国情相适应。党的十八届三中全会提出推进国家治理体系和治理能力现代化，党的十九届四中全会强调构建应急管理体制。后重大突发公共卫生事件时代社会治理应注重以下维度：

① 文明演进与全球治理：理解重大突发公共卫生事件防控与社会治理能力现代化，反思其产生的社会及文明运行逻辑，洞察风险本质及特征，理解其与人类命运、民族文化的联系，为全球防控与治理合作增添信心。

② 适应国情的治理体系：社会治理体系应适应特定"风险性质"和"环境特征"，研究突发公共卫生事件的社会治理属性和应急管理属性，探索适应其发展规律的社会治理理论，强化公共卫生应急管理维度研究。

③ 基层下沉与领域细化：加强风险研究与社会治理领域的交叉研究，丰富和完善社会治理制度建设政策工具箱，优化公共卫生应急管理制度，弥补社会治理理论赤字，注重社会治理体系中的"靶向治疗"和"精细化方案"。

④ 研究范式转变：推动社会治理研究范式从"描述性、倡导性"向"规范性研究"和"行动性研究"并重转变，形成社会治理共同体合力，提出具有可操作性的系统性方案，增

强公共卫生服务能力和应对能力，关注新兴技术对社会治理体系的机遇与挑战。

总之，面对后重大突发公共卫生事件时代的社会治理问题，应坚持理性立场，直面风险，沿着风险感知、风险治理、风险共生的道路前行，团结合作、携手抗疫，走向以责任为核心的合作治理。

1.1.2　新兴灾害类型与特征

随着现代化进程的加快，风险社会特征愈发明显，自然环境和社会系统中的风险因素不断聚集和耦合，导致灾害风险呈现出复合型特征。复合型灾害是指多种致灾因子同时发生或结合而引发的多重灾害，它可能是由一种灾害引发的连锁灾难后果，也可能是多种致灾因子共同作用带来的难以管理的灾害情境，其严重性超过单独发生的单个灾害。例如，2021年，印度、尼泊尔暴雨引发洪灾及山体滑坡；2021年，我国河南省郑州市的极端强降雨诱发了城市内涝、水库漫坝、工厂爆炸等灾害；2022年，我国四川省的极端高温导致山火、缺水、断电等事件，并伴随着公共卫生事件和地震灾害的冲击。

复合型灾害具有复杂性和不确定性，灾害应对超出单一灾种应对的预案和体系，是公共安全和应急管理研究的难点。联合国减少灾害风险办公室在《2015—2030年仙台减轻灾害风险框架》中指出，复合型灾害研究应关注新风险的产生，识别和研究可能引发连锁反应的新兴风险，并同步降低承灾体的暴露程度和脆弱性，增加社会系统的韧性。党的二十大报告强调"坚持人民至上、生命至上"，增强全社会防范和应对灾害事故的能力。"十四五"国家应急体系规划强调提高社会公众的应急意识和自救互救能力。公众是灾害的直接应对者，研究其灾害应对行为特征与内在机理，对增强社会防范和应对能力，提高公众自救、互救能力具有重要意义。

1.1.3　应急管理的时代变革

党的十八大以来，党中央高度重视应急管理体系和能力现代化建设，提出了新指示、新战略和新要求，全面部署新时代应急管理工作。2018年，国家成立应急管理部，标志着我国应急管理事业进入新阶段。党中央强调要增强忧患意识、责任意识，坚持以防为主、防抗救相结合，实现从灾后救助向灾前预防、从单一灾种应对向综合减灾、从减少灾害损失向减轻灾害风险的转变，全面提升全社会抵御自然灾害的综合防范能力。党的十九届四中全会审议通过的《中共中央关于坚持和完善中国特色社会主义制度推进国家治理体系和治理能力现代化若干重大问题的决定》提出构建统一指挥、专常兼备、反应灵敏、上下联动的应急管理体制，优化国家应急管理能力体系建设，提高防灾减灾救灾能力。

我国应急管理体系从1.0版本升级至4.0版本，为保障公共安全提供了有力支撑。但面对复杂外部环境和多变突发事件，现有体系存在条块分割、定位不清、沟通不畅、协调不力、重复建设、资源整合和技术能力不足等问题。为贯彻落实党中央关于应急管理现代化的精神，需要从基本理念入手，实现应急管理观念的五大转变：

① 从应急处置导向转变为风险治理与应急管理并重；

② 从应急管理行政负责转变为党政同责、一岗双责；

③ 从条块化应急管理转变为综合式应急管理；

④ 从政府主导应急管理转变为政府主导与政社协同并重；

⑤ 从动员式应急管理转变为规范化、标准化和信息化应急管理。

这些转变将有助于积极应对国内外应急管理形势的变化，发挥国家应急管理体系的制度效能，为实现"两个一百年"奋斗目标作出贡献。

（1）从应急处置导向转变为风险治理与应急管理并重

应急管理部门的首要任务是牢固树立安全发展理念，全力防范化解重大安全风险。应急管理现代化的核心之一是加强风险防范工作，以降低应急处置的压力和减少损失。这要求应急管理从应急处置导向转变为风险治理与应急管理并重导向，遵循预防与应急并重、常态管理与非常态管理相结合的原则，实现从被动应付到主动保障的战略转变。全流程风险治理是一个动态过程，包括风险识别、评估、沟通以及风险控制策略和措施的制定，是一项系统性、专业性、科学性和综合性很强的工作。建立科学、规范、系统、动态的风险治理机制，实现预防与处置并重、评估与控制结合，是从基础层面提升应急管理工作水平的必然要求。

① 开展风险普查和风险评估。各级政府应建立突发事件风险评估标准规范，实现风险的全过程动态管理，标本兼治化解风险。应急管理部门需推进风险评估工作，开展全国灾害综合风险普查试点，梳理风险源，编制风险地图，发布预警信息，提供预防与准备提示。相关主管部门和应急管理部门应开展多层面的风险现状评估，制定风险图景更新与发布机制，使公众了解各类风险。风险评估是风险预警的基础，预警决策应由法律授权的行政部门执行。

此外，需强化事前的风险评估和风险沟通。在重视重大决策类风险评估的同时，应更加关注社会稳定的综合性风险评估，包括社会综合因素评估。要完善风险评估内容的科学性，提高评估机制的实际效果，建立吸纳多元主体参与的评估机制，使其更实用。同时，利用新媒体资源进行有效的风险沟通。风险评估应与发展规划、政策相统一，在城乡发展规划中考虑安全风险，将风险评估作为发展战略布局的底线思维方式，使安全发展理念深入人心。

② 建立事件调查机制和长效学习机制。应急管理工作应完善事件调查机制并建立经验学习长效机制。每起灾害和危机事件都是学习提高的机会，客观公正的调查分析已成为国际惯例。事件调查旨在分析技术、体制、文化等因素，以吸取教训。因此，需转变问责导向，建立独立、权威、专业的调查制度，扩展调查学习的领域。同时，要探索建立经验学习长效机制，包括建立危机经验获取渠道、打破信息孤岛实现共享、建立正向激励和宽容失败的机制。

（2）从应急管理行政负责转变为党政同责、一岗双责

党的十八大以来，强调建立"党政同责、一岗双责、齐抓共管、失职追责"的安全生产责任体系，要求党政一把手亲力亲为。天津港"8·12"火灾爆炸事故后，再次强调严格落实这一原则。2018年，《地方党政领导干部安全生产责任制规定》进一步明确了这些要求，并强调管行业、业务、生产经营必须管安全。指出，重点督察贯彻党中央决策部署、解决突出环境问题、落实环境保护主体责任的情况，表明"党政同责、一岗双责"不仅适用于安全生产，还应覆盖公共安全的各个方面以及人民和国家的各项事业。

当前，迫切需要理顺和规范党政机构在公共安全治理中的责任，充分发挥党的领导作用，通过党政协同处理好公共安全治理中的责任和义务，解决应急管理工作中党政分工模式的缺陷，确保追责威慑和权力行使通过权责一致的机制得到实现。

① 建立健全"党政同责、一岗双责、齐抓共管、失职追责"责任体系。为了加强应急管理组织架构建设，需要进一步建立健全"党政同责、一岗双责、齐抓共管、失职追责"的

应急管理责任体系。在安全生产方面，党委应强化领导，贯彻党的安全生产方针，加大考核权重，将安全生产履职情况纳入干部考核体系，实行"一票否决"。同时，要将安全宣传教育培训和文化建设纳入党的宣传思想工作，科学决策安全生产重大问题，加大事故责任追究力度，严查失职渎职和腐败行为。

政府方面，要重点抓好五项工作：一是建立政府系统安全监管责任体系，地方政府主要负责人担任安全生产委员会主任，落实"一岗双责"；二是加强安全生产地方性法规和规章建设，严格遵守安全生产法律法规；三是有效调配行政资源，强化基层执法力量，深化隐患排查整改和"打非治违"专项行动；四是深入研究解决安全生产重大问题，如安全投入、科技装备、支持政策、重大危险源治理等；五是认真组织开展应急救援和事故调查处理，举一反三，加强和改进安全生产工作。

② 强化地方主体责任。按照分级负责、属地管理的原则，严格落实地方党委政府在重大风险防治方面的主体责任、主体作用。应着力消除地方党政部门在风险治理中的责任推诿现象，推广责任清单机制，督促中央和地方风险隐患排查工作的落实。《关于国务院机构改革方案的说明》规定："一般性灾害由地方政府负责，应急管理部代表中央统一响应支援；发生特别重大灾害时，应急管理部作为指挥部，协助中央指定的负责同志组织应急处置工作。"要科学合理划分中央与地方在应急管理中的责任，强化和落实地方责任，充分发挥地方政府和应急管理部门在突发事件应对工作中的积极性、主动性、创造性。政府应按照权、责、利对等的原则，明确地方突发事件应对的主体责任，赋予地方相应的职权。

③ 理顺党、政、军、警等权责关系。按照党政同责、统一领导、加强协调的原则，明确党、政、军、警等各方共同参与、分工明晰的应急指挥和决策体系，确保突发事件发生后党、政、军、警及有关部门主要负责人协同有序开展应急指挥。加强应急联动机制建设。通过建立健全应急联动制度规范、开展应急队伍系统作战训练演练、制定共享互通的应急通信与信息系统标准等途径，整合各协作主体的自主行动，强化应急协作共识，建立应急协调信任机制，提高地区之间、部门之间、条块之间、军地之间应急协作的程序化、制度化和规范化水平。

（3）从条块化应急管理转变为综合式应急管理

从条块化应急管理向综合式应急管理的观念转变，是贯彻落实国家领导人重要讲话精神、巩固机构改革成果的内在要求。2018 年应急管理部的成立为这一转变也提供了体制保障。"9+4"的结构体现了我国将主要的自然灾害与事故灾难应急职能综合统筹的改革思路，遵循优化、协同、高效的原则。优化强调科学合理、权责一致；协同要求统分有序、主次分明；高效则要求履职到位、流程通畅。这一转变也体现了"从应对单一灾种向综合减灾转变"的理念。然而，单纯整合传统单一灾种管理部门为综合性管理机构，并不能从根本上解决协同问题。机构调整与磨合过程中的深层次内部和外部协同，对转变、整合或综合的效果至关重要。

① 注重内部协同中的统一领导与分级负责。国家层面应急管理的内部协同涉及 9 个部门和 4 个议事协调机构，调整幅度大，涉及部门广，部门间关系复杂。尽管各个部门都肩负救灾职责，但是灾害和事故的应对方式是有差异的，而且各个部门的组织文化、应急指挥体系、应急响应流程也有所区别。组织设计、人员安置等牵动各方利益，协调难度大。应急管理需要统一指挥和适度集权。因此，在应急管理部门内部纵向层级关系处理上，要继续贯彻

统一领导与分级负责相结合的原则，同时要更加重视管理重心下移，处理好领导集权与基层放权的关系。未来应急管理工作应当强调应对重心的下移和第一现场的处置权，根据地方和事件实际情况，找到权力集中与重心下移之间的平衡，进而科学合理开展职责分工，明晰上下级之间、部门之间、领导指挥与现场处置之间的权、责、利关系。

② 加强外部协同中的常态沟通与分工协作。应急管理部成立后，虽未将卫生、公安等部门整合，但重特大突发事件应对仍需这些部门配合。应急管理部门需强化与卫健、公安、政法、交通运输、网信等部门的协作沟通，建立标准化、制度化、常态化的沟通机制，通过共同学习、交流、对话、培训、演练等活动，确保在紧急情况下有效协助领导决策。应急管理部门应强化牵头负责、协调指挥的职能和权威，理顺应急处置时的指挥关系，促进应急管理工作的协调和有序。在重特大灾害发生后，应急管理部门作为指挥部，协助中央指派的负责同志开展应急处置。平时，应急管理部门应发挥对各部门各地区应急预案管理工作的指导职能，加强协调与合作，形成协同救灾的应急响应能力。

2018 年全国应急管理工作会议指出，到党的二十大召开前，是新时代应急管理事业夯实基础、开创新局的关键阶段。要抓住机遇，围绕防范化解重大安全风险，坚持边应急、边建设，力争通过三到四年努力，基本形成中国特色应急管理体制，构建统一领导、权责一致、权威高效的国家应急能力体系。为此，要深化应急管理体制机制改革，实现应急管理从安全生产监管向安全生产、自然灾害、应急救援一体化综合协调转变，从应对单一灾种向全灾种综合防灾减灾救灾转变，从应急资源分散、条块分割、各自为政的局面向统一指挥、紧密配合、快速响应转变。同时，要进行整体谋划、顶层设计，发挥社会主义制度优势，总结反思重特大灾害事故应对经验教训，完善领导决策协调体制，强化应急管理综合职能，健全监测预警、风险排查、应急保障等机制。

（4）从政府主导应急管理转变为政府主导与政社协同并重

突发事件应急管理是一项复杂的系统工程，需要多元社会力量的参与。应急管理体系和能力现代化要求应急管理应由传统的管理思维向现代的治理思维转变，即积极吸纳社会组织、民间团体、行业协会以及公民志愿者等力量参与其中。推动应急管理体系和能力现代化建设，不仅要坚持党委领导、政府主导，更要注重社会力量参与，倡导多元主体合作共治，充分调动社会力量的积极性、主动性、创造性，打通各方参与风险防范、应急救援和恢复重建的政策通道，提高应急管理社会化水平，构建全社会共同参与的应急管理工作格局。

① 强化应急管理社会化的制度基础。制度是决定因素，制度问题更带有根本性、全局性、稳定性和长期性。在立法和预案设计中明确政府、企业、社会组织和个人在突发事件应对全过程中的权利和义务，在体制上明确企业、社会组织和公众等合法参与应急全过程的介入平台，在机制上保证各主体的有序、有效参与，从而建立起"政府主导，全社会参与，政府公共应急、社会公益应急和市场化的企业应急相结合"的应急体系。

② 加强基层应急管理工作。基层政府应急管理组织体系中，应专门设立协调统筹社会力量的部门，确保社会力量的有序参与并发挥最大作用。以社区、乡村、学校、企业等基层组织和单位为重点，推进建立政府主导和社会参与相结合、全民动员、协调联动的应急管理工作格局。督促企事业单位积极履行安全管理主体责任，引导公众增强风险防范意识，提升全社会的风险防范能力；把公共安全教育纳入国民教育和精神文明建设体系，加强安全公益宣传，健全公共安全社会心理干预体系，提高全民公共安全意识和应急技能。

建立政府与社会力量应急合作平台，在风险评估、应急准备、应急响应、恢复重建的全过程中，明晰社会力量参与的功能与分工，按照"普遍倡导、重点扶持和专业发展"相结合的原则，着重培育民间防灾减灾力量。

③ 明确政府与企业在应急管理中的事权关系。充分发挥中央和地方两个积极性，实现中央集中统一与地方自主权的有机结合和良性互动，是推进应急管理体系和能力现代化的必然要求。根据目标精准化、措施精细化、协调机制化的要求，围绕发挥市场机制在风险防范、损失补偿、伤亡抚恤、恢复重建、行业发展等方面的积极效应，提出一批有利于提高应急管理能力的财税、金融、信贷、保险等经济产业政策建议。

④ 开展全社会应急能力建设和应急文化宣传。注重培育公众危机意识和自救互救能力，开展心理健康教育，建立社会公共媒体和新媒体参与的全社会应急文化宣传工作机制。整合政府、学校、企业等各方面应急安全教育资源，充分发挥安全风险防控服务专业化社会组织、应急安全教育产业联盟（协会）等平台的沟通协调、指导和服务功能，营造浓厚的应急文化宣传和教育氛围，推动全社会形成防灾减灾救灾意识。

⑤ 加强应急管理区域合作和国际合作。世界各国是休戚与共的命运共同体，必须加强合作、携手应对日益复杂的全球性重大风险。面对气候变化、恐怖主义、国际金融危机、跨国犯罪、传染性疾病、严重自然灾害等全球性课题，必须强化政府间和区域间协作，建立共同应对灾难的多边合作机制。

（5）从动员式应急管理转变为规范化、标准化和信息化应急管理

我国传统应急管理体制的一个突出特征是政治动员，这种动员式的应急管理体制尽管能够发挥"集中力量办大事"的优势，同时也存在着过度动员、动员式治理、成本过高的不足。新时代推进应急管理体系和能力现代化还需要改变过去传统的动员式应急管理，重视制度建设，进一步完善对应急管理的体制、机制和法制的顶层设计，从而真正实现应急管理的制度化、规范化、标准化和信息化。

① 加强应急管理法律法规体系建设。全面建设应急管理法律制度体系，加快应急管理法律法规制定修订工作，推进应急预案和标准体系建设。要组织专门力量开展相关法律法规制定修订工作；及时评估和修订《中华人民共和国突发事件应对法》，提高法律的操作性和实用性；及时制定修订相关法规，提高法规之间的衔接紧密度和一致性；继续推动应急管理相关法规、配套制度出台和修订完善，推进应急管理工作法制化和规范化。

② 加强应急管理机制建设的顶层设计。顶层设计是运用系统论的方法，统揽全局，对系统的各方面、各层次、各要素进行统筹规划，以集中有效资源、高效快捷地实现目标的方法。推进应急管理体系和能力现代化，也必须加强顶层设计。建议在《中华人民共和国突发事件应对法》与《国家突发公共事件总体应急预案》等相应法律、法规和文件的整体框架下，完成应急管理机制的顶层设计，完善并进一步细化和规范应急管理各项机制，全国统一建设和规划应急管理机制的整体框架。

③ 推进应急管理全过程的标准化建设。在事前防范标准化建设方面，要进一步研究制定政府系统值班工作地方标准，各级各类应急预案编制、演练指南，应急避护场所建设指导意见，应急救援队伍管理办法，应急物资物流体系建设指导意见等。在事中处置标准化建设方面，要进一步研究制定突发事件现场指挥人员工作规范、突发事件处置标准、第一响应标准等。在事后恢复标准化建设方面，要进一步研究制定突发事件损失报送程序和标准、突发

事件损失评估标准、突发事件赔偿救助标准、突发事件总结评估工作标准等。

④ 大力推动应急管理信息化跨越式发展。信息化、数字化时代要求政府应急管理机构和相关职能部门具备事前精准监测预警，事中快速科学决策、及时响应、高效处置以及事后快速恢复、及时发布信息并引导社会舆论等能力。因此，发展智慧安全和智慧应急成为提升国家应急管理能力的重要举措。应围绕融合指挥、应急通信、短临预警、全域感知、数据智能等应急管理信息化的"五大主攻方向"，利用大数据、计算机、物联网、人工智能等现代信息技术，实现部门间数据共享，打破"信息孤岛"，提高政府应急响应效率和灵活性，助力民众做出明智决策。

应急管理部成立后，我国编制并印发了相关规划和指南，明确了地方应急管理信息化建设的重点和要求。各地应以规划为引领，加快推进科技信息化，构建"制度＋技术"的国家应急管理现代化体系。要坚持目标导向和问题导向，遵循总体设计、分步实施、急用先建、保证质量的原则，发挥科技信息化的加速器和催化剂作用，实现弯道超车、换道超车。同时，要坚持统筹集约，全国建设"一盘棋"，避免走各自为战、"烟囱"林立、"翻烧饼"式的老路，坚定不移地走统筹发展、集约建设的路子，通过信息化给应急管理现代化插上翅膀。

1.1.4 综合性应急管理模式与智能化发展

（1）我国应急管理发展状况及面临的主要问题

中国幅员辽阔，自然灾害种类繁多且频发。中华民族的发展史是一部抗御和战胜自然灾害的历史，积累了丰富的经验，形成了"居安思危、有备无患"的应急文化。新中国成立以来，应急管理从自然灾害为主逐渐扩大到自然灾害、事故灾难、公共卫生事件等方面，发展经历了三个阶段。

① 1949 年到 1978 年：以灾害管理为主，专门部门进行单灾种应对。政府重视洪水、地震等自然灾害的预防与应对，成立了多个专业机构，形成了分散管理、单项应对的模式，适应了当时社会形态单纯、简单的国情。

② 1978 年到 2003 年：以应对跨界复合型突发事件为主，实施以议事协调机构为主的统筹协调机制。随着风险增多，单一灾种应对模式逐渐无能为力。政府开始放权，社会力量和市场力量在应急管理中发挥重要作用。成立了多个议事协调机构，如护林防火指挥部、抗震救灾指挥部等，特点是分散协调、临时响应。

③ 2003 年"非典"事件后：提出"一案三制"，全面加强应急管理体系建设。2003 年"非典"事件暴露出应急管理体系的短板，推动了应急管理的全面开创与发展。政府部门、企事业单位开始反思单灾种应对模式，纷纷成立应急管理机构，"应急管理"一词开始普及。应急管理从注重救助转变为注重综合防控、监测预警、救灾准备、应急处置，逐步转变为法制化、规范化的常态化过程。2003 年 5 月，国务院颁布《突发公共卫生事件应急条例》，2005 年颁布《国家突发公共事件总体应急预案》，2007 年颁布《中华人民共和国突发事件应对法》，标志着我国"一案三制"应急管理体系的基本形成。2013 年，党的十八届三中全会提出健全公共安全体系，标志着我国应急管理进入体系建设的新阶段。2018 年，应急管理部的成立标志着我国应急管理工作进入专业化、职业化阶段。2019 年底，新冠肺炎的暴发再次暴露出应急管理体系的一些不足，新一代信息技术在疫情监测、信息传递、统筹指挥、

物资调度、公共监督等方面发挥了重要作用，数字化驱动的应急管理方式承担着越来越多的重要作用，大数据、物联网、人工智能等技术在应急管理领域的应用，更好地适应了突发事件的复杂多样性和跨界特征。

（2）数字化技术驱动的应急管理：应急管理2.0

数字化是利用数字技术改变商业模式，提供新收入和价值创造机会的过程，与信息化不同，它整合产业上下游，提高业务链效率，带动整个生态。消费互联网是数字化在消费领域的成功应用，改变了传统销售模式。工业互联网是工业界数字化的成果，通过全面连接人、机、物、系统，构建全新制造和服务体系，是第四次工业革命的重要基石，已成为国家级战略。

我国高度重视数字治理，强调将数字技术运用到国家治理体系中。《中华人民共和国国民经济和社会发展第十四个五年规划和2035年远景目标纲要》提出全面推进政府运行方式、业务流程和服务模式数字化、智能化，深化"互联网＋政务服务"，提升全流程一体化在线服务平台功能，加快构建数字技术辅助政府决策机制，强化数字技术在突发公共事件应对中的运用，全面提升预警和应急处置能力。《"十四五"国家应急体系规划》强调预防为主，健全风险防范化解机制，强化灾害事故风险评估、隐患排查、监测预警，综合运用人防、物防、技防等手段，把问题解决在萌芽之时、成灾之前。应急管理部制定的《应急管理信息化发展战略规划框架》提出构筑应急管理信息化发展"两网络、四体系、两机制"整体框架，推进应急管理信息化建设。

学术界认识到数字技术为应急管理赋能的重要性，认为发展智慧安全和智慧应急是提升国家应急管理能力的重要举措。为了实现这些要求，必须引入物联网、大数据、人工智能等新一代信息技术，加快应急管理体系的数字化改造，建设具有即时感知、反应迅速、智能应对能力的应急管理模式，建设与大国应急管理能力相适应的应急管理信息化体系。这可以被称为"应急管理2.0"。应急管理2.0使用物联网、大数据、人工智能等技术，构建与应急管理、安全生产相关的集智能感知、实时传输、灾害评估、应急决策、应急指挥于一体的综合系统，打通不同层级与不同行业之间的数据壁垒，提高全过程应急管理的处置能力，构建全新的数字应急体系，实现从单个节点安全到整体本质安全、从局部应急到全局应急的转变。

为了实现应急管理的数字化转型，需要按照以下流程对现有应急管理流程进行改造。

① 基于数字化技术，推进应急管理流程再造。应急管理涉及政府、企业、个人等多个方面，需要从全流程出发，实现政府、企业在数据层面的合作，确保数据流转、任务推送、处置结果反馈等内部流程的高效联动。主要问题包括制定规范统一的数据接口标准和确保数据安全。不同部门的软件和数据格式差异大，需要制定适合应急管理任务的数据接口标准。数据安全包括数据本身的加密保护和通过重复存储、冗余编码、云存储、双机（多机）异地备份等手段的数据防护。例如，广州计划在2025年建成"一网统管"的应急管理综合应用平台，集成人工智能、云计算、大数据、物联网等最新科技，实现"多灾种、大应急、全链条"的应急管理要求。

② 打破部门界限，以数字化规范应急管理大协同。当前应急体系存在部门分割、协调不足、权责配置不明晰等问题。需要围绕应急管理应用场景，相关政府、企业之间进行更大程度的数据共享，建立动态协同治理机制。全面梳理工作流程，推进处理模式从传统人工处

理向"数据驱动、智能管理"转变,实现数据采集、流转、任务推送、处置结果反馈等内部流程的高效联动。例如,上海通过推动交通运输部门与消防部门之间的信息共享,提高了危化品管理的安全性。

③ 优化行业布局,实现精准应急治理。新一轮技术革命在应急产业的应用可以优化应急产业企业、数据采集设备、应急资源、救援力量等的布局。《"十四五"国家应急体系规划》指出,利用物联网、工业互联网、视频识别、遥感、5G等技术提高灾害事故监测感知能力,优化自然灾害监测站网布局,完善应急卫星观测系统,构建空、天、地、海一体化全域覆盖的灾害事故监测预警网络。应急管理部开发的应急资源管理平台已开始在全国推广应用,可实现全国各级应急物资在线调度和实时查询,为动态掌握应急物资信息、科学快速调拨物资提供了技术支持。通过系统采购的应急物资也可以实现"一物一码",能够保证应急物资从生产、储备、调拨到发放的各个环节的动态监控和全程溯源。

(3)应急管理2.0系统总体结构

应急管理2.0系统总体结构如图1-1所示。

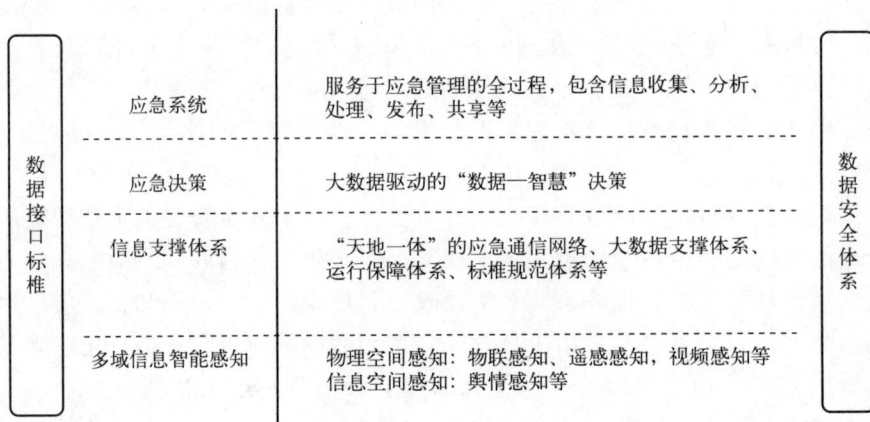

图1-1　系统总体结构

① 多域信息智能感知。在数字经济发展中,数据的核心和关键作用日益凸显,应急信息感知成为应急体系建设的基础。多域信息智能感知模块构建全域覆盖的信息感知网络,是获取应急数据的主要手段。"全域覆盖"包括物理域和信息域,即物理空间和信息空间。

物理空间感知通过物联网、遥感、视频等技术,汇集多源异构感知信息,构建全覆盖的感知网络,实现对城市安全、自然灾害、安全生产等的全天候、全方位、立体化监测,为风险信息的多维度分析提供数据源。多源异构信息的汇聚与融合,拓宽决策者视野,提升风险感知能力。物理空间感知的基础是物联网和传感器,技术支撑包括传感器技术、射频识别技术等。

信息空间感知主要指舆情感知,利用人工智能技术对网络空间的文字、图像、视频等进行分析,实时感知舆情,预测和导控舆论走向。社交媒体的影响力增大,但也导致虚假信息滋生,因此对信息空间的感知尤为重要。

综上所述,应急信息感知通过物理空间和信息空间的融合,为应急管理提供全面、准确的数据支持,提升决策者的风险感知和应对能力。

② 信息支撑体系。应急信息支撑体系是应急系统的关键保障,涵盖"天地一体"的应

急通信网络、大数据支撑体系、运行保障体系和标准规范体系等。它确保应急管理信息系统稳定、可靠、高效运行，并为应急管理 2.0 系统提供全面的安全防护。

应急通信作为基础，关注在通信网络和设施受损情况下的紧急通信，特别是在"三断"（断电、断路、断网）极端条件下，解决"看不见、听不到、连不通"的问题。应急通信集成多种手段，如卫星通信、北斗短报文、短波、超短波、公网等，有效应对大灾情况下的通信难题，确保信息传递和救援行动的顺利进行。

③ 应急决策。在信息化技术高度发展的今天，物联网、区块链、云计算、人工智能等新一代信息技术的融合，形成了集数据驱动和模型驱动于一体的新型决策范式："数据—智慧"决策模式。这种模式能够对海量实时数据进行迅速分析，当监控参数达到触发阈值时发出告警，并为应急决策者提供实操性强的即时应对方案。对于因果逻辑不易查找的突发事件，大数据的相关关系分析可帮助识别关键要素，通过干预和控制这些要素来处理突发事件。突发事件的高度不确定性要求决策者能够根据事态实时发展，以同步方式动态调整决策。基于物联网的多域信息数据感知和"数据—智慧"决策模式，使应急管理 2.0 的决策系统具备应变能力，实现决策方案的即时动态调整。

④ 应急系统。应急管理的各个阶段根据事件类型不同有着不同的功能要求。应急系统是一个信息技术支撑的综合体系，服务于应急管理的全过程，包括预防、准备、响应和恢复阶段，是一个协同指挥、精准监管的系统，能够提供如智能救援、智能物流等服务。它服务于应急管理的全过程，是一个信息收集、分析、处理、发布、共享系统，是应急管理体系的信息中枢、指挥决策系统的支撑平台、资源动员保障的引导平台以及整个应急准备体系的整合平台。

1.1.5　应急管理的原则与社会责任

（1）原则

在应对突发事件时，组织应遵循以下原则：

① 伦理：保持中立性和公正性，尊重人的生命和尊严。

② 统一指挥：确保每个人在任何时候只向一位主管报告。

③ 协同工作：促进组织内部的协同合作。

④ 全危险方法：考虑自然和人为事件，包括未经历过的事件（参考 ISO 22300）。

⑤ 风险管理：基于风险管理，参考 ISO 31000。

⑥ 准备：进行必要的准备工作。

⑦ 信息共享：多方共享信息和意见。

⑧ 安全性：强调响应人员和受影响者的安全。

⑨ 灵活性：保持灵活性，包括适应性、可扩展性和辅助性。

⑩ 人文因素：考虑人文因素。

（2）社会责任

① 理论视角与分析框架。

a. 灾害危机的组织适应模式：预案适应和组织自适应。

在现代应急管理体系中，存在两种应对灾害危机的组织适应模式：规范性主导的预案适应模式和自发性导向的组织自适应模式。规范性模式依赖明确的组织目标、严格的任务分工和正式结构,通过事前制定的预案,确保政府各部门在突发事件发生时能迅速、有效地采取措施,控制紧急情况的扩展。自发性模式则是在灾变情景下,由于大型正式组织无法满足新需求和变化,催生了一批以社会组织、志愿者和民众为主体的自发性组织。这些组织的出现弥补了既有组织的缺陷,通过自发自助行为提升危机应对中的组织弹性与适应能力。

b. 分析框架:社会力量应急协作网络的建构逻辑。

在应急管理体系中,形成了两种灾害应对组织适应模式及其相应的应急响应网络——"基于预案适应的计划网络"和"基于组织自适应的突生网络"。中国政府通过应急预案来界定灾难发生后各法定职责组织及其相互关系,计划网络的主体包括党的机关、政府部门等,这些主体在应急状态下依据职责快速响应并结成协作网络。而突生网络则在突发事件后迅速生成,由社会组织、志愿者和民众等自发形成,以创新结构执行非常规任务,尤其在非常规突发事件或极端灾害条件下,许多未被计划网络涵盖的组织会依据共同目标达成合作,形成多组织网络。

从社会力量的应急协作网络来看,可以演绎出三种模式:政府牵引型网络,具有计划导向和预控属性,政府通过预案整合社会力量;自主协调型网络,兼具计划性和自发性,社会力量基于共同理解和价值共识达成协作意愿,提升危机管理能力;自发突生型网络,具有自发性,社会力量基于共同价值目标和自愿原则形成应急协作网络,形态灵活开放,随着突发状况恢复常态而消解退出。如图 1-2 所示。

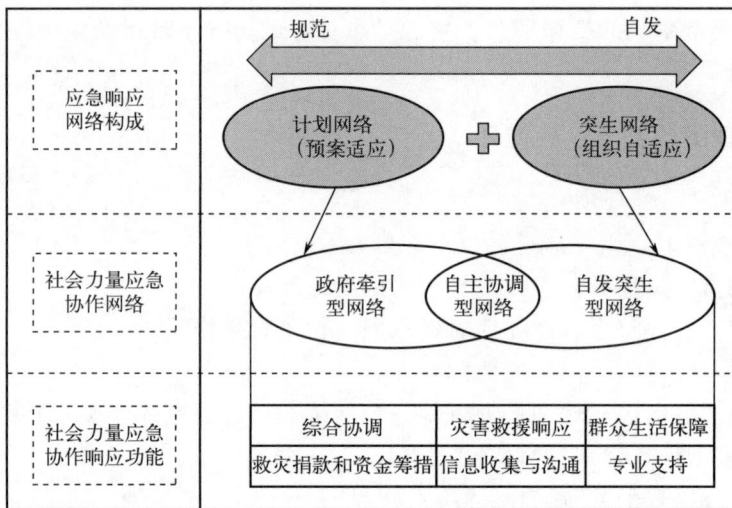

图 1-2　灾害治理中社会力量应急协作网络类型与响应能力

在此基础上,我们进一步结合地方应急预案规划,从中抽离出社会力量应急响应功能的一些具体介入机制,将其概括为综合协调、灾害救援响应、群众生活保障、救灾捐赠和资金筹措、信息收集与沟通以及专业支持等六个方面。需要说明的是,社会力量应急协作网络在具体应急响应中都可发挥一定的功能,但是在不同功能方面的侧重点有所差异,可以结合案例进一步分析。为了更好地呈现出在特定情景条件下不同应急协作网络的差异性,本节聚焦"7·20"特大暴雨灾害中的社会力量应急协作网络与响应功能,观察在既定情景下多样化的应急协作网络构成以及不同网络之间响应功能分布的侧重点。

②　案例分析：社会力量应急协作网络的运行机理和结构表征。

2021 年 7 月，河南省遭遇历史罕见特大暴雨，发生严重洪涝灾害，特别是 7 月 20 日郑州市遭受重大人员伤亡和财产损失。灾害发生后，以社会组织、志愿者为主体的社会力量，第一时间充分发挥专业服务和迅速行动的优势，参与到防汛救灾以及恢复生产生活等相关工作中，并通过跨组织合作的协作网络有效连接多方资源，整合专业力量，实现有序参与救灾。在实践中，社会力量的应急协作网络呈现出从规范到自发连续性光谱特征的组织形态。

a. 政府牵引型网络："7·20"洪灾社会组织和志愿者协调中心。

在河南省汛情发生后，为了引导、协助社会组织和志愿者有序、理性、高效地参与防汛救灾工作，2021 年 7 月 21 日，在应急管理部的指导与当地应急管理部门、民政部门的支持下，河南省应急管理厅联合中国慈善联合会救灾委员会、郑州慈善总会、平顶山志愿者协会等成立了 "7·20 洪灾社会组织和志愿者协调中心（郑州）"（以下简称 "协调中心"），以配合当地救灾指挥部开展现场救援。随后，应急管理部救援协调局发布了一则《河南抢险救灾公告》，表示为确保现场救援规范有序，请拟前往参与应急救援的社会应急力量先与河南省防汛抗旱指挥部取得联系，经同意后再开赴现场展开救援。在中央与当地党委政府的支持与引导下，协调中心成为此次特大暴雨灾害中民间组织救灾的一个重要协作平台。

在协调中心成立之后，按照河南省防汛救灾指挥部部署，第一时间发布了《告广大社会组织、志愿者队伍和志愿者书》，充分发挥民间社会力量救灾平台的协调作用，一方面积极对接紧急需求、引导款物捐赠；另一方面，持续收集、核实、统计捐赠信息，实现与社会力量的统一归口、资源优化、协调指挥、共同救援。截至 2021 年 7 月 21 日晚 11 时，协调中心已经登记报备救援队、社会组织、基金会等 207 个，救援人员 2287 人，救援车辆 501 辆、各类破拆装置、救生圈、照明装置、急救包等装备物资若干。已到达一线的 25 支队伍，积极开展社会协同、物资搬运、帐篷搭建、群众转移、搜寻搜救等应急志愿服务。与此同时，河南省慈善总会、红十字基金会、应急救援协会等公共协会均已开通公共物资捐助渠道和物资调配平台，并呼吁广大社会公众通过正式途径进行捐赠。

在灾害治理中，通过建立类似的协调中心统筹管理社会救援力量的经验并非首创，早在汶川地震时我国就已经出现政府尝试主动引导社会力量进行合作救灾的探索。在 2013 年雅安地震之后，政府对社会救援力量的协调又有了新进展，当时四川省抗震救灾总指挥部专门成立了社会管理服务组，其工作重点就是加强抗震救灾中有序社会协同和公众参与。随后，雅安市以及所属县乡都成立社会组织与志愿者服务中心，以此来加强与社会力量的联络、沟通、协调和服务，这也标志着我国第一次较为完善地建立了多元化灾害救援的合作体制机制。不过，当时对于这种由政府引导社会力量所形成的应急协作并没有明确的法律规定。

从网络结构形态和响应功能来看，这种由政府主导所形成的牵引型社会力量应急协作网络总体上呈现出 "投影式" 的结构特点。在该网络中，党委政府发挥着核心引导作用，其本质上既主导了网络的生成、发展与退出，又为社会力量的应急响应提供了合法性支持。然而，"政府牵引" 并不意味着 "政府直接管理"。在网络具体运行管理中，政府进一步委托相关枢纽型和支持型社会组织通过制定相关的管理规则和协同公约来对其他民间社会应急力量进行有限度的监管和约束。其中，以中国慈善联合会救灾委员会、郑州慈善总会等这类枢纽型政府主办的社会组织以及来自民间的专业支持型社会组织（如 "卓明灾害信息服务中心"）共同构成了网络核心管理者，它们通过内部的合理分工做好救灾捐赠资金管理以及各方社会力量的报备登记、联络沟通、服务发包、信息收集与发布等事项。而当协作网络进一步从协调中心扩展至外围，网络参与者的数量与规模开始激增，涌现出各类身处一线积极参与防汛救灾的社会组织、志愿服务队伍。总体而言，政府牵引型社会力量应急协作网络更多的是一种由政府牵引的制度化合作结构，它具有明显的计划导向属性，通过以网络核心管理者构成的组织载体来整合社会需求、凝结社会力量，在响应功能上更多地体现综合协调、信息收集与发布、救灾捐款和资金筹措等。如图 1-3 所示。

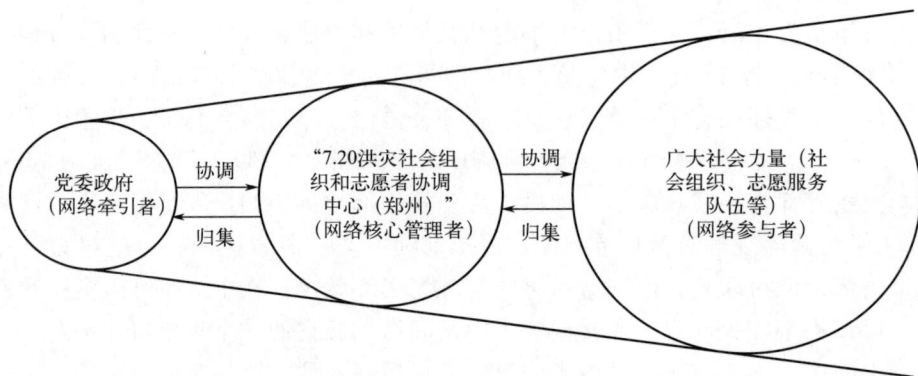

图 1-3　政府牵引型社会力量应急协作网络结构

b.　自主协调型网络：基金会救灾协调会。

在 2021 年河南特大暴雨灾害中，基金会救灾协调会与北京师范大学风险治理创新中心联合多个基金会，组建了社会力量参与河南洪灾响应工作小组，并启动了"河南 7·20 洪灾社会组织应急响应共同协同机制"。该机制旨在建立协作平台和机制，统一协调资源，联合开展行动响应灾情及后期的灾后恢复工作，并开展协同支撑和服务供给。在当地应急部门现场指挥部的领导下，按照"四个统一"要求，使各界社会力量和基金会协同有序地参与到救援、安置、生活物资保障等行动中。基金会救灾协调会特别关注灾情中声音较为微弱的群体，从社会性别、儿童、残障人士、老年人等多元视角安排防汛救灾与恢复重建工作。

与以往社会力量分散式自主救灾不同，这种以基金会救灾协调会为代表的社会力量应急协作网络是近些年社会力量联合协同灾害应对中凸显的新趋势。这种自主协调型应急协作网络通过发挥各类社会力量的专业优势，实现资源互补和能力提升，形成更为直接、迅捷的响应能力。基金会救灾协调会是一个于 2013 年在四川雅安地震后成立的民间协调组织，最初由五家基金会联合发起，旨在实现社会力量在灾情信息上的互通共享，以便在整体救灾项目上能够统一协调。2014 年，基金会救灾协调会在成都市民政局注册成立民非机构"成都合众公益发展中心"，致力于长期推动中国基金会更加高效参与灾害应急事业。

从网络结构形态和响应功能来看，这种由社会力量"自合作"所形成的自主协调型应急协作网络呈现出"涟漪式"的结构特点。该网络通常由若干核心行动主体构成，如基金会救灾协调会是以有实力的若干家基金会和部分支持机构作为协作网络中的核心成员。在网络具体运行管理中，社会力量自主协调型网络既存在于常态情形中，也活跃在突发事件来临之时。在常态中，协作网络通过各类会议和项目活动，促进项目资源聚合，提升各方在国内救灾自主协调管理上的价值和行业共识。在应急状态中，协作网络则根据灾害级别迅速启动相应响应级别，为救灾社会力量提供资源、信息、执行标准、影响力服务等方面的支持。总体而言，自主协调型网络是一种由若干社会力量联合自发成立的制度化行动网络，它兼具计划和自发的导向属性，贯穿常态与应急态情形，在综合协调、灾害救援、群众生活保障、救灾捐赠和资金筹措、信息收集与沟通以及专业支持方面都有不错的业绩。如图 1-4 所示。

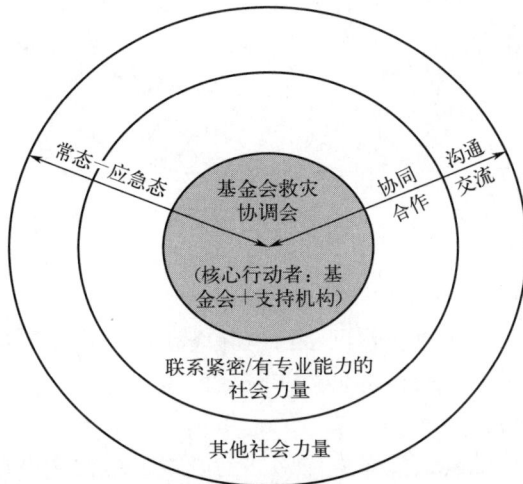

图 1-4　自主协调型社会力量应急协作网络结构

c. 自发突生型网络：志愿者共创"救命文档"。

在河南特大暴雨灾害中，志愿者自发创建的《待救援人员信息》文档迅速成为全网信息对接平台。该文档由在校大学生在腾讯云文档创建，旨在搜集整理求助信息。24 小时内，文档成为汇聚求助信息和专业救援力量的重要平台，保障了救助者与求救者的精准对接，辅助了线下救援的及时有序。48 小时内，文档更新 270 余版，访问量超 250 万次，被称为"救命文档"。

救灾援助中，实现灾情需求与救援资源相匹配是挑战之一。即时性灾情信息的动态演变使得政府和社会组织难以及时掌握信息，为突生组织网络的出现奠定了基础。在"救命文档"背后，是由志愿者、社会组织等共同组成的民间互助网络，他们自发自愿地参与到信息采集、筛选、整合以及与救援资源的匹配中。这体现了公众参与的巨大能量和科技赋能的无限可能。

与传统的线下突生网络不同，由网络志愿者共创的"救命文档"所结成的自发突生型网络提供了互联网式协同救灾的可能性。这种网络突破了传统空间的限制，增强了项目动员的效能与链接范围，实现了信息的快速聚合、更新与精准对接。同时，虚拟空间中的志愿者有效地接入线下属地空间的灾害响应网络中，打通了灾害救援中信息识别和服务送达的"最后一公里"。

从网络结构形态和响应功能来看，自发突生型网络呈现出"原子式"的结构特点。该网络去中心化，不存在主导的核心网络管理者，每个个体都可以自由平等参与。这种网络通常涌现于突发事件的事发与事中环节，旨在满足灾害情景下所生成的新变化与新需求，在响应功能上更多地体现为灾害救援、群众生活保障、信息收集与沟通以及专业支持。随着灾情趋于稳定，自发突生型网络也渐渐自动解散并退出应急场域。如图 1-5 所示。

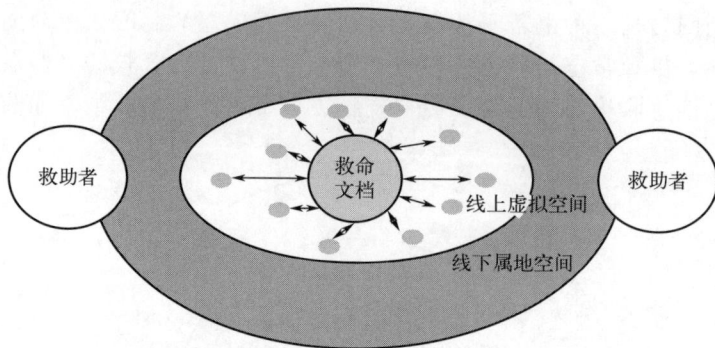

图 1-5　自发突生型社会力量应急协作网络结构

（3）社会力量应急协作网络长效发展的潜在挑战

在灾害治理中，社会力量应急协作网络虽有显著优势，但如何从特定网络迈向制度化建设和管理，保障组织间网络关系的稳定延续和长效发展，是当前面临的重大挑战。社会力量应急协作网络由具有不同目标、战略和结构的组织组成，无论是计划网络、突生网络还是二者之间的网络，组织间网络的复杂性对协作网络的长效发展构成潜在挑战。

① 组织文化多样性与网络管理一致性的冲突。组织文化是组织在发展过程中形成的独特价值观、信念和行为规范的总和。社会力量在价值观、行为习惯和组织方式上存在差异，这些差异在协作网络中可能导致价值一致性受到冲击。例如，政府牵引型网络和自发突生型网络在组织使命、运行模式和管理规范上存在显著差异。整合不同来源的社会应急力量及其组织文化，构建协作网络的整体文化，是当前需要解决的问题。

② 组织参与灵活性与网络管理稳定性的冲突。社会力量参与灾害应对和救援时，通常表现出自发性、志愿性和阶段性。在突发事件后，社会力量尝试联合行动时，组织间的协作网络往往基于允诺性预期的契约关系，甚至缺乏正式书面形式，仅通过"弱关系"链接发展网络，实现信息传递和问题解决。这种"反应式"合作难以产生强烈的组织间责任感和对义务的感知，导致协作网络难以形成持久、稳定、实质性的合作。随着突发事件的转段，组织成员对临时性网络的承诺也会改变，使应急协作网络快速衰退，影响网络的稳定性和持续性，这一问题在政府牵引型网络和自发突生型网络中都存在。

③ 组织数量规模与网络管理协调性的冲突。社会力量应急协作网络在管理中面临规模与协调性的矛盾。一方面，需要更多组织和志愿者参与以应对突发事件的紧急性和复杂性，扩大网络规模有助于保持弹性、加快资源匹配和分享，提升网络效用。另一方面，网络规模过大将导致互动频次激增，增加协调成本，影响响应效率和运行质量。因此，需采取措施解决这一冲突，例如，基金会救灾协调会通过紧密联系核心社会组织，较好地平衡了规模与协调性，降低了网络管理的协调压力。

④ 任务边界模糊性与成果责任归属清晰性的冲突。在社会力量应急协作网络中成果和责任的归属也是一个核心问题。由于在应急响应的过程中往往会涉及"共同生产问题"，即多个社会主体联合参与到灾害救援过程中，这些组织间的边界变得模糊，联合作业所产生的网络层面和组织层面的成果更需要清晰的界定，这不仅影响组织成员对于网络整体的信任度和忠诚度，而且还会间接影响组织参与的积极性和可持续性。因此，亟待成果责任归属的清

晰界定，要确保社会组织因参与到协作网络活动而获得肯定，切实监督和处理"搭便车"的现象。

（4）社会力量应急协作网络建设的策略优化

① 强化分类管理，明晰不同协作网络适应的响应节点。分析了基于预案适应的规范导向与基于组织自适应的自发导向的连续性光谱后，探讨了政府牵引型、自主协调型和自发突生型三种社会力量应急协作网络类型。这些网络类型在应急管理的不同阶段具有不同的适用情景和功能特点，因此需要根据时空情景进行分类管理。政府牵引型网络具有计划性，贯穿应急状态的各阶段；自主协调型网络则覆盖常态与应急态，实现全周期响应；自发突生型网络通常在应急状态下生成，响应于事发与事中环节。不同协作网络应预先规划，把握介入时机，以激活网络效能。

② 完善制度建设，优化平急转换下网络建设的规范性。有效的网络管理对实现网络目标至关重要。网络管理主体需制定基本规则，协调组织间关系，确保网络按预定目标发展。平时，应考虑目标一致性、组织规模、持续发展和信任分布问题。加强责任管理，监督组织参与和目标遵守，防止"搭便车"；加强冲突管理，平衡组织与网络整体需求，建立解决冲突机制；加强组织信任建设，公平分配资源，增强成员对网络的信任。应急状态下，采取预防性措施，明确权力结构，处理好分权与集权关系，提升决策响应效率。

③ 加强应急演练，提升协作网络应急响应效率和质量。为了提高社会力量应急协作网络的响应效率和质量，加强应急演练是关键。由于突发事件的突发性和不确定性，即使是平时完善的协作网络机制也可能无法完全满足应急需求。因此，社会力量应依据灾害情景制定应急协作网络预案，形成工作机制和处置流程。通过反复的应急演练，主动学习，将应对灾害的经验和认知制度化，修正和变革组织结构和行动边界，以适应环境变化。这种适应灾害情景变化的组织模式能够在有效感知事态变化中做出合理反应，实现常态中的制度化管理和应急态中的有序参与。

④ 强化数字赋能，推动线上线下立体化协作网络建设。数字化技术的发展使社会力量能更广泛地参与应急救援。从线下到线上，网络技术打破了空间和距离的限制，让个体在虚拟空间有序组织和协作，实现与线下空间的平行治理。这种"原子化"个体的有序组织化治理效果，取决于社会力量对信息化技术的运用能力。未来，可以将"灾害应急救援救助平台"融入社会力量应急协作网络管理，作为政社之间、社会组织之间的重要数字化协调平台，推动线上线下立体化协作网络建设，实现扁平化的供需对接和协同调度，激发社会活力。

1.1.6　我国应急管理的演进与新时代挑战

（1）中国应急管理体系改革的新趋势

应急管理部自 2018 年成立以来，各地"三定方案"陆续出台，推动了中国应急管理的制度变革。本质上，这种调整与重组，再造了应急管理的科层体系，使之按照新时代美好生活需要的系统原则开展应急管理活动。以应急管理部挂牌以来的制度实践为着力点把握中国应急管理的新动向，对于理解其变革逻辑具有重要意义。总体上，中国应急管理体系的变迁在体制效能、管理方式、组织性质与治理过程等方面呈现出了新的转型特征。

① 从综合协调体制向统一指挥、权责一致、权威高效体制转变。国务院办公厅在 2006

年设立应急管理办公室（简称"应急办"），承担国务院应急管理的日常工作和总值班工作，履行值守应急、信息汇总和综合协调职能，发挥运转枢纽作用。国务院对应急办的职责界定中，大多职责范围以"协调""协助"等用语开头，尤其在应急管理政策法规、"一案三制"建设、突发事件处置等应急管理活动的重点环节与核心领域，应急办均扮演综合协调的角色。

新中国成立以来，中国应急管理体制经历了多个发展阶段。从早期建立灾害应对专职部门，到改革开放后日益兴起议事协调机构与临时机构，再到非典事件以来形成的更多的部际联席会议等，每个历史阶段都为应急管理体系的发展积淀了不同的制度特色。这些变化轨迹显示出，突发事件的应急处置由单灾种的分部门应对日益走向多灾种的多部门协同应对。协同的过程中，形成了比较丰富的制度形式。我们可以将新中国成立以来的应急管理体制总体描述为"综合协调"，随着突发事件应对的观念进步和制度设计的改善，这一综合协调体制在时代变迁中不断得到升级和优化。

应急管理部的成立为中国应急管理体制的变革发展提供了新的里程碑意义，它标志着传统体制实现了从"综合协调"到"统一指挥、权责一致、权威高效"的转变。将不同灾种应对与防范进行职能整合，形成统一的指挥体系，并赋予应急管理部更高的行政地位与行政责任，是应急管理部成立带来的显著变化。

② 从多部门协同应对向更加专业化、职业化管理转变。应急管理部整合了多个部门的应急职能，包括国家安全生产监督管理总局、公安部、民政部等 13 个部门，统一管理地质灾害防治、水旱灾害防治、草原防火、森林防火等不同灾种的应对。此前分散在不同部门的安全生产及灾害应对职能，如今以"大部"的形式组合在一起，提升了应急管理的专业性与职业化。这种职能重组，使安全生产与自然灾害的突发事件应对依赖于统一的专业机构，为突发事件的职业化应对提供制度支撑。

《应急管理部职能配置、内设机构和人员编制规定》详细划定了应急管理部的职责范畴与组织架构，并对应急管理部与其他部门在自然灾害防救和中央救灾物资储备方面的职责分工做出了规定。各省级行政区的机构改革方案已经出台，地方应急管理部门的"三定方案"为中国应急管理新体系的确立提供依据。

应急管理部成立以来，组建了 27 支专业救援队、一批跨区域机动救援力量和 7 支国际救援队，显著提升了中国特色应急救援力量的专业水准。围绕应急管理部成立产生的系列制度调整，进一步提升了中国应急管理工作的专业化与职业化水平。

③ 从临时性指挥机构向常设制、常态化治理组织转变。在应急管理部成立之前，应急管理体系中的指挥机构多为临时性组织，包括针对具体突发事件的议事机构和部际联席会议。即使应急管理办公室是国务院的常设部门，其主要职能也是协调和协助，应急职能实现依赖于临时性指挥机构的决策。因此，应急管理体系的指挥机构长期呈现临时性特征，应急力量分散在各个部门和委员会。

应急管理部的成立打破了这一局面，它不仅升级了行政地位和资源，还以专业化、职业化的方式重组和规范了应急管理职能。这标志着应急管理的指挥机构实现了从临时性到常设制的转变。应急管理部是一个常态化治理组织，专注于治理公共安全领域的非常态事件，适应了新时代公共安全治理的需求。它的成立为安全生产与自然灾害类突发事件应对提供了坚实的制度基础，标志着应急管理体系中有了常设的权威性机构，有助于应对日益增加的公共安全治理压力。

④ 从侧重应急处置（事中、事后）向重视危机管理的全过程（事先、事中、事后）转变。早期的突发事件应对侧重于"处置"，即对已发生事件的应对行为。随着应急管理理念和技术的进步，预案设计与管理逐渐受到重视，核心观念转变为"如果突发事件出现，当如何应对"。这一转变意味着需事先对危机场景做出假设及预判，并做出相应的方案准备。灾前的准备工作不仅包括处置方案，还要求有关部门致力于风险识别与化解，将突发事件消灭在萌芽状态。

传统应急管理体系侧重于应急处置，将突发事件的应对集中于事中与事后两个阶段。然而，随着风险治理思维的强化和对预案的重视，应急管理理念逐渐向事前阶段倾斜。应急管理部的"三定方案"在职能转变方面特别强调"以防为主、防抗救结合"，从注重灾后救助向注重灾前预防转变，从应对单一灾种向综合减灾转变，从减少灾害损失向减轻灾害风险转变。这表明，注重灾害预防，重视危机管理的全过程，是应急管理发展的新动向。

（2）应急管理变革趋势中的新问题

面对复杂的风险环境、日益强烈的安全需求及制度变革压力，中国应急管理体系做出了比较系统的制度回应。我们看到，近年来的应急管理机构改革，总体上体现为一个机构重组过程。但这种重组既有其特定背景，也有传统的路径依赖。在新的政治生态与新旧体制转换中，是否真正实现了"凤凰涅槃"而非简单的职能调整，是一个需要从多维度进行严肃审视的重要命题。例如，在政治生态层面，总体国家安全观是应急管理机构改革的重要指导思想，但它与应急管理体系的关系应该如何界定？又如，新体制出现了，旧有的应急管理体系如何完成有效转变，法律法规如何推进，部门关系如何真正有机统一等，都是深化应急管理变革过程中不可避免的现实挑战。

① 应急管理体制与总体国家安全体系的关系。应急管理部的成立为应急管理体系带来了新的变化，包括机构性质、职能定位、专业分工与治理理念等方面。这些变革也带来了新的问题。制度经济学视角下，制度存在路径依赖，应急管理的制度也不例外。旧有的应急管理体系是一个统一的制度生态，机构领域的变革意味着与其他制度体系的冲突与断裂，衔接、兼容以及深化改革是新时代应急管理体系变革发展的重要任务。

从宏观定位上，应急管理体系属于国家公共安全体系。总体国家安全观的提出使中国公共安全治理进入新阶段，安全理念的转型为公共安全体系的建设提供了原则与方向。新时代的总体国家安全体系涵盖了多项安全内容，几乎总结了治国理政的基本维度。应急管理部的成立是对总体国家安全观的贯彻落实，但同时也带来了新的安全观念、范畴和关系。在"观念—范畴—关系"维度中，需要厘清应急管理体制与基本对象的位置，以及它们如何反映总体国家安全观。具体来说，需要明确应急管理部的职能设定与总体国家安全的内在联系，以及应急管理涉及的总体国家安全领域和安全类型。这些都是在提出新的概念体系与制度体系时需要回答的实践问题。

② 新体制与"一案三制"的关系。2003 年"非典"事件后，我国确立了"一案三制"应急管理体系，包括应急预案体系、应急组织与队伍体系、相关机制和政策法规体系等，成为中国应急管理体系的核心。然而，应急管理部的成立虽在一定程度上保持了"一案三制"的路径依赖，但在内容、职能与法律关系等方面发生了改变，导致应急管理体系与"一案三制"出现不协调因素。

"一案三制"涵盖自然灾害、事故灾难、公共卫生事件、社会安全事件四大类突发事件，而应急管理部的职责对象主要为安全生产类、自然灾害类突发事件及防灾减灾工作。这种对象范围的差异，给应急管理体系带来了区别。因此，需要厘清原有预案体系及应急管理体制、机制、法制与新成立的应急管理部的关系，以及如何调整制度安排，重塑体制、机制关系，是成立应急管理部后需要解决的重要问题。

③ 应急管理部的权力重组。应急管理部整合了 13 个部门的应急职能，相关的职责权力脱离了旧有的制度环境，被统一整合进一个新的部门。根据职能进行大部制改革的思路由来已久，但制度变革远不能止于职能上的分门别类。不同于针对一个全新公共事务进行另起炉灶式的制度设计，行政部门间的职能关系变革，是对既有权力关系的重构，这种重构必然伴随利益关系的调整。尤其重要的是，制度变革的必要性在于适应应急管理发展的新形势，体现公共安全治理的规律和要求。因此，实现多部门职能的有机组合，并根据经济社会发展的环境变化进行新的职能设计，是应急管理部对多部门应急职能进行重构时面临的重要难点。脱离了原有的制度生态，组合进应急管理部的人员和机构对业务与行政环境都有一个适应过程，既可能带来正面效应，也可能出现组织摩擦。因此，应急管理的机构重组事实上面临一定的组织风险，这是应急管理体系变革的难点之一。出台的"三定方案"已经对应急管理部的职责体系做了明确规定，地方应急管理部门也以中央方案为基准规定职能架构。中央和地方都在方案层面做出了一定探索，其制度效应尚待进一步观察。可以判断的是，中央与地方的应急管理部门如何进一步结合多部门职能关系，厘清轻重主次，根据综合应急管理的要求重新排序并形成有机的权力整合，使得权力叠加真正形成化学反应，是今后一段时间内面临的重要挑战。

④ 相关法律修订问题。在应急管理部统合了多部门应急职能的背景下，突发事件应对的法律法规在适用范围、工作责任主体、事件等级确认等方面存在许多新的问题，需要重新厘定。同时，职能整合以后，应急管理的全过程被置于一个综合管理机构之中，需要统一的法律规范作为行政依据。然而，现行的应急管理相关法律是按照单灾种分部门的立法模式形成的，只是指明了相关突发事件发生后如何应对，缺乏对综合管理中各个法律规章如何相互衔接配合的相应规定。需要尽快实现法律法规的融合衔接，为优化协同高效的综合应急管理提供适用的法律依据。规范的制度运行有赖于法律体系的健全与完善，只有现有法律体系根据应急管理的新变化进行适应性调整，并强化冲突法律间的整合，才能为应急管理工作提供有力的法制保障。因此，做好应急管理法律体系的修订工作，是当前深化应急管理体系改革的重点。

1.2　政策与法规

1.2.1　法律法规的演变与适应新时代的要求

中南财经政法大学戚建刚在"当代法学"2024 年第 3 期发表的文章中指出，我国已进入数字技术时代，这一时代以人工智能、大数据、互联网、物联网和云计算等技术为特征，正在改变各行各业。近年来，突发公共事件频发，为数字技术在行政应急管理领域的应用带来了机遇，也为行政应急管理注入了新活力。利用数字技术规制公共风险、应对突发公共事件已成为重要行政任务，智慧应急与依法应急、依法行政有机结合并上升为国家战略，行政法应当关注并回应行政应急管理新变化，确保以政府为主导的多元应急管理主体运用数字技术应对突发事件具有合法性。

文中指出，一种新型行政应急法制模式——智慧应急法制模式逐渐兴起。这种模式以行政应急法制与科学技术关系为总体分析背景，通过考察行政应急基本理念、行政应急主体、行政应急客体、行政应急权力、行政应急手段五个要素的显著变化，发现与传统机械型应急法制相比，智慧型应急法制虽然处于初步发展阶段，但已展现出鲜明的时代特征。智慧型应急法制凸显行政应急奉行整体性治理理念、行政应急主体与数字技术之间呈现内生性关系、作为行政应急客体的技术风险具有高度不确定性、行政应急权力依据数据驱动、行政应急手段呈现自动化和智慧化等特征。

智慧型应急法制是一种传统法制与数字技术融合发展的全新形态。它利用数字技术建立起一种主动适应社会态势的深度学习机制，能够自动感知、随需应变，以更大灵活性和精准性应对复杂场景和各类突发公共事件。随着我国社会的数字化转型，未来的应急实践中必然呈现更多智慧应急场景和应急治理难题。

2022 年 11 月 17 日，中共中央党校（国家行政学院）应急管理培训中心（中欧应急管理学院）与社会科学文献出版社联合发布了《应急管理蓝皮书：中国应急管理发展报告（2022）》。

蓝皮书指出，应急管理工作的开展必须遵循现代法治原则，强化法律在应急管理各领域、各方面、各环节的规制作用，保障各项应急管理工作在法治的框架下开展。国家领导人强调："我国社会主义法治凝聚着我们党治国理政的理论成果和实践经验，是制度之治最基本最稳定最可靠的保障。要推进全面依法治国，发挥法治在国家治理体系和治理能力现代化中的积极作用。"

2021 年，我国应急管理法治体系不断健全。在事故灾难类专业性应急管理单行法或专门法方面，2021 年 6 月 10 日，我国对《中华人民共和国安全生产法》进行了第三次修订，将"管行业必须管安全、管业务必须管安全、管生产经营必须管安全"写入法律，并于2021 年 9 月 1 日施行。《中华人民共和国刑法修正案（十一）》自 2021 年 3 月 1 日起施行，刑法第一百三十四条包括："强令他人违章冒险作业，或者明知存在重大事故隐患而不排除，仍冒险组织作业，因而发生重大伤亡事故或者造成其他严重后果的，处五年以下有期徒刑或者拘役；情节特别恶劣的，处五年以上有期徒刑。"在公共卫生事件类专业性应急管理单行法或专门法方面，2021 年 1 月 22 日，我国对《中华人民共和国动物防疫法》进行了修订，对严重危害养殖生产和人体健康的动物实行强制免疫措施，并规定在人口密集区域禁止现场屠杀畜禽和活体交易。在社会安全事件类专业性应急管理单行法或专门法方面，我国制（修）订了《中华人民共和国消防法》《中华人民共和国海警法》《应急广播管理暂行办法》《中华人民共和国道路交通安全法》。以上应急管理法律法规的制（修）订，逐步健全了我国应急管理法治体系。

1.2.2　适应新兴风险的法律框架

（1）新兴风险的范畴框定及其主要特点

新兴风险是指新近出现或正在改变的，可能对国家和社会系统造成严重负面影响甚至颠覆性影响的风险。这些风险需要及时防范和处置。应从新兴风险的生命周期入手，将其视为风险演化过程中的初始阶段，并关注其"突现"特征，尤其是新兴科学技术和重大社会制度变革可能带来的负面影响。新兴风险的持续阶段从风险出现并造成后果开始，到风险被有效充分认知、有效控制并转为常规风险结束。

风险社会理论认为，现代性蕴含着风险，风险是现代社会的"副产品"。随着我国各项事业的发展，社会软硬件环境不断变化，新兴风险也随之产生。21世纪以来，新兴风险的属性变化和更新换代速度超出预期，风险治理领域的问题日益凸显。新兴风险除了具备风险共性特征外，还呈现新的特点。

① 新兴风险的表现形式具有非预期性特点。新兴风险与传统风险的主要区别在于其发生概率和后果的严重程度难以事先确切知晓，通常以"突现"形式出现。新兴风险的发生诱因主要来自三个方面：

a. 新兴科学与技术方法的快速发展带来了新材料、新产品、新工艺、新业态的广泛应用，但这些新兴科技应用于社会后可能引发的风险难以事先确知，其不良后果可能需要长时间实际应用后才显现。

b. 受认知水平、能力经验、知识储备等限制，人类对新兴科学技术与社会结合后引发风险的防范意识和认知水平滞后于对科技本身的认识，导致风险控制手段、法律制度、监管体制等对一些高新技术研发和应用后果缺乏有效防治能力，如自动驾驶汽车、生物合成、转基因食品等新兴技术的风险管控和法律法规制度仍需进一步研究。

c. 新兴科学技术应用的环境或方式方法发生变化后，可能引起风险属性的"变异"，导致新兴风险的出现。

经济社会各项体制机制的重大变革也可能引发新兴风险。如果经济社会系统无法在短期内适应这种变革，就有可能引发新兴风险。例如，2016年我国股市熔断机制的相关政策发布后，引发了国内股市短期内的剧烈震荡，这种负面后果是很多人始料未及的，可归为"软性"新兴风险。

② 新兴风险的作用效果具有系统性特点。系统性新兴风险的特点在于风险要素的交织叠加，产生具有"多米诺骨牌"效应的连锁危机。在现代风险社会中，风险因素错综复杂、互为因果、相互牵连，呈现出非线性和网络化特点。这些因素合成作用于经济、社会、环境等系统时，可能导致难以预测的系统性新兴风险。

例如，雾霾问题已成为引起广泛关注的重要新兴风险。虽然人们知道工业生产、交通出行、气候气象等因素可能涉及其中，但具体成因和作用机理极其复杂，尚未形成统一定论。

③ 新兴风险的可能来源具有输入性特点。随着我国全方位对外开放新格局的不断深化，外部安全环境面临长期性和复杂性考验；同时，"一带一路"建设不断向纵深方向发展，国际安全环境日益复杂。当前各类陌生的、非常规的外部风险不断输入并影响国内，然而却很难在源头上对这些外来风险进行主动干预，因而此类外部安全因素极有可能引发难以预料的输入性新兴风险。例如，埃博拉等境外重大传染病疫情的跨境传播风险、全球气候变化带来的生态安全威胁风险、国际恐怖主义活动外溢对国内安全带来的风险、境外黑客攻击国内重要网络基础设施和工业控制系统带来的风险等，诸如此类的非传统安全问题大致均可归为外部因素导致的输入性新兴风险。

④ 新兴风险的演化发展具有动态性特点。科学技术的发展、公众风险认知的变化、社会制度和法律法规的调整等都可能导致新兴风险属性的动态演变。这种演变可能涉及新兴风险自身要素的快速变化，也可能引发其他领域的新兴风险，或者使新旧风险耦合为全新类型

的风险。此外，一些常规风险也可能因长期未造成灾难性后果而被忽视，最终演变为令人猝不及防的"黑天鹅"风险。例如，"3.11"日本大地震引发的福岛核电站核泄漏事故，就是一个典型的再发新兴风险案例。

　　基于对新兴风险特点的分析，本节提出了一个新兴风险治理体系的框架模型，该模型基于四个关键要素构建：风险输入端（科学技术和经济社会的重大变革）、新兴风险的本体特征（非预期性、系统性、输入性和动态性）、当前防治工作的困难和瓶颈以及开展新兴风险治理的关键切入点（理论构建先行、多元主体参与、法律体系支撑、跨界合作模式和重点技术突破）。后文将深入剖析新兴风险的理论与实践问题，并探讨具体的应对策略和路径选择。如图 1-6 所示。

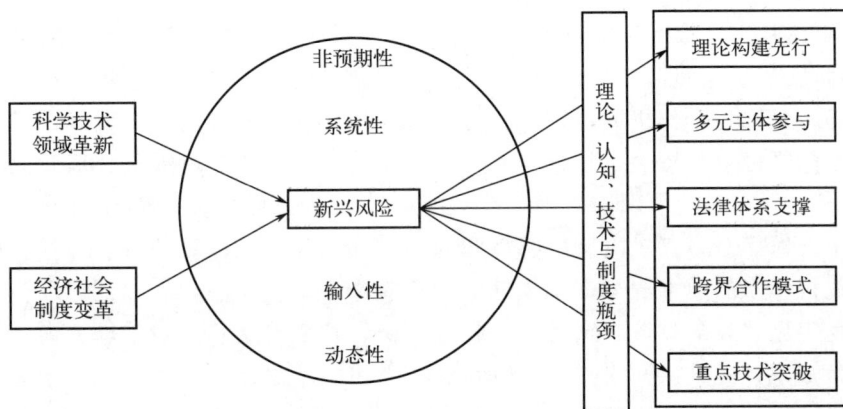

图 1-6　新兴风险治理体系框架

（2）当前新兴风险研究面临的主要困境

　　新兴风险的研究和治理面临着多方面的挑战，这些挑战涉及理论、认知、技术和制度等多个层面。

　　在理论层面，新兴风险的研究需要跨学科的知识支持，而传统的风险治理理论主要基于常见风险，难以满足新兴风险跨学科、多视角的研究需求。新兴风险的研究需要综合技术学科、管理学以及科学社会学、社会伦理学等多个领域的知识。

　　在认知层面，社会对新兴风险的认知和重视程度不足，缺乏积极、科学的风险认知和社会文化基础。社会对新兴技术的正面作用关注度高，但对其可能引发的风险重视不够，这限制了社会组织、民众和媒体的监督能力，也阻碍了良好风险文化氛围的形成。

　　在技术层面，当前的新兴风险管控手段和技术方法有限，难以跟上新兴技术发展的速度。新兴技术的前瞻性、不确定性和复杂性使得原生性新兴风险的管控技术面临巨大挑战。在市场经济中，企业往往更关注经济价值，对新兴技术潜在风险的研究和投入不足。

　　在制度层面，新兴风险治理的法律法规体系不完善，相关制度建设需要加强。制度建设对于从源头上防范新兴风险至关重要。全球范围内的法制建设进程滞后于时代发展，许多国家尚未建立起前瞻性的新兴风险治理法律法规体系。国内法律法规中对于新兴风险的监管主体、边界、企业责任、处罚依据等关键内容缺乏明确规定，需要在法律法规中提前对监管权限和界限进行权责约定，明确技术研发企业和机构的安全主体责任及处罚标准。

　　综上所述，新兴风险的研究和治理需要综合考虑理论创新、社会认知提升、技术手段开发和制度建设等多方面因素，以构建一个全面、有效的新兴风险治理体系。

（3）加快构建新兴风险治理体系的路径选择

构建新兴风险治理理论框架体系需重视理论研究，深化传统理论，把握新兴风险跨学科治理本质。从两维度构建：一是关注新兴技术发展背后的人为技术风险和社会安全风险，将新兴风险视为技术研发应用的组成部分，推动形成同步研发的理论方法体系；二是融合相关学科关键理论要素，打造理论体系"内核"，重点关注社会伦理约束、技术社会学属性、社会可接受风险水平、生态负面影响、网络风险传播等交叉学科理论。我国应加大政策支持，鼓励前瞻性研究，争取突破。

亟须加快构建多元参与的新兴风险治理体系。在党领导下，形成"政府主导、学者引领、企业主体、公众参与、社会监督"的治理格局。厘清不同主体定位和责任至关重要。

① 政府需在新兴风险治理中发挥主导作用，通过顶层设计完善政策，确保治理方向正确。政府应将新兴风险治理纳入国家安全和公共安全策略，根据技术发展动态调整政策，保持灵活性。同时，强化合作机制，发挥各方积极作用，加强监管引导，明确职责边界，通过激励与惩罚手段规范参与行为，特别是要严厉打击企业和机构隐瞒或放任风险的行为。

② 科学家在新兴风险治理中扮演关键角色，应发挥方向把控、伦理引导、学术支撑和知识引领作用。他们对新兴风险有敏感性和超前认知，是治理体系的重要力量。构建治理体系时，要尊重科学家的学术优势，发挥其决策智囊作用，同时倡导坚守道德和伦理价值。科学家应勇于发表见解，向政策制定者建言献策，引领技术发展和风险治理方向。科学界应向公众传递准确知识，提升认知水平，鼓励科学家发声。学术界需完善学术信用体系，对罔顾风险的科研人员进行惩戒。

③ 企业和机构需更新安全理念，严格履行新兴风险管理责任。在市场经济中，企业应将安全效益与经济效益并重，确保技术研发资金中有一定比例用于新兴风险控制技术研发。从技术开发初期就考虑风险因素，制定针对性控制措施，并在研发和应用过程中同步进行风险识别、评估、管控和消除。同时，加强与技术用户的沟通，实现风险共担，形成利益共同体。

④ 提升公众风险认知和加强参与意愿是新兴风险治理的关键。应通过多种方式如听证会、咨询会等，拓宽公众参与渠道，加强政府、科学界与公众的风险沟通。在评估新兴技术和社会制度变革引发的风险时，需广泛吸纳公众意见。建立公众参与体系，明确参与范围、形式和关键任务，以提升公众的认知度和参与度。

⑤ 要积极发挥社会组织和广大媒体在新兴风险治理过程中的监督作用。具体而言，一是有关行业协会等社会组织要充分发挥行业自律作用。要着手研究建立完善的新兴风险管理相关行业标准，协助政府有关部门研究制定有关新兴技术企业的退出机制，为有效防范与化解新兴风险筑牢行业自律的"第一道防线"。二是各类媒体在新兴风险治理中要充分发挥舆论引导与监督的积极作用。如何看待新兴风险问题上，广大媒体需要担负起营造科学、客观、正义的舆论氛围的责任，既不任意夸大也不主观缩小新兴风险的风险程度，引导公众用科学的态度去认识和对待新兴风险问题。同时，还要积极发挥媒体单位的舆论监督作用，特别是对于可能引发严重技术性灾难、颠覆传统社会伦理、危及生态系统平衡等新兴风险问题的重大技术实践的应用，要允许媒体以规范的公开平台支持科学界和相关民众就相关议题积极发言发声。

要加强新兴风险立法研究，加快完善与新兴风险治理相关的法律法规体系，为各项治理活动提供强有力的法律保障和执法依据。具体而言，一是要详细梳理既有的新兴风险相关法律法规，从宏观上强化不同法律之间的相关条款内容对接，避免出现模糊、"打架"情况。新兴风险牵涉的领域多，覆盖面广，而且重大技术新兴风险与人文社会新兴风险在表现方式、负面影响等方面都存在很大差异，防治过程中所涉及的相关法律法规也不尽相同，这就要求必须先厘清不同法律法规中有关风险防治的条款之间的关系。在此基础上，要将重点放在明确各相关方在新兴风险的产生、防范、监测和处置化解等不同环节上的法律责任，做到法律边界明晰、各方职责明确。同时，还要加快修订完善有关新兴风险监管的法律条款，进一步明确监管方的监管职责、企业机构等被监管方的主体责任，细化相应的罚则标准，使监管方和被监管方的各项活动都能做到有法可依、有据可循。二是要高度重视对新兴风险立法的前瞻性研究。由于新兴风险的发生的不确定性和过程模糊性等陌生化特点非常突出，所以单靠现有的法律法规进行约束显然已难以跟上形势发展的步伐。因此，有必要从国家层面开展专门针对新兴风险的前瞻性立法研究。可按照先重点突破、后全面推进的原则，先解决技术发展快、紧迫性强的重点领域的立法需求，比如积极吸纳理论界和学术界人员参与，有针对性地加快推进人工智能、基因编辑、自动驾驶、无人机等重点领域的相关立法工作；待积累到一定程度后，再集中力量开展针对新兴风险普遍性规律的深入研究，制定带有普遍指导意义的通用性法律法规，并将其作为各行业研发新兴技术和开展新兴风险管理的基本准则。

要加快建立跨行业、跨部门、跨领域、跨地区的新兴风险跨界治理模式。由于新兴风险具有典型的系统性特征，要对其进行有效治理就必须加强跨界合作。唯有如此，方能更好规避因风险叠加而导致系统性重大新兴风险发生的情况。横向上，要加大不同部门、不同行业和不同地域之间的合作力度；纵向上，要优化部门之间、产业上下游之间等的协同路径。除此之外，还要加强各相关方之间的风险信息沟通与共享机制建设，增强相互间的常态化交流与互动，增强风险治理行动各方的互信力度，尽快构建起完整的新兴风险治理网络架构。

要加大对新兴风险监测预警和管控等技术方法的研发力度，建立科学的新兴风险治理技术保障与方法支撑体系。具体而言，一要加快新兴风险监测预警体系建设。新兴技术研发企业（机构）、政府有关部门以及其他相关机构要加快开发针对新兴风险的监测与预警技术平台系统。要将新兴风险监测预警平台系统与新兴技术本体的研发系统进行有机融合，将风险监测预警工作嵌入技术开发的全流程，加大对原生性、应用性新兴风险的监控、发现和预警行动力度。二要加快开发新兴风险评估系统。应在新兴风险治理理论方法的指导下，进一步完善新兴风险评估系统的核心内容、评估流程、评估标准和依据等关键要素，在各类具体的风险评估过程中应综合考量科学技术、人文社会、伦理道德等多方面的影响因素。三要加快建立融风险管理和应急准备于一体的新兴风险预防化解和应急处置体系。针对各类重大新兴风险，应采用当前国内外较为先进的重大风险情景构建方法，预判各种可能的极端场景及其后果，并在此基础上开展精准评估，提前做好应急准备，牢牢把握防范与化解新兴风险的主动权。

1.2.3　政策执行与监管的数字化转型

（1）应急管理体系数字化转型的概念及含义

应急管理体系是由政府和社会组织构成的应对突发事件的整合网络，涵盖法律、体制机构、机制规则、能力技术、环境文化等要素。其目标是构建统一指挥、专常兼备、反应灵敏、上下联动的应急管理体制，优化国家应急管理能力体系。

应急管理体系的数字化转型旨在通过互联网、大数据、AI等数字技术提升应急管理的质量和效率，推动体系变革和升级。转型包括：技术工具的转型，如数字技术在应急管理中的应用及产业化；管理决策机制的转型，从经验型、被动型、常规化向知识型、主动型、敏捷型转变；制度和文化的转型，推动应急管理制度和文化向互联互通、协同共享的方向调整，构建网络化、专业化、现代化的应急管理体系。

（2）应急管理体系的新特征要求数字化转型

近年来，应急和突发事件受技术因素、自然环境变化的影响更加显著，传导效应和溢出效应的叠加致使危害程度不断扩大；新形势对应急管理体系提出新要求，构建现代应急管理体系，应将推动数字化转型作为关键手段。

① 融合性和整体性。整体性治理是应急管理的关键趋势。数字技术的集成应用，特别是网络化和平台化的发展，有助于打破垂直部门的行政和专业壁垒，提升整体性治理效能。在应急管理中，通过共享海量信息和数据，利用平台的数据分析优势，对突发紧急事件进行整体性刻画，为事件监测、预测、预警和应急处置提供一体化治理的可行性。例如，在应对新冠疫情时，大数据行程卡和健康码等数字技术的应用，整合了通信、医疗、交通、疾控等多个部门，打破了公共卫生治理的碎片化状态，形成了以大数据为基础的疫情风险防范与应急处置一体化的治理新模式。数字技术体系的平台属性促进了数据信息和资源共享，推动了应急管理模式的创新，为构建融合型的应急管理一体化框架提供了有力支撑。

② 敏捷性和高效率。应急管理的时效性要求极高。过去，风险监测主要依赖人工，信息沟通主要依靠传统通信，准确性和实时性不足，导致应急反应迟缓，效果不佳。如今，借助深度嵌入的传感设备和边缘计算能力，以及跨域直连的信息传递系统，能够有效打破信息壁垒，提升应急责任主体的响应速度和行动速度。通过建立数字孪生，对物理系统的风险状况进行在线实时分析判断，避免应急行动反复，使应急行动一开始就保持最优状态，显著提高应急反应效率。

③ 安全性和韧性。应急管理体系自身也可能受到不确定性冲击。应急管理体系的韧性特征主要强调应急管理体系的主动维持和提升调适能力，以有效应对外部的冲击和破坏，并在遭到破坏后具有自我修复能力。数字技术可以缩短信息传递链条并保证信息传递的准确性，加强边缘处理和去中心化，在保证系统整体性、可靠性方面具有独到优势。另外，通过分布式、小规模、多样化等模式创新，有助于提高应急管理体系遭受冲击后的恢复重建效率。

综上所述，未来数字技术将成为支撑应急管理体系现代化的关键手段。在应急管理体系复杂性和不确定性更加突出的背景下，加强数字技术能力建设，构建数字技术支撑系统，是现代应急管理体系建设无法绕开的根本问题。未来，除了传统突发事件从发生到采取应急措施的一般逻辑保持不变之外，满足应急管理体系升级的各种新需求只有通过数字化转型才能实现。

（3）应急管理体系数字化转型的技术体系框架

① 应急管理体系数字化转型的关键点。

a. 应急管理体系数字化转型的重心在管理层面。与产业数字化转型不同，应急管理体系的数字化转型更侧重于管理层面的数字化。这包括预案计划、组织协调、过程控制等管理过程的数字化。传统应急决策依赖经验，但危机和突发事件的不可重复性使得这种基于思维定式和行为惯性的知识系统可能严重影响应急管理效果。当前，高质量的应急管理决策是国家应急事业的短板，制约了资源的配置效率和处置效果。

数字化转型的核心任务是提升事前应急风险认知能力、预案智慧化水平，事中应急处置效率和敏捷程度，事后重建恢复能力，以及知识经验的总结能力。全面升级数字化、智慧化应急管理体系，弥补专家经验式判断和管理者行政性决策的不足，实现基于数据的科学决策过程。

b. 社会系统风险是应急管理体系数字化转型的重要领域。产业和行业的数字化转型主要集中在物理系统层面，通过优化生产制造、产品原料、物流供应等物理系统的运行规律，提高生产效率和质量。相比之下，应急管理系统的数字化转型不仅要应对自然灾害、工业事故等物理系统紧急情况，还需考虑公共卫生、公共安全等社会系统风险。因此，需要在物理系统数字化转型的基础上，加快构建针对社会生活的数字化应急体系，形成功能完整、广泛覆盖的应急管理系统。

c. 协同互联互操作是应急管理体系数字化转型的基本准则。协同和互操作是构建应急管理体系的关键挑战。组织层面，应对大规模灾难需要超越单个组织的资源和能力，打破组织壁垒是关键。信息和数据层面，传统应急管理的信息交换能力弱，"数据烟囱"是较大障碍。加强数据层面的协同和互操作对于构建高效同步的应急管理体系至关重要。面对应急管理决策数据、信息和知识的不足，数字平台建设、增强互操作性等是打通壁垒、实现协同和互联互操作的必要举措。

② 应急管理体系数字化转型的技术分层。

a. 应急管理体系数字化转型涉及三大类技术，分别如下。

一是数字技术。主要指第五代移动通信技术（5G）、物联网、大数据、云计算、AI 等信息通信技术，覆盖感知、传输、运算、建模等多个方面。例如，物联网技术的快速发展，对大幅提升风险性事件的认知能力具有重要意义。具备多种前端数据采集功能的感知设备可以广泛部署在物理世界，随着智能传感技术的不断成熟和技术产品价格的大幅下降，将进一步实现在地质、洪涝、危化、矿山等自然灾害和安全生产领域的全域涵盖；依托于此，应急管理决策将获得更为精确的一手海量数据来源。物联网配合高可靠、低时延的传输网络以及智能分析手段，将全面支撑应急管理的事前预判、临灾预告、短临预警等数字化升级。

二是融合技术。主要指数字技术与应急技术的融合，分为与通用应急技术的融合、与专业应急技术的融合：前者指服务于应急管理的通信、探测、搜寻等通用技术（以应急通信技术为典型代表），后者包括支持各专业领域（如地质等）应急技术以及与相应救援技术的融合（如救援装备的智能化）。在数字技术与通用应急技术融合方面，以应急通信技术的数字化转型为典型。当前的应急通信手段较为单一，特别是数字化、智能化程度不高，推动应急通信网络的数字化转型，需要统筹考虑依托 5G、Wi-Fi、光纤网络等商业通信网络设施，积极升级应急通信设施，完善应急通信网络，提升全域覆盖、全程贯通的应急通信能力；还可考虑部署浮空器、高空长航时无人机等具备通信功能的综合性应急装备，增强区域应急通信的空天一体与韧性抗毁能力；这类综合性通信设施还可以进一步补充遥感感知、高精地图等功能，使应急通信装置拓展应用于灾害监测、灾情识别、灾后评估、重建监测等场景。在数字技术与专业应急技术融合方面，以应急装备数字化为典型。救援人员的个人装备，有望集成计算技术、各类数据采集技术和防护技术；未来穿戴数字化救援装备更可成为应急救援核心装备，兼具内外部感知、无线通信、数据传输、现场定位等功能。集成 AI 技术的消防机器人、挖掘装备、无人机等，将具有自学习、自适应、自提升能力，自主判断灾害级别并做出处置作战动作，执行单机或局部性的自动救援任务。

三是管理决策技术。主要指应急管理信息系统，通常以应急管理大数据平台等形式存在，发挥支撑应急管理决策的功能。数字化的平台技术聚焦数据挖掘分析与价值转化，形成应急管理决策的辅助功能，包括分析、描述、诊断、预测、指导、应用开发，可在一定程度上实现智能化自动决策。分析功能主要借助各类模型和算法的支持，推动前端采集到的海量繁杂数据信息背后的规律显性化，为下一步诊断、预测、优化功能的实现提供支撑。常用的数据分析方法有统计数学、大数据、AI 等。描述功能主要通过数据分析和对比，对当前突发事件的现状、存在问题等状态进行刻画，借助可视化的形式展示应急状态，支持迅速了解应急事件的类型和内容。诊断功能主要基于数据分析对灾况、灾备等现状进行评估，及时发现问题并提供解决建议；可在事故和风险发生的第一时间发布警报，提示救援人员采取科学合理的救援方案。预测功能是在数据分析的基础上预测事故和风险的未来状态，在问题还未发生时提前介入，如根据气象数据预测地质灾害发生的概率，提前采取告警、应对和预防措施。指导功能指利用数据分析来发现并帮助改进物理环境和社会运行中存在的不合理、低效率问题。

b. 数字化转型技术体系。应急管理体系数字化转型是一项复杂的系统工程，其技术体系涵盖总体技术、感知技术、边缘处理技术、平台技术、软件技术、标准技术、支撑技术、融合应用技术等。处于核心地位的技术涉及物联网、区块链、云计算、大数据挖掘等类别，各类技术之间协同配合对构成高效技术体系尤为关键。如图 1-7 所示。

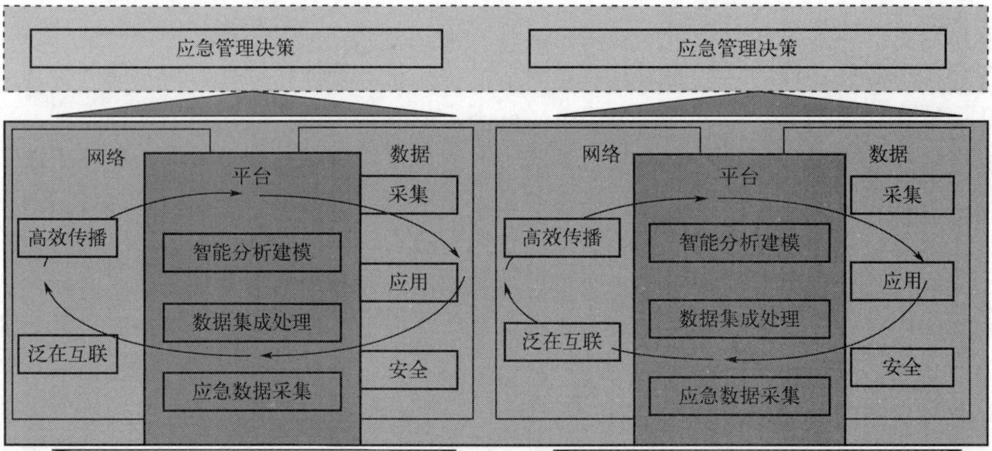

图 1-7 应急管理体系数字化转型框架图

c. 应急管理体系数字化转型的分层架构。应急管理体系数字化转型分为边缘层、平台层、决策层三个主要层面，以及贯穿其中的安全层。如图 1-8 所示。

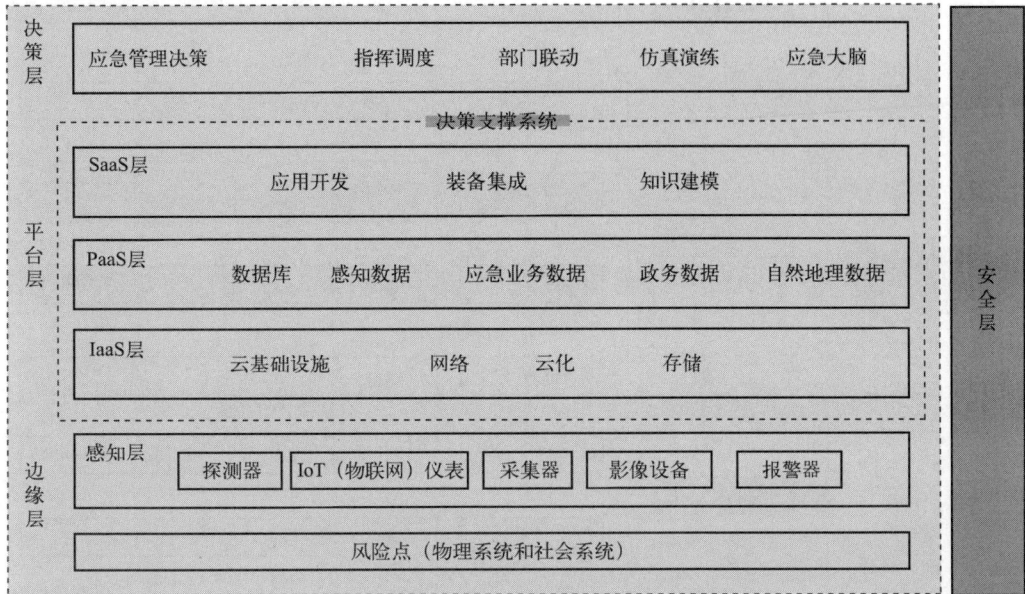

图 1-8 应急管理体系数字化转型的分层架构

边缘层负责与现实物理世界和社会系统的紧密联系，关注底层风险点的监控、识别、警报，是应急管理数字化的终端层面和门户，也是智慧应急的基本神经元要素。

平台层包括基础设施即服务（IaaS）、平台即服务（PaaS）和软件即服务（SaaS）三个部分，构成了智能化管理决策的支撑系统。IaaS 利用云计算技术对数据进行云化处理，PaaS 将云化数据结构化形成数据库、模型库、知识库，SaaS 在云化和结构化数据支撑下，形成通用和垂直领域的开发应用，构建可调用、可复用、可共用的应急管理数字化技术产品和服务，支撑科学决策。平台层是数字化应急管理体系的核心，关键在于数据的接入、存储、共享、统计，解决数据割裂问题，为数据分析与挖掘提供基础，为应急决策提供数据管理、预警模型、规则建议等服务。

决策层建立在边缘感知层和数据平台层基础上，是直接进行决策应用的工具、系统和方案。应急管理决策者通过应用终端了解处理后的数据信息，比较分析应急预案，使用可视化工具指导前线操作，实现跨部门联动、"一张图"调度、决策指挥分析、虚拟现实仿真等业务应用，作出可靠的决策反应和精准的部署指挥，是应急管理体系的大脑中枢。

安全层贯穿整个应急管理数字化系统，保障设备、数据、网络、平台、应用全域的安全可靠，服务应急管理系统的安全运行（见图 1-9）。

d. 应急管理体系数字化转型的水平架构。应急管理体系的数字化转型旨在构建一个围绕风险源、涵盖风险点、集成风险链的闭环体系。从水平架构看，体系主要由信息流和决策流构成，如图 1-10 所示。数字化转型首先作用于信息流，通过数字技术和手段，贯通整个信息采集、处理、加工、组织、分析、服务、评估、反馈的流程，确保信息流的准确流畅、高效智能和完整高质量。大数据技术用于采集、清洗、交换、整合、结构化处理多元异构信息和数据。智能技术则归纳整理历史信息，收集匹配应急管理知识，形成案例库、知识库、

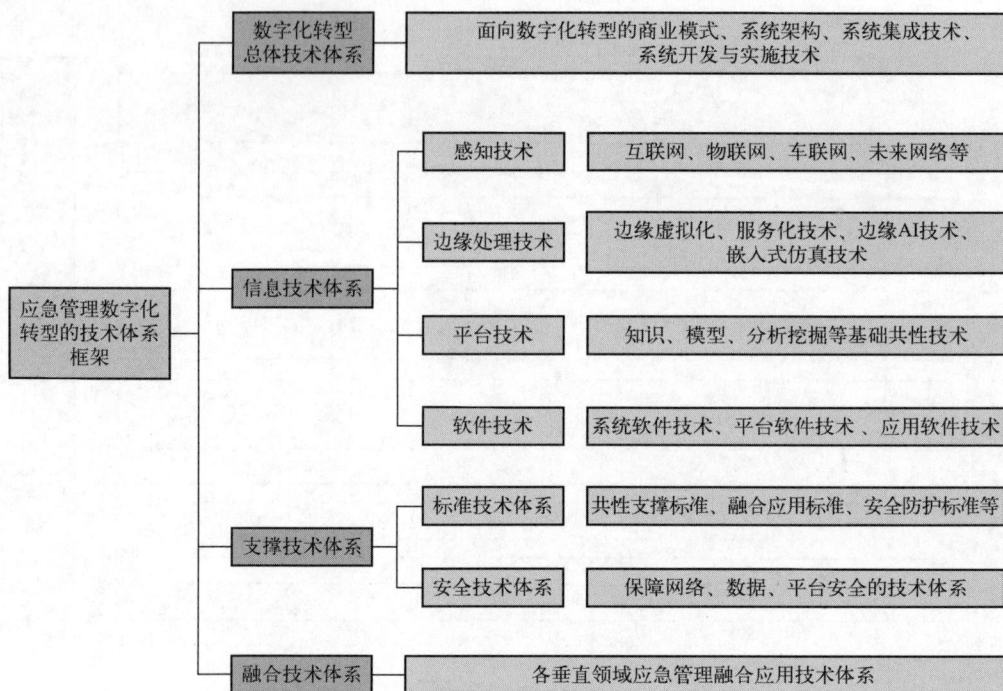

图 1-9　应急管理体系数字化转型的技术体系框架图

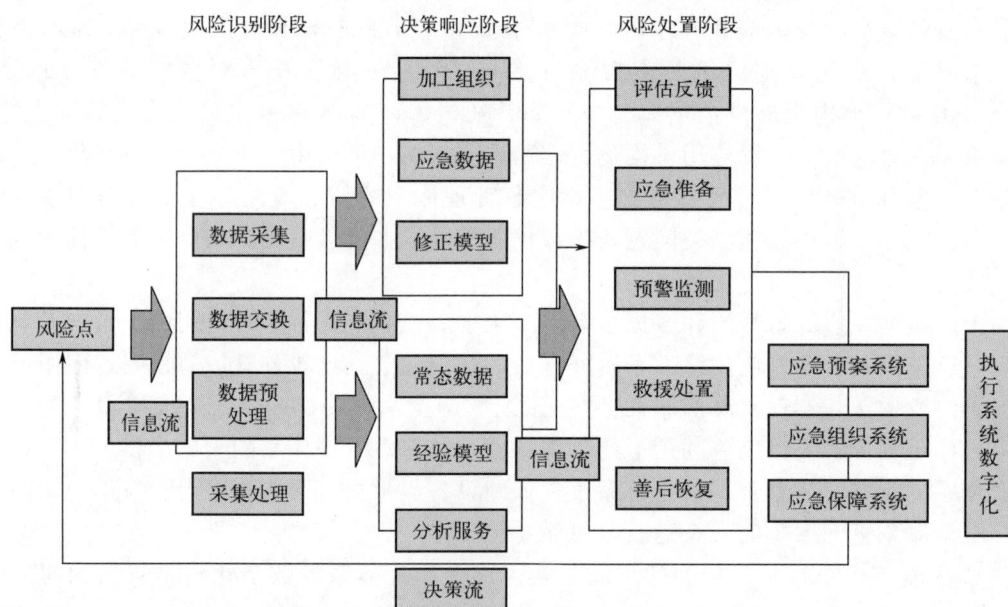

图 1-10　应急管理体系数字化转型的水平架构

策略库、模型库,同时快速整合突发应急信息,通过平台分析系统输出实时结果,增强应急分析与服务能力,支撑决策。

在数字化背景下，应急管理决策的核心是将物理环境信息数字化、分散数据体系化、数据价值最大化。信息流按照"收集—处理—分析—监测—评估—预测—研判"方向流动，智能系统实现"数据—信息—知识—智能—智慧"的升级，实现从经验决策向智慧决策的飞跃。决策流体现在决策后的落实，包括资源高效配置、救援处置、善后恢复等。扑灭控制风险点和风险源后，信息和知识反馈给信息收集处理系统，增强系统自我学习能力，推动常态化运行。具体技术布局包括数据技术、平台技术和决策处置技术，涉及信息整合交换、消息服务、动态路由、流媒体、数据库，以及决策支持服务、GIS（地理信息系统）服务、数据挖掘服务、信息安全服务、模拟仿真服务等。

（4）典型案例：数字孪生视角下的应急管理体系建设

① 应急管理数字孪生体系构建。数字孪生技术通过数字技术与多学科手段，实现物理世界的全方位、高同步、深度映射。它首先建立物理与数字世界的连接，形成融合的虚拟模型，然后通过数据分析、交互反馈、决策优化等智能化手段，实现物理实体运行的全息模拟映射。这项技术最早应用于工业和制造业，如发动机设计、制造和维护，通过数字仿真与实时跟踪，大幅缩减了研发周期和生产成本。如今，数字孪生技术已向建筑、医疗、城市管理等领域渗透，如建筑信息模型（BIM）的应用，实现了建筑资源的优化配置，并朝着数字孪生乡村、数字孪生自然环境等全域方向演进。

构建现实物理世界和社会系统的数字孪生体系，是未来应急管理数字化的重要基础。应急管理的质量依赖于对物理世界和社会系统的全面准确认知，尤其是对突发特殊情况的认知与识别能力。数字孪生技术的应用，使得物理世界的运行以可视化的方式呈现，异常现象在数字孪生系统中更为显著，有助于更准确识别相关异常。未来，基于整个物理世界的数字孪生体系，构建面向应急管理的数字孪生系统成为可能。数字孪生不仅积累大量数据，为应急管理提供丰富信息，还通过构建应急事件虚拟空间场景，为应急防控体系提供参考模型，为处理突发事件方案的研定、应急预案的演练、干预效果的评估提供关键载体。

近年来，数字孪生技术在智慧城市中获得深度应用，各地推动的数字孪生城市建设为城市应急管理的数字化提供了有力支撑。数字孪生技术利用智能手机、智能终端等传感器，生成城市居民的用户画像，填补社会系统中的轨迹漏洞，及时呈现个体社会活动和行为方式，为建立基于数字孪生的应急管理体系新模式创造了条件。基于数字孪生技术可支持应急管理应用场景的真实再现，通过接入各种传感信息，实现突发应急应用场景的实时动态监控；通过对海量公共安全数据进行整理、分析、挖掘、呈现，最终闭环作用于物理世界，促进城市应急管理的全面透彻感知、系统整体掌控、迅捷精确响应，使应急管理主体能够实现信息共享、互联互通，并推动形成一体化的预警防控体系。

基于数字孪生平台的应急仿真管理。究其本质，数字孪生平台是一个仿真系统。应急管理数字孪生系统构建完成后，不仅能够还原旱涝、火灾等应急事故现场的环境，还可以针对每个潜在风险点构建相应的虚拟应急管理模型，在应急知识库的支持下，仿真模拟应急事件的多种可能性，推演应急风险演进的路径，研判不同条件下应急事件发展的不同走向并预判应急决策的效果，实现应急管理方案的最优选择。数字孪生平台通过可视化界面实时展示各种应急资源的位置、状态，基于位置数据和传感装置对可用应急资源库存进行查询，为突发事件的应急预案提供底层数据支持，为指挥调度和高效配置资源等应急管理决策提供保障。开展基于数字孪生平台的应急预案模拟演练，针对应急仿真中呈现的不同发展趋势，对各部门的应急管理工作进行培训和演练，达到评估优化预案、训练相关人员的目的。

② 基于数字孪生平台的应急预案管理。数字孪生平台是一个知识系统。在垂直行业中，数字孪生平台建立在不同的知识图谱基础之上，本质上是各种知识工程。应急管理数字孪生体系构建的过程也是应急事件和应急管理知识重构的过程，对梳理认识不同领域应急管理活动的本质，精准指导应急管理实践具有重要的意义。应急管理数字孪生平台不仅重构应急管理知识系统，也可进一步为应急管理知识系统提供功能性场景，在不同应用场景的基础上对应急事件进行建模，真实直观地反映应急事件的本体特征。在对事件本身进行建模的同时，也可对各种应对措施进行建模，输入不同数据和变量后在模型中生成应急预案数据库，是应急事件事前管理的重要组成部分。数字孪生平台作为反馈系统，可在事前管理的基础上对应急预案的执行进行科学评价。

③ 基于数字孪生平台的专业应急壁垒突破。数字孪生平台是一个融合系统。鉴于应急管理垂直行业解决方案壁垒较深、技术和知识差异较大、应急管理体系整体效能的发挥受到制约，通用技术手段和专业技术工具融合应用成为推动应急管理高质量发展的重要方向。数字孪生技术和体系在解耦、提炼、封装专业应急知识技能等方面具有强大的能力，通过构建通用化的行业应用模型，为专业应急救援仿真、专业分析、方案优化、应急模拟等通用应急管理以及各行业精准规划、方案优化提供支持。基于数字孪生技术的应急管理新模式，能够大幅提升对突发紧急事件复杂性、流动性、连续性的适应能力，显著优化管理体系的开放性、动态性，增强对技术工具多样化、复杂化的融合能力以及对应急事件的综合呈现能力。

（5）对策建议

近年来，随着数字技术的快速发展以及应急管理工作要求的不断提高，充分运用数字技术，加快我国应急管理体系数字化转型的必要性显著提高。在此背景下，构建涵盖基础设施、平台体系、融合应用的应急管理体系数字化转型的政策推进框架具有重要意义（见图 1-11）。

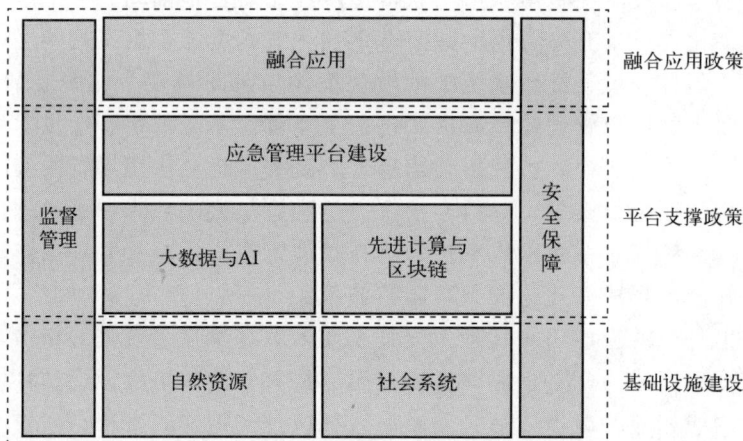

图 1-11　应急管理体系数字化转型的政策推进框架

① 加快应急基础设施的数字化转型。2018 年中央经济工作会议提出，加快 5G 商用步伐，加强 AI、工业互联网、物联网等新型基础设施建设；加快新型基础设施建设成为重要的国家战略。大范围、高质量地推动"新基建"发展，将为应急管理体系的数字化和现代化

打下坚实基础。加快应急基础设施的数字化转型是推动整个应急管理体系转型的基础，在执行应急管理"十四五"规划的过程中，要充分考虑基础设施方面的政策内容，立足更精准、更有效的预防、监测和保障，更高水平地运用大数据、AI、云计算等数字技术；围绕安全生产、自然灾害、城市安全、现场救援等应用方向，全力打造具有深度感知、边缘计算和智能辅助等能力的智慧应急基础设施，实现全领域、全方位、全过程感知，全面提升应急管理能力。

②　加快应急管理数字化平台建设。平台化发展是数字化转型的重要特征，是对构建全环节连接、全数据汇聚、全智能决策闭环的客观要求。应急管理数字平台建设可以承载地理信息数据、生物医学数据、疫情监测数据、大众舆情数据，并从规划、采集、处理、智能化使用等过程着手，开展全生命周期的评估、监督和指导等一系列管理活动，从而真正实现数据的价值转化。构建数字化平台，关键在于推出有利于充分发挥数据在应急管理体系中重要作用的系列政策，实现应急管理领域各类数据的开放共享，推出一系列鼓励技术创新、激发建设能动性的政策措施，前瞻开展应急管理平台的体验验证等政策举措，夯实应急管理融合应用的基础。

③　加强数字技术和垂直领域应急管理的融合应用。融合应用是数字化转型的价值所在。通过政策支持和试点示范引导融合应用，启动一批应急管理数字化转型示范项目，推动地理信息系统、网络通信技术、云计算、大数据、物联网、AI 等融合应用，加快技术融合成果的综合集成转化，强化应急管理装备技术支撑和关键技术研发，推出更加丰富的技术产品，提高应急管理的科学化、智能化、精细化水平。提升应急管理体系数字化转型的市场化服务水平，培育一批综合解决方案提供商。通过统计监测和贯标评估激励融合应用，对转型效果好的地方和部门最佳实践案例给予适当奖励，激发各类主体主动应用数字技术产品的内在动力。

1.3　风险识别与评估

1.3.1　新时代风险特征与识别方法

（1）当前我国面临各种风险挑战的类型和特征

当前，我国面临的风险挑战多种多样、五花八门。概括起来，可归纳为四大类型。一是结构性风险。此类风险主要是指我国经济增速下调所带来的经济结构风险和我国社会转型所带来的社会结构风险。经济结构风险包括流动性分层背景下中小银行所面临的风险、房地产行业高杠杆风险、地方政府隐性债务风险、民营企业尤其民营上市企业的信用风险。社会结构风险包括人口变化、阶层分化、就业难与用工荒风险。二是颠覆性风险。此类风险主要包括我国实现"站起来"仍然面临的被"西化""分化"的"颠覆性风险"，实现"富起来"进程中市场经济"二律背反"可能产生的"颠覆性风险"，实现"强起来"进程中外部"修昔底德陷阱"可能遭遇的"颠覆性风险"。重点指敌对势力通过渗透破坏活动、暴力恐怖活动、民族分裂活动、宗教极端活动等妄图颠覆中国共产党的领导和社会主义制度，破坏国家统一、民族团结，损害国家主权、安全、重大发展利益，致使国家陷入政治动荡、社会动乱、人民流离失所带来的风险。三是局部性风险。此类风险也称一般性风险，主要包括不良资产风险、流动性风险、债务违约风险、"影子"银行风险、外部冲击风险、房地产泡沫风险、政府债务风险、互联网金融风险，食品安全风险、城市安全风险、能源安全风险、某地震灾水灾旱灾风险等。四是系统性风险。此类风险是指由政治、经济及社会环境等宏观因素造成的，经过长时间积累没有被发现或重视，在某段时间共振导致无法控制造成的风险，主要包括政策风险、利率风险、通胀风险、市场风险和金融风险等。

风险普遍存在，无论哪种类型的风险都经历一个由潜在酝酿到产生发展的过程，都是其本质和发展规律的外在表现，都具有客观性、复杂性、挑战性、突发性、长期性等特征。

① 客观性。不管是人类社会还是自然界存在的各种风险挑战，都是一种客观存在，都是自然规律和社会发展规律的客观反映。中华民族伟大复兴绝不是轻轻松松就能实现的，我国越发展壮大，遇到的阻力和压力就会越大。风险挑战的客观性就是必然性，是不以人的意志为转移的。自然界的地震灾、风灾、水灾、旱灾，社会领域的战争、瘟疫、冲突、意外事故等，都是独立于人的意识之外的客观存在。这种客观存在决定了人们只能在一定的时间和空间内管控风险，改变风险存在和发生的条件，降低风险发生的频率和损失幅度，最终战胜风险挑战。但这种客观性并不能否定人们在风险面前有所作为。风险挑战是一把双刃剑。一方面，风险挑战危及党的执政地位、危及国家安全、危及人类生命财产；另一方面，风险挑战又是一种推动社会发展的"反面教员"。一个国家、一个政党，包括人类本身，都是在各种风险挑战中诞生，都是在战胜风险挑战中锻炼成长的。

② 复杂性。在前进道路上我们面临的风险考验只会越来越复杂，甚至会遇到难以想象的惊涛骇浪。我国正处于跨越"中等收入陷阱"并向高收入国家迈进的历史阶段，矛盾和风险比从低收入迈向中等收入国家时更多更复杂。这种复杂性主要表现在：一是风险量大面广，产生因素多样，流动性加快，影响范围不一。既有来自国内经济、政治、意识形态、社会的风险以及来自自然界的风险，也有来自国际经济、政治、军事的风险等；既有全局性的风险，又有局部风险；既有单方面的风险，又有系统性风险；既有一般性风险，又有颠覆性风险；既有可预见的风险，也有出乎意料的风险；既有突如其来的风险，又有循序渐进的风险。二是各种矛盾叠加，风险隐患集聚，关联性增强，境外向境内传导、网上向网下延伸，联动效应明显。三是矛盾积重难返，风险源和风险点相互交织、相互作用。如果防范不及、应对不力，就会传导、延伸、演变，单一向综合升级，经济领域向社会领域蔓延，使小风险发展成大风险，局部风险发展成系统风险，国际上的风险发展成国内风险，经济社会文化生态领域的风险变成政治风险。

③ 挑战性。挑战性是风险的本质属性。各种风险都有挑战性，大风险有大挑战性，小风险有小挑战性。挑战性就是风险给人类下的战书，给人类的一种阻力和压力，给人类创造的一种矛盾和问题，具有进攻性、破坏性，应对时具有艰难性。挑战性具体表现在：一是直接性挑战。面对威胁，人类必须应对，如重大传染性疾病。二是潜在性挑战。有些风险在初期是一种隐性的危险，这种危险给管控化解必然带来挑战。比如在东海、南海等地存在潜在性挑战。三是可预见性挑战。即"灰犀牛"事件，指该风险能够被人们根据其发展特点、规律、趋势进行预判，从而在事前进行主动性防御，降低或化解其负面影响。四是不可预见性挑战。即"黑天鹅"事件，是指该风险的发展规律尚未被人们充分掌握，无法就其发展趋势和可能性进行准确预判，因而只能在事中或事后进行被动性调整。五是多重叠加性挑战。各种挑战常常交织在一起，既有"黑天鹅"，也有"灰犀牛"。"黑天鹅"中可能会引发出"灰

犀牛"，而"灰犀牛"也会导致"黑天鹅"。

④ 突发性。风险挑战的突发性是指突然性。从范围看，国内国际都有；从领域看，主要是自然界突发性灾害和人类社会突发性事故、公共卫生事件和社会安全事件；从特点看，具有不确定性、偶然性，风险是否发生、何时发生、何地发生、发生之后损失多大难以准确预测。风险的突发性特点大多来自自然界，自然产生的风险更具突发性和破坏性。当前我国开始进入城镇化较快发展的中后期，这一时期各种"城市病"有可能集中爆发。此外，大量流动人口涌入城市，对城市社会结构将造成较大冲击，社会矛盾触点多、燃点低，容易出现一些突发性事件。

⑤ 长期性。客观存在的风险不是短期的，而是无时不有的长期存在的，具有持久性、连续性特点。风险化解过程也不是一蹴而就的，而是具有直接性与潜在性相联结，突发性与连续性相结合，目的性与过程性相交汇的特点。进入新时代，我国政治、经济、意识形态、党的建设等领域的风险都具有长期性特点。

（2）新时代防范风险挑战需要坚持的原则

防范化解各种风险必须坚持国家领导人反复向全党强调的一系列重大原则，这些重大原则归纳起来至少有五个方面。

① 党的全面领导原则。应对重大挑战、抵御重大风险、克服重大阻力、化解重大矛盾，最根本的保证就是坚持党的全面领导。我们治国理政的本根，就是中国共产党领导和社会主义制度。坚持党对国家安全工作的领导，是做好国家安全工作的根本原则。防范化解风险是一项系统性、复杂性工程，必须坚持党的全面领导原则，发挥党总揽全局、协调各方的核心作用。唯有如此，才能有力应变局、平风波、战洪水、防非典、抗地震、化危机。事实证明，只有加强党的全面领导，才能使全党自觉地在思想上、政治上、行动上同党中央保持高度一致，形成防范化解风险的合力。

② 居安思危原则。增强忧患意识、做到居安思危自古以来就是我国一条重要的政治经验。"思则有备""安而不忘危，存而不忘亡，治而不忘乱""生于忧患、死于安乐""忧劳可以兴国，逸豫可以亡身"是先辈们从实践中总结的经验。唐太宗及后世居安思危、励精图治，奠定"贞观之治"，开创"开元盛世"。晚清政府的夜郎自大、闭关自守，成为导致国家陷入半殖民地半封建的深渊的一个因素。历史证明，增强忧患意识、做到居安思危是国家安定、社会进步的一个重要条件。进入新时代，虽然我们已取得举世瞩目的巨大成就，人民生活水平得到大幅提高，但我们前进道路上还有许多艰难险阻，还必须"于安思危，于治忧乱"。增强忧患意识，做到居安思危，是我们治党治国必须始终坚持的一个重大原则。当前，我们要有效应对重大挑战、抵御重大风险、克服重大阻力、解决重大矛盾，必须始终坚持这一重大原则。

③ 维护国家安全原则。国家安全是安邦定国的重要基石，维护国家安全是全国各族人民根本利益所在。没有国家安全，一切都无从谈起。因此，防范化解各种风险必须坚持维护国家安全原则。改革开放以来，我国社会大局稳定，为改革开放和社会主义现代化建设营造了良好环境，就是因为我国始终把维护国家安全和社会安定作为党和国家的一项基础性工作。当前，我国国家安全面临新的威胁和挑战，我们必须始终坚持维护国家安全原则，提高防范和抵御安全风险能力。

④ 以人民为中心原则。为人民谋幸福是中国共产党人的初心，人民对美好生活的向往

是中国共产党人的奋斗目标,人民立场是中国共产党的根本政治立场。防范化解风险,必须始终把人民生命财产安全放在首位。我们讲的斗争,不是为了斗争而斗争,也不是为了一己私利而斗争,而是为了实现人民对美好生活的向往、实现中华民族伟大复兴知重负重、苦干实干、攻坚克难。只有坚持以人民为中心的原则,才能有效防范化解、管控各类风险,建设人民当家作主的平安中国、和谐中国、幸福中国。

⑤ 预防为主原则。风险破坏性和危害性很大,必须坚持预防为主的原则,始终把预防风险摆在突出位置。要强化工作前瞻性、进取性、创造性,提高防控能力。积极开拓进取,全面做好改革发展稳定各项工作,着力解决经济社会发展中的突出矛盾和问题,有效防范、管理、处理公共安全潜在风险,有力应对、处置、化解公共安全挑战,最大限度减少人民群众生命财产损失。古人云:"图之于未萌,虑之于未有。""宁可备而不用,不可用而无备。"只有把预防摆在首位,心存忧患,肩扛重担,做到有备无患,才能防止出现重大风险或在出现重大风险时扛得住、过得去。

1.3.2 新兴风险类型及其评估技术

由于应急管理在各行各业中所发挥的作用较为突出,有关部门加大了对应急管理的有效研究,开拓其发展前景,不仅可以加快信息的响应速度,还有助于快速地应对在实际工作中所产生的各项问题,因此要加大对应急管理技术的科学利用力度,促进行业的良好发展。

(1)应急管理的前沿技术

① 智能化监测技术。智能化监测技术在防灾减灾中的地位日益凸显。该技术采用现代传感器、大数据分析及人工智能算法等手段实现灾害风险实时监控与预警。通过在关键区域部署传感器网络,智能监测技术可以实时收集环境数据,包括气象、地质、水文等多方面的信息,为灾害预警和决策支持提供强有力的依据。

就地震防灾而言,智能化监测技术可以准确地捕捉到地震波传播特性,并通过对数据进行实时分析来提前预测出地震的可能性以及影响范围。同时智能化监测技术也可与历史地震数据相结合,构建地震风险评估模型,供城市规划及建筑抗震设计参考。

在气象灾害的预警领域,先进的智能监测技术可以实时追踪气象元素(如温度、湿度和风速)的变动,并与气象模型相结合进行深入的预测和分析,从而提前发布关于暴雨、台风等极端天气的预警信息。这样既有利于降低灾害损失,又可以给应急救援带来一个宝贵时间窗口。

另外,智能化监测技术可用于森林火灾、山体滑坡以及其他各种自然灾害预警与监控。通过智能化分析能够及时发现潜在风险并采取适当防范措施,有效降低灾害发生及损失。

② 数字化风险防范技术。数字化风险防范技术是应急管理中一个重要环节,对防灾减灾起着关键作用。借助数字化手段能够更准确地对灾害风险进行识别与评估,并有针对性地制定防范措施,以增强防灾减灾成效。

应用数字化风险防范技术时风险评估模型至关重要,通过对历史灾害数据、地质环境信息和气象数据等多种数据的收集和分析,能够构建一个精确的风险评估模型,以预测灾害发生的可能性和影响的程度。这些模型既有助于认识灾害发生的原因及规律,又可对灾害预警及应急决策等提供科学依据。同时,数字化风险防范技术也包含灾害风险信息可视化表达,利用地理信息系统和虚拟现实等先进技术,能够以直观和易于理解的形式展示灾害风险信息，从而为灾害预防和紧急救援工作提供强有力的支持。以洪水灾害防范为例，可采用数字化技术对洪水演进过程进行仿真，对洪水淹没范围及影响范围进行预测，以指导防洪工程建设及应急救援行动。另外，数字化风险防范技术强调灾害风险信息实时更新与动态管理，通过实时监测、数据分析等手段，能够及时发现灾害风险新点并调整预防措施，保证了防灾减灾的针对性与有效性。

③ 应急信息通信技术。应急信息通信技术对于防灾减灾有着无可取代的重要价值。灾难发生后，迅速而准确地传递信息对指挥调度、资源调配以及救援行动都具有重要意义。应急信息通信技术通过提供高效且稳定的通信方式，为灾害预防和减灾提供了坚实的支持。应急信息通信技术可以保障灾难中通信顺畅，不管是地震、洪水等自然灾害都会给通信设施带来损害，使通信中断。应急信息通信技术利用先进的通信技术与装备，抗灾能力强，稳定性好，可以在灾后保持通信顺畅，对救援行动起到必要的辅助作用。应急信息通信技术可以快速传递与分享信息，灾害应对中信息传递的速度与准确与否直接影响着救援行动效率与成效。通过应急信息通信技术能够快速向指挥中心及有关部门传输灾害现场实时情况、救援需求以及其他信息，在实现部门间信息共享与协同作战的前提下，全面提高灾害应对效能。另外，应急信息通信技术也能够提供多样化信息服务，比如通过应急信息平台的建设，能够发布灾害预警信息、救援指导信息和灾情动态，有利于群众对灾害情况和相应处理的了解。与此同时，应急信息通信技术也可用于远程医疗救助和心理疏导，对灾民进行全方位救助。

④ 应急数据分析技术。应急数据分析技术对防灾减灾具有关键作用。通过大量资料的采集、处理与分析，可以揭示灾害的发生规律，预测潜在风险并为采取相应防范措施提供依据。

应急数据分析技术有助于灾害风险评估模型的构建，通过整合历史灾害资料、地质环境数据、气象信息等多种数据来源，并结合数据挖掘技术和机器学习方法，能够建立一个精确的风险评估模型。这些模型可对灾害发生概率、影响范围及可能损失程度等进行分析，从而对灾害预警与决策提供科学依据。应急数据分析技术也可以对灾害的发展趋势进行实时监控，当灾难发生后，可借助传感器网络、遥感技术对灾难现场数据进行实时采集，同时借助数据分析技术对数据进行快速加工与分析。通过对灾害动态变化情况进行实时监控，可以适时调整救援策略、优化资源配置、提升救援效率。另外，应急数据分析技术也可应用于灾害损失评估及灾后恢复工作中，分析灾害损失数据，可评估其对社会经济、生态环境的影响程度，从而为灾后恢复与重建工作提供决策支持。同时，也可运用数据分析技术对未来潜在灾害风险进行预测，从而对防灾减灾的长远规划起到指导作用。应急数据分析技术应用中也应关注数据准确性与可靠性问题。数据质量对分析结果是否有效有着直接的影响，所以必须要加强对其质量的把控，保证数据真实完整，与此同时，还要注意资料的时效性并对最新资料进行更新与分析，以便应对灾害风险的改变。应急数据分析技术广泛应用于防灾减灾，对资料进行深入挖掘与分析，可以更深刻地认识灾害发生的实质与规律，并制定出更有效的预防措施，以降低灾害造成的危害与影响。

⑤ 关键词提取技术。关键词提取技术被越来越多地应用于防灾领域，可对灾害预警、应急响应以及决策支持等方面提供重要信息支持。通过对大量文本数据进行灾难相关关键信息的抽取，可以更加迅速和准确地理解灾难情况并进行科学高效的决策。在灾害预警中，关

键词提取技术有助于对灾害有关新闻报道、社交媒体信息进行快速辨识和分析。通过关键词的抽取，能够及时发现灾情的端倪与发展趋势，并对预警发布提供及时、精准的信息支撑。以地震预警为例，通过对与地震有关的关键词"地震""震感"进行抽取，可对地震活动变化情况进行实时监控，并对其发生情况进行预测。在应急响应中，关键词提取技术可以帮助快速掌握灾害现场真实状况以及救援需求。通过关键词提取，能够甄别出受灾害影响区域、人员伤亡情况、物资需求情况等与救援行动有关的信息，从而为救援决策的制定提供强大的信息支持。同时，关键词提取技术也有助于对舆情变化情况进行监控，及时发现公众关注的热点与焦点问题，从而为舆情应对工作提供科学依据。另外，关键词提取技术也可用于灾害损失评估及灾后恢复等作业，提取灾害损失关联关键词可快速评价灾害对社会经济、生态环境的影响水平，从而为灾后恢复重建工作提供决策支持。同时，也可采用关键词提取技术对灾后恢复工作进展进行监控，以发现问题与难点，并为恢复策略调整提供信息支持。应用关键词提取技术时需重视关键词的筛选与甄别。合理地进行关键词选择可以保证所抽取信息的代表性与准确性，同时，对关键词进行过滤可以剔除不相关信息，从而提高信息加工效率。因此有必要针对特定防灾需求与情景选取适当关键词并建立相关筛选规则。关键词提取技术对防灾减灾有重要应用价值，通过对关键词进行抽取与分析，可以更加迅速准确地认识灾害情况并做出科学有效的决策，从而为减轻灾害损失、确保人民生命财产安全提供强有力的支撑。

（2）应急管理发展趋势

① 全面化。就防灾减灾而言，应急管理全面化正在成为面对复杂多样灾害情况的必然趋势。全面化是指应急管理工作需涵盖灾害预防、应急响应和灾后恢复各环节，还要兼顾各类型灾害间的关联性，以保证对各类风险进行全方位、无死角的处置。应急管理全面化重在防范和处置，预防作为减轻灾害损失的首道防线，加强灾害风险评估、监测预警与隐患排查治理，能够有效降低灾害发生概率与影响程度。与此同时，应急响应是全面化应急管理中必不可少的环节，这就需要能在灾难发生之后快速启动应急预案并动员各方面的力量，开展高效的抢救与救助行动，将人员伤亡与财产损失降到最低。另外，应急管理的全面化也侧重于灾后的恢复和重建。灾后及时进行灾后评估、恢复重建对保障灾区人民基本生活、恢复正常社会秩序至关重要。通过科学编制恢复重建规划、整合各方面资源、加强灾区基础设施建设、增强抗灾能力等措施，才能使受灾地区逐步获得可持续发展。

以全面化应急管理为动力，将更强调防灾减灾的整体性、系统性与协同性，政府、企业及社会各界需通力合作，形成建设完备防灾减灾体系的合力。同时，还需要加强国际交流与合作，学习借鉴先进的防灾减灾经验和技术，提升我国应对灾害的能力和水平。应急管理全面化的趋势将会给我们带来更全面和更有效的防灾减灾工具，帮助人们更好地迎接各类灾害的挑战，确保人民生命财产安全。期待以全面化应急管理为主导的防灾减灾工作取得更明显的效果。

② 自动化。就防灾减灾而言，自动化应急管理正在成为提高灾害应对效率与能力的一个重要途径，自动化是指在应急管理工作中通过运用先进技术与手段对其进行智能化与自动化处理，以提高其响应速度与准确性。自动化的应急管理对于灾害预警具有重要的作用，在大数据、物联网、人工智能等先进技术的推动下，能够实现对各种灾害数据进行实时监控与快速分析。通过自动化预警系统能够及时发现灾害迹象、精确预测灾害发展趋势、提前发出

预警信息、及时提醒公众及有关部门防灾。自动化应急管理在应急响应阶段也起到了至关重要的作用，通过自动化调度系统能够迅速地对各种应急资源进行集成，达到优化配置与高效利用的目的。同时自动化救援装备与机器人技术的运用还能极大提升救援行动效率与安全性。以火灾救援为例，通过自动化灭火系统与无人机巡查相结合的方式，能够快速对火源进行定位并执行精准灭火以降低火灾损失。另外，自动化应急管理在灾后的恢复与重建阶段也起到了至关重要的作用，利用自动化监测与评估系统能够迅速掌握灾区损失状况，从而为恢复重建工作提供科学依据。同时，自动化设备与技术的运用还能加快恢复重建过程，提升恢复效率。自动化应急管理这一趋势将大大提升人们对灾难的处理能力与处理水平，自动化应急管理可以通过减少人为干预和避免错误与延误等措施，保证灾难发生时能快速准确做出反应，从而最大限度地保障人民生命财产安全。但在自动化应急管理中也遇到了一定的挑战与难题，比如技术更新换代速度快，需要对自动化系统进行不断更新与维护；与此同时，数据安全与隐私保护是自动化应急管理中需要重点研究的课题。所以在促进自动化应急管理不断发展的过程中，必须要加强技术研发与人才培养，健全相关规定与标准，保障自动化应急管理安全可靠。

1.3.3　风险分析技术的创新

随着科技快速发展与社会经济活动复杂度提升，我国已进入高风险社会阶段。面对国土广袤、人口众多的现实挑战，提高突发事件的预警、干预和处置能力成为应急管理现代化的核心任务。2021 年应急管理部发布的《关于推进应急管理信息化建设的意见》明确提出，需以信息化驱动应急管理现代化，构建"智慧应急"体系。通过融合大数据、云计算、人工智能等技术，我国正逐步形成功能完备的智慧应急系统，为高水平应急管理提供技术支撑。以下从文献趋势、合作网络、研究热点三方面系统解析我国风险分析技术的创新路径。

（1）文献演进的阶段特征分析技术

选取 2003～2023 年 10 月我国智慧应急领域内的文献作为样本绘制数量趋势图（图 1-12），并将其分为以下两个阶段进行分析。

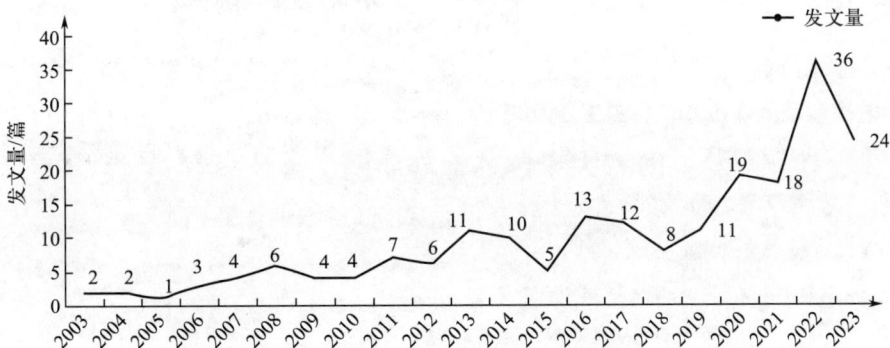

图 1-12　2003～2023 年中国智慧应急领域相关研究文献数量

① 缓慢培育期（2003～2016 年）：灾害驱动的范式探索。本阶段呈现"阶梯式"发展特征，文献总量仅 67 篇。2008 年汶川地震构成关键转折：震前五年文献总量仅 12 篇，研究聚焦于基础理论框架构建；震后随着《中华人民共和国突发事件应对法》实施及国家应急体

系改革，研究视角开始向信息化转型延伸。但受制于物联网、大数据等技术成熟度不足，2010～2016年间文献量在年产出4～13篇间波动，显示学术界处于技术适配性的持续探索阶段。

②技术爆发期（2017～2023年）：数字治理驱动的范式跃迁。以"十三五"国家信息化规划实施为转折点，本阶段文献量呈指数级增长，总量达128篇（年均21.3篇），较前期增长64.1%。云计算、5G通信、深度学习等技术突破重构研究范式：研究重心转向"智能决策中枢""数字孪生应急""多源数据融合"等前沿领域。特别是COVID-19疫情防控中健康码系统的实践，推动研究维度从单一灾害应对向"平急结合"的韧性治理体系转型，2020～2022年文献量连续三年突破20篇，形成显著的技术驱动研究浪潮。

总体来说，随着信息技术的不断发展和国家对应急管理信息化的重视，我国智慧应急领域的研究经历了从无到有的过程，且在波动中稳步增长。

（2）风险协同网络的跨学科构建技术

①作者合作网络。通过CiteSpace软件分析智慧应急领域的样本文献作者，得到核心作者群及其合作关系和互引关系。图谱显示有296个节点和325条连线，网络密度为0.0074，表明学者数量较少，合作数量相对较高，但合作关系松散，呈现"小聚集，大分散"特点。发文数量大于等于2篇的学者共19人，多数学者并非完全专注于该领域。合作呈现数量多而覆盖面窄、频率高而质量低的特点，表明合作主要集中在固定学者群体，非核心学者合作强度低。因此，加强学术交流，打破沟通壁垒，是智慧应急研究领域亟须解决的任务。

②机构合作网络。利用CiteSpace软件对所选择文献样本进行可视化分析，时间切片选择1年，得到研究机构的合作网络图谱（图1-13）。该图谱共有节点（N）257个，连线（E）132条，网络密度（D）为0.004。其中，图谱中的节点大小代表了机构发文数量，节点越大数量越多；节点之间的连线代表了合作关系，连线粗细代表了合作强度。

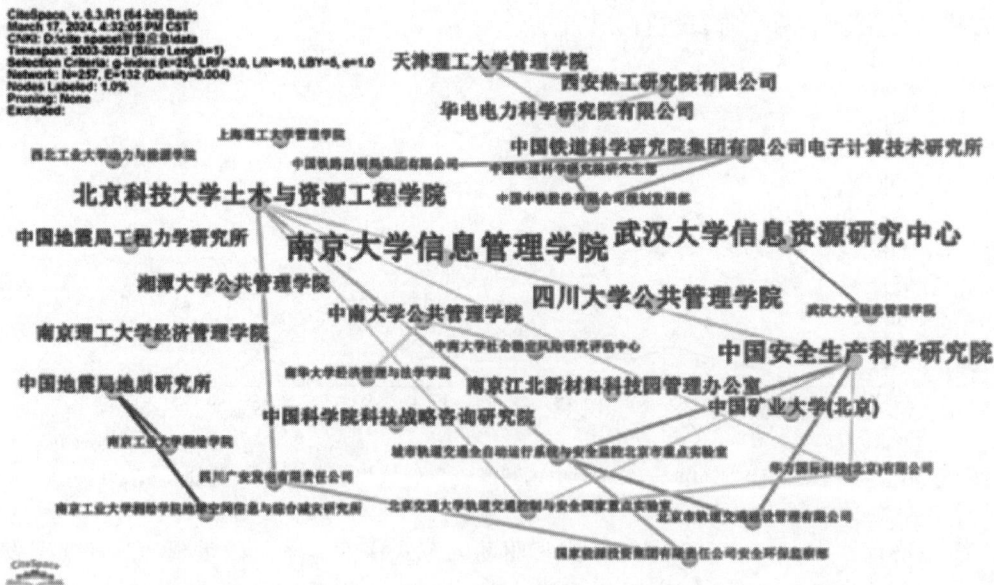

图1-13　2003～2023年中国智慧应急领域发文机构合作图谱

数据统计结果显示，在 2003～2023 年 10 月，有关智慧应急研究领域发文最多的机构是南京大学信息管理学院，发文数量为 5 篇；其次是武汉大学信息资源研究中心，发文量为 4 篇；发文量为 3 篇的机构有中国安全生产科学研究院、四川大学公共管理学院以及北京科技大学土木与资源工程学院。

观察图谱可知，在众多发文机构中形成了若干合作子网络，这些子网络可以分为三类：一是高校与高校之间的合作网络，这类合作网络的数量较少，合作强度也不高，在合作网络中的占比以及发文数量也处于较低水平；二是高校与科研机构的合作网络，这类合作网络在图谱中的占比很高，例如发文量较多的北京科技大学土木与资源工程学院和中国安全生产科学研究院之间的合作关系，这类网络具有数量多、强度高的特点；三是政府部门和企业与科研机构和高校之间的合作网络，这类网络的数量和强度不高，只是零星出现，因此不做过多考虑。总体来看，我国在智慧应急领域的发文机构形成了以科研机构和高校为主、政府部门和企业为辅的研究主体网络。此外，从图谱中可以看出，这些网络中的合作机构主要涵盖了信息管理、土木与资源、公共管理、安全生产等多个学科领域。这表明智慧应急领域的研究具有明显的多学科交叉特点，体现了一定的综合性。

（3）风险研究热点追踪技术

① 关键词共现知识图谱分析。关键词是对文献主题的高度概括，通过关键词共现分析，能够体现不同时序中领域热点、研究方法的变化，进而分析出该领域中的内在联系。分析包含了关键词共现图谱分析、关键词频次和中心度分析以及关键词突现分析，以求用更完善的、直观的视角，描述出我国智慧应急领域的研究热点，揭示该领域的研究前沿问题。将作为样本的 206 篇相关文献导入 CiteSpace 软件，切片时间设置为 1 年，得到智慧应急关键词共现知识图谱（图 1-14）。

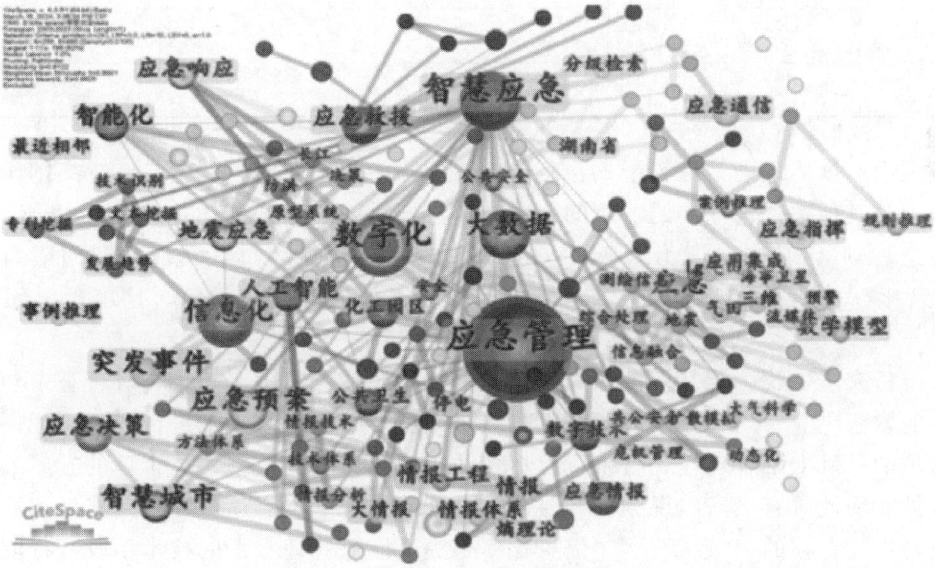

图 1-14　2003～2023 年中国智慧应急领域关键词共现知识图谱

该图谱包含节点（N）299 个，连线（E）480 条，网络密度（D）为 0.0108。图中的圆形节点代表了关键词，圆形节点的大小代表了该关键词的出现频次，出现频次越高则该节点就越大；节点与节点之间的连线代表了关键词之间的共现关系，其连线的粗细代表了关键词共现的强度。

为保证关键词统计能够真实反映当前智慧应急领域研究热点，只选取出现频次大于5次和中心度排名前10的高频关键词，这些高频关键词与其他关键词的联系非常紧密，代表该研究领域的主线内容。统计结果如表1-1所示。

表1-1　中国智慧应急领域关键词频次和中心度统计

序号	关键词	出现频次	中心度	出现年份
1	应急管理	41	0.54	2008
2	智慧应急	16	0.17	2015
3	数字化	12	0.20	2008
4	大数据	11	0.05	2015
5	信息化	10	0.23	2006
6	应急预案	8	0.10	2012
7	应急救援	7	0.09	2016
8	应急决策	7	0.01	2007
9	应急疏散	6	0.00	2016
10	智慧城市	6	0.04	2015
11	人工智能	6	0.05	2019
12	智能化	6	0.05	2013
13	地震应急	6	0.06	2003

关键词中心度体现了某一关键词在整个图谱网络中的媒介能力，中心度越高则代表了该关键词成为与其他关键词连接的节点的次数越多。通过中心度统计，具有最高中心度的关键词是"应急管理"，其中心度为0.54，并且其出现年份也比较早，其他关键词诸如"数字化""信息化""应急预案""应急救援"等中心度排名也比较靠前，且出现时间集中在2006～2015年。

综合分析来看，我国智慧应急领域的研究热点主题较为集中，几个具有较高中心度的关键词之间的联系十分密切。智慧应急的目标在于以更高的应急水平来进行应急管理，即在传统应急管理的基础上融合现代化技术，以更快的响应、更高的效率、更合理的方案来有效应对突发事件。因此具有最高出现频次和最高中心度的关键词"应急管理"是作为智慧应急领域的研究基础而存在的；"数字化""信息化"是提高应急管理水平的技术手段，将数字化技术和设备融入应急管理领域，构建智慧应急平台，从而将应急管理流程从上至下串联，提高意外预测、判别能力是建设我国智慧应急的方向。"应急预案"和"应急救援"则是决策向具体行为的转化，代表着智慧应急领域的实践意义。

②关键词突现分析。基于关键词共现知识图谱分析，提取出我国智慧应急研究领域中

的前 10 个突现关键词（表 1-2）。突现关键词是通过对关键词的时间分布特征进行分析而筛选出的频次变化率较高的前几个关键词。一般认为，突现关键词反映了该领域的动态演化，代表着现在或未来一段时间内该领域的研究热点。

表 1-2　中国智慧应急领域关键词突现统计

关键词	出现年份	突现强度	突现开始年份	突现结束年份
数字化	2008	3.13	2008	2013
应急指挥	2008	1.62	2008	2012
应急预案	2012	3.01	2012	2014
智慧城市	2015	2.07	2015	2016
应急决策	2007	1.56	2015	2017
应急疏散	2016	2.00	2016	2017
应急管理	2003	1.58	2017	2018
大数据	2015	1.93	2019	2019
智慧应急	2015	2.94	2021	2023
应急管理	2008	4.16	2022	2023

基于表 1-2 的数据分析，可从时间轴与发展趋势两个维度揭示中国智慧应急领域的研究演进特征。

时间轴视角：应急管理虽在 2008 年首次出现，但其突现强度于 2022～2023 年达到峰值（4.16），凸显其在当时及未来研究中的核心地位。相比之下，其他早期关键词如"数字化"（2008～2013 年）、"应急指挥"（2008～2012 年）等突现时间段较短，表明研究焦点随技术迭代逐渐转移。

发展趋势视角：新兴概念"智慧应急"自 2021 年突现并持续至 2023 年（强度 2.94），与同期"大数据""应急管理"共同构成研究主线。这一现象标志着领域重心从单一技术应用（如 2012～2016 年的"应急预案""智慧城市"）转向系统性建设——整合智慧平台、组织架构与人才体系的数字化转型。二者的对比表明，智慧应急正从局部创新迈向全局升级，成为驱动应急管理现代化的重要引擎。

③ 关键词聚类时间图谱分析。在关键词共现和突现分析的基础之上，结合时间线的发展，利用 CiteSpace 软件绘制出带有时间线的关键词聚类时间图谱（图 1-15），从而具体分析我国智慧应急领域研究热点发展的不同阶段以及未来的发展趋势。

如图 1-15 所示，图中的节点和文字位置代表了这一关键词第一次出现的时间。需要注意的是，关键词一旦出现，就会固定在第一次出现的年份，如果存在其他关键词与该关键词共现的情况，则会在两个关键词之间添加一条连线，代表其共现关系。此外，节点的大小也代表了该关键词出现的频次，即在第一次出现后的某一年再次出现，则会使第一次出现的年份位置的关键词节点变大，以此类推。将图 1-5 的关键词进行聚类分析，进而筛选出体量较大的 6 个聚类类别，分别为大数据、应急管理、应急预案、应急救援、智能化、应急。据

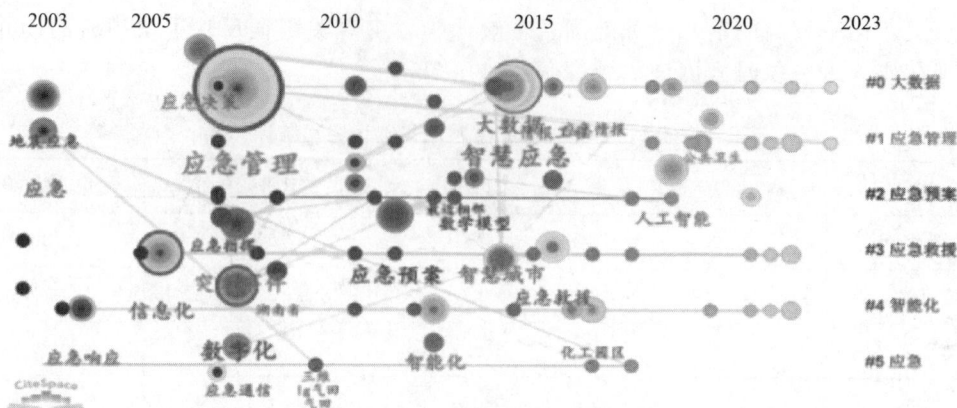

图 1-15　2003～2023 年中国智慧应急领域关键词聚类时间线图谱

此，可以依据时间线发展顺序，结合聚类标签和关键词，将我国智慧应急相关研究主体分为三个阶段：

a. 应急管理数字化建设阶段（2003～2008 年）。应急管理是智慧应急研究领域的核心基础，是作为智慧应急领域的早期研究形态存在的。在这一阶段中，研究热点聚焦于如何开发数字化、信息化的应急管理流程，关注的核心在于利用网络技术的发展提高应急响应速度、加强突发事件溯源能力、完善应急决策体系建设。传统应急管理决策流程关注的重点在于经验判断，经验判断则依赖烦琐的流程和有限的数据信息，在这一流程中，数字化和信息化的作用只存在于优化应急管理流程的每一个具体操作，即为其提供信息、案例以及较为便捷的多部门沟通渠道。但这样过于依赖经验判断的模式并不能称为完整意义上的智慧应急，因此在这一阶段，研究的重心是强调应急管理的数字化发展，但并没有改变应急管理的核心决策方式，也没有摆脱传统应急管理的束缚。

b. 智慧应急融合阶段（2009～2016 年）。该时间段的关键词以大数据、智慧城市、智慧应急以及智能化为主，表明该阶段研究更注重应急管理体系和行为的智能化。智能化和数字化之间存在着差异，这种差异体现为数字化代表一种形式上的转变，即从传统实体向虚拟模式的变迁；而智能化则代表行为模式和决策方法的最优化。技术革新旨在推动应急系统做出最优决策，使其具备危机预测、感知、溯源以及收集、记忆与分析突发事件相关信息的能力，也就是使应急系统拥有"智慧"。总体来看，在这一阶段学者们关注的重点在于将传统应急管理、数字化应急管理与大数据、物联网等智能技术融合，因此称为智慧应急融合阶段。

c. 智慧革命阶段（2017～2023 年）。该阶段主要以人工智能、应急情报为主要关键词。在上述两个阶段中，尽管该领域的研究重点已经转移到智能技术的融合方面，但其在实际运转过程中仍然缺乏一定的数据整合和协调手段，造成了数据壁垒的出现。而通过数字化、智慧化技术形成的大数据环境可以实现上下级之间、部门之间和社会之间的信息数据共享，使得数据的协调传播能力进一步提升，从而打破数据壁垒。因此，在这个阶段引发了一系列"智慧革命"，即通过新型计算模式、人工智能技术与城市智慧平台的构建与联通，充分挖掘大数据信息所蕴含的深层价值，进而将其应用于应急管理流程、决策过程以及组织架构的全方位建设完善过程之中，为智慧应急的发展提供了全新思路。

从研究现状方面看，我国智慧应急领域相关研究文献数量自 2003 年第 1 次出现后就保持了持续的上升趋势，这与我国自 21 世纪以来经历的几次重大公共安全事件有密切联系，同时也与我国的国家政策支持、科技水平进步有关。结合发文作者和发文机构的情况来看，目前在我国智慧应急领域内尚未形成高产核心作者群，学者之间的合作较为分散且隔离性较强，发文数量不多，联系范围不广，说明国内该领域的合作网络还有待进一步建立完善，发文机构之间的合作数量同样较低，合作强度不高，这样的关系可能与学者之间存在的合作壁垒有关，其中，高校和科研机构的合作发文是该领域的主要合作形式。

从研究主题方面看，我国智慧应急领域研究的热点主要在于信息化、数字化手段与应急管理理论方法、应急管理流程融合等方面。随着近年来人工智能、数字平台等技术的发展，我国智慧应急领域的研究热点逐步转向更加全面、无死角的智慧应急体系建设的方向，强调从组织结构、信息传递与响应、资源收集与共享等方面全方位融入现代化数字技术，使我国的智慧应急研究从单方面的应急程序更新迈入了包括智慧应急管理平台建设、组织建设、人才培养在内的全方位发展阶段。

从研究趋势方面看，我国智慧应急领域的研究演变过程分为三个阶段：应急管理数字化建设阶段（2003～2008 年）、智慧应急融合阶段（2009～2016 年）和智慧革命阶段（2017～2023 年）。未来，随着我国科技水平和经济建设水平的进一步发展，我国智慧应急领域的发展将会朝着打破资源壁垒、缩小组织缝隙、加强信息共享的方向继续发展。

根据以上对我国智慧应急领域研究热点、研究趋势的可视化分析，未来我国智慧应急的发展和研究应当关注以下几个方面的内容：

a. 智慧应急决策范式的转变。智慧应急范式的转变意味着从传统的层级制决策制定和执行体系转变为扁平化的智慧决策体系。体系建设是一个由点及面的过程，体系中涵盖的要素为"点"，它们是整个体系构成的基础。首先是决策逻辑的转变。传统应急管理决策逻辑的重点在于已发生意外事件的因果关系，它建立在一系列烦琐的程序之上，使应急决策具有相当的滞后性和局限性；智慧应急决策范式则是利用数字平台技术，其运作过程覆盖了突发事件的前、中、后，形成危机状态下的全封闭管理流程。这里体现的优势在于突破了应急决策的局限性，全面的相关分析往往比数据来源单一的因果分析更具有智能的特点。其次是决策主体的转变。在层级式决策体系中，决策者由于其自身的局限性往往不能做出完美的决策方案，而智能技术的加入会实现决策主体由单一主体向多元化主体的转变，也可以通过提供数据分析等方式为决策者提供有效帮助。

b. 加强智慧应急部门协调。部门间的合理协调是提升效率的关键，而信息传递在其中发挥着重要作用，其传递速度和准确程度决定了应急决策的质量。决定信息传递效率的关键在于系统要素的整合程度，系统要素是指信息管理系统的集合，整合程度较高的系统要素能够清晰地梳理来源不同的各类信息，从而避免信息紊乱的问题，进而提高传递效率。利用信息化技术提高系统要素整合程度，缩小各地方应急部门、中央与地方应急部门以及应急部门内部机构之间的缝隙，提高信息传递效率，完善信息情报网络是未来要重点关注的研究内容。

c. 加强智慧应急技术创新。在该领域未来的发展中，利用大数据、人工智能等技术提高决策效率和资源整合程度是保证其发展水平的基础，同时也需要借助智慧化、智能化程度更高的最新技术来实现更高水平的应急决策、应急预案、危机溯源，为我国智慧应急领域研究创造全新价值。我们还要将目光聚焦于人才培养方面，从根源上把握智慧应急技术创新的原动力。

习题1

?

1. 《中华人民共和国突发事件应对法》对突发事件的定义和适用范围是什么？
2. 新时代的"风险社会"特征是什么？
3. 什么是复合型灾害？举例说明。
4. 中国应急管理体系的"五大转变"是什么？
5. 应急管理 2.0 系统的核心技术和目标是什么？
6. 社会力量在应急管理中的三种协作网络模式是什么？
7. 中国应急管理体系的发展经历了哪些阶段？

第2章
新时代应急管理体系

2.1 应急管理系统结构设计

应急响应的组织结构应该符合两个基本原则。第一，用于应对日常紧急情况的结构是灾害防护设施（应对大型灾害）的基础；第二，地方响应结构必须灵活。当组织为满足灾害需求而纳入外部资源时，组织结构必须能相应地扩展。应急响应组织最为常见的结构是突发事件指挥系统（incident command system，ICS）和突发事件管理系统（incident management system，IMS）。

2.1.1 应急组织结构与灵活性设计

（1）灵活性设计的原则

① 层级简化原则：在应急组织结构的灵活性设计中，层级简化原则处于核心地位。传统的多层级组织结构，信息在传递过程中往往需要经过多个环节的层层上报下达，如果出现延迟，容易导致信息失真、延误决策时机。例如，在森林火灾扑救现场，一线消防员发现火势突然改变方向，急需调整灭火策略并调配增援力量，如果信息要先由消防员汇报给基层指挥员，基层指挥员再上报给中层领导，中层领导继续汇报给高层指挥中心，等高层做出决策后再一级级传达下来，很可能火势已经蔓延扩大，错过最佳扑救窗口。

而扁平化的应急组织结构则能有效避免这类问题，它通过减少不必要的中间层级，让信息能够以最短的路径、最快的速度在指挥中心与一线救援人员之间流通。比如，现场指挥可以直接与各灭火小组、物资保障小组以及医疗救护小组进行沟通，一旦发现火势变化，现场指挥能立即根据实际情况调整灭火战术，直接指挥各小组做出相应行动，如命令某个灭火小组迅速转移到新的火势蔓延方向进行扑救，通知物资保障小组紧急调运更多的灭火设备，协调医疗救护小组做好接收可能出现的受伤人员的准备。这种简洁高效的信息传递和指挥模式，极大地提高了应急响应的速度和灵活性，使得应急行动能够根据火势等实时变化迅速做出精准调整，保障救援工作顺利开展。

② 模块化原则：将应急组织按照功能划分为不同的模块，是灵活性设计的另一个关键原则。这些模块各自具备相对独立又能相互协同的功能，就如同积木一样，可以根据不同的应急场景需求进行灵活组合搭建。例如，在应对化工事故这类复杂且危险的突发事件时，应急组织可以划分为指挥决策模块、救援行动模块、物资保障模块、环境监测模块、医疗救护模块等。

指挥决策模块负责收集各方信息，依据事故的严重程度和危险化学品的种类、泄漏范围等因素，迅速制定整体的救援策略和行动方案；救援行动模块包含了多种专业队伍，像具备防化知识和技能的抢险队伍负责对泄漏源进行堵漏、控制泄漏扩散，消防队伍负责对可能引发的火灾进行扑救，洗消队伍对受污染区域和人员进行消毒清洗等，这些不同专业的救援队伍在模块内可以根据事故现场的具体情况灵活调配、协同作战；物资保障模块则管理着各类应急物资，如防护装备、灭火器材、泄漏处置材料以及生活保障物资等，确保在救援过程中物资能及时供应到各个环节；环境监测模块实时监测事故现场及周边的大气、水体、土壤等环境指标，为救援行动提供数据支持，同时防止次生环境污染的发生；医疗救护模块组织医护人员和急救设备在现场或附近医疗机构随时待命，对受伤人员进行及时有效的救治。通过这样的模块划分，在不同类型、不同规模的化工事故发生时，应急组织都能迅速将相应的模块进行有机组合，快速投入救援行动，提高应对复杂多变事故的能力，增强应急组织结构的整体灵活性。

③ 动态适应性原则：突发事件往往不是静态的，而是处于不断发展变化的过程中，这就要求应急组织结构具备动态适应性原则。以公共卫生事件为例，在疫情初期，病例数量相对较少，传播范围较窄，此时应急组织的工作重点可能主要放在病例的监测、追踪密切接触者以及防控措施的宣传和初步制定上，相应的组织结构会侧重于疾病预防控制机构、基层医疗卫生单位以及社区工作人员之间的协作，快速锁定可能的传染源，防止疫情的进一步扩散。

随着疫情的蔓延，感染人数增多，涉及区域扩大，应急组织结构就需要及时做出调整。可能需要增加医疗救治方面的力量，调配更多的医院床位、医护人员以及医疗物资，设立专门的定点救治医院和方舱医院等，这就涉及卫生健康部门与其他相关部门（如交通运输部门保障医护人员和物资的运输、工信部门协调医疗物资的生产供应等）之间更紧密的协作和组织架构的扩充；同时，还要加强社区防控力度，增加社区工作人员数量，完善封控管理、生活物资保障等工作机制，整个应急组织结构随着疫情发展阶段动态地向医疗救治、社区管控、物资调配等多个重点方向拓展和强化，确保应急工作始终紧密贴合疫情实际变化情况，有效应对各个阶段的挑战，保障公众的生命健康和社会的稳定运行。

（2）影响灵活性设计的因素

内部因素：人员的专业素养和多技能掌握情况对应急组织结构的灵活性有着深远影响。在应急管理工作中，突发事件的复杂性决定了常常需要应急人员具备跨领域的知识和技能，以便在组织调整时能够迅速适应新的岗位和职责要求。例如，一名优秀的应急救援人员，不仅要精通自己本职的急救技能，能够在事故现场对受伤群众进行快速有效的心肺复苏、伤口包扎等急救处理，还应当熟悉工程抢险方面的一些基本知识和操作，比如在地震救援中，懂得如何协助工作人员或操作破拆工具解救被掩埋在废墟下的人员，或者在洪涝灾害救援时，了解如何配合搭建临时的防洪设施等。

当面对不同的应急场景，需要对人员进行重新调配时，这种具备多技能的人员就能更好地发挥作用，填补不同岗位的空缺，保障救援工作的连续性和高效性。比如在山区发生泥石流灾害后，救援队伍中部分原本负责后勤保障的人员，如果掌握了基本的地质灾害救援知识和简单的救援工具使用方法，就可以在一线救援力量不足的情况下，临时补充到救援行动小组中，参与被困人员搜索、转移等工作，增强整个应急组织应对复杂情况的灵活性。

另外，组织内部的沟通机制也是影响灵活性的关键内部因素。顺畅无阻的信息交流渠道如同人体的神经系统一样，能够保障不同部门、不同岗位及时知晓应急工作中的各种变化，并据此协同行动。想象一下，如果应急组织内部没有统一有效的沟通平台，各个部门各自为政，信息不共享，那么在应对突发事件时，就会出现各自行动不协调、资源调配重复或遗漏等问题。

因此，建立统一的应急通信平台就显得尤为重要，这个平台能够实现语音、数据、图像等多种信息的实时传递。在火灾救援现场，消防部门通过平台实时向指挥中心汇报火势情况、人员被困位置等信息，指挥中心依据这些信息协调医疗救护部门派遣救护车在合适位置待命，同时通知供水部门保障消防用水压力，各部门通过这个沟通"桥梁"，根据实时共享的信息同步开展工作，使整个应急救援行动能够高效、有序地进行，极大地提升了应急组织结构在应对紧急情况时的灵活性。

外部因素：从外部来看，法律法规和政策对应急组织的规范与支持程度在很大程度上影响其灵活性。清晰明确且符合应急管理实际需求的法律规定，能够为应急组织在应急状态下进行结构调整、资源调配、权力行使等方面提供坚实的合法性基础和权威性保障。在国家出台的应急管理相关法律法规中，明确规定了在重大突发事件发生时，政府有权临时征用社会资源用于应急救援，各部门必须按照统一指挥、协同配合的原则开展工作等内容，这就使得应急组织在面临诸如地震、洪水等大型灾害需要快速整合各方力量、调整组织结构时，能够有法可依，顺利进行资源调配和人员组织安排，避免出现因职责不清、权力不明而导致的混乱局面。

同时，社会公众对应急工作的理解和配合程度也是不容忽视的外部因素。应急管理工作离不开公众的参与和支持，如果公众能够积极响应应急组织的调配、疏散等指令，主动配合各项应急措施的实施，那么应急组织结构就能更加顺畅地运转。比如在城市发布台风预警后，市民们按照应急组织要求，及时加固自家门窗、清理阳台杂物，并听从安排有序撤离到指定的避难场所，这不仅保障了自身的生命安全，也使得应急组织可以将更多的精力集中在救援抢险、基础设施维护等关键工作上，有助于整个应急组织结构根据台风的实际影响情况灵活调整应对策略，更好地实施各项应急行动，降低灾害带来的损失。

2.1.2　应急管理系统现代化

突发事件管理系统是一个以职责为基础的系统，这些责任被分派给专门的标准化职位，这意味着机构必须选择、培训其工作人员以履行所有与这些职位相关的职务。任何一位响应者都可能承担突发事件指挥员的角色，在实践中，突发事件的指挥员常常是最先到达现场的。突发事件管理系统的基本原则是在每一个突发事件的现场，必须有一名，并且仅有一名突发事件指挥员。图 2-1 所示为突发事件管理系统结构。

突发事件指挥员为了满足突发事件的需求，会相应拓展突发事件管理系统的规模与构成。该结构开始于对指挥权的承担和指派专门单位去处理现场的致灾因子，这包括处理那些由致灾因子产生的要求以解决威胁本身，也包括处理由响应产生的要求以支持与协调其他机构。

突发事件管理系统使用部门、分支、小组的概念去描述人员、装备和器材的不同规模的组合。在图 2-1 中，有五个部门直接隶属于突发事件指挥，这五个部门是规划、运行、安全、管理和后勤。它们的人员配置取决于突发事件的规模和情况。处于突发事件指挥岗位的

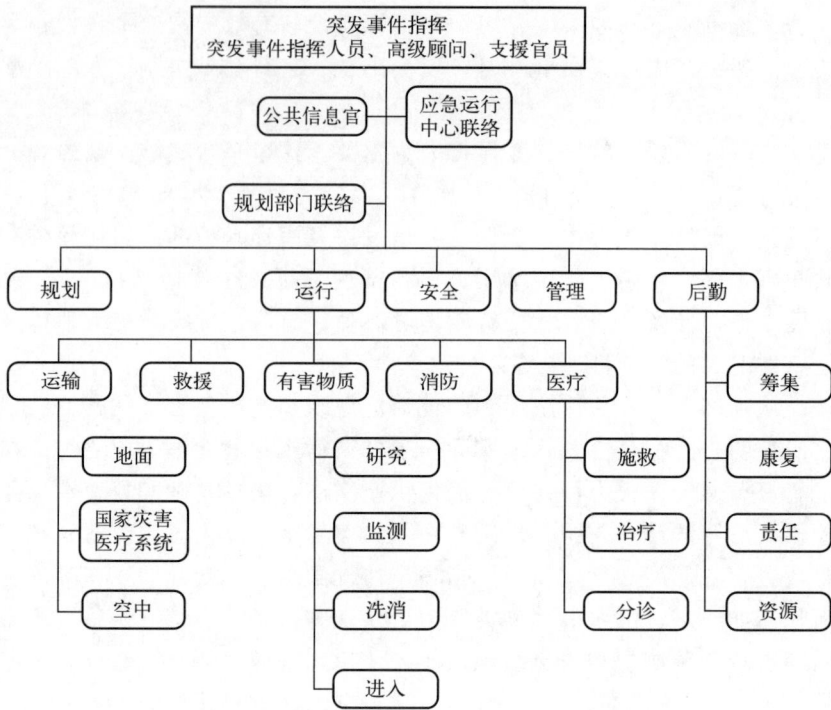

图 2-1　突发事件管理系统组织结构样本

部门领导与指挥人员合作，规划总体应急响应战略；然后，部门领导指挥和监督运行过程；分支和小组的成员则实施战术行动。在一个结构完整的突发事件管理系统内，部门以下设有分支，它负责与该部门相关的功能性战术。例如，图 2-1 显示运行部门以下的五个分支，分别是运输、救援、有害物质、消防和医疗。

分支依据其执行的特殊行动而命名。分支的数量取决于人们响应突发事件所需功能的多少，比如，城市地震的突发事件管理系统包括一个庞大的营救分支。小组列在分支以下，执行具体的任务。一般而言，小组包括消防连或特种团队。分支和小组被启动，以响应（最好是预测）突发事件的要求。相对而言，在几乎无人伤亡的小规模有害物质突发事件中，医疗分支可能只有一个单位，被称为医疗小组。在没有火灾的事件中，消防分支不会被启动。虽然突发事件管理系统的基本原则容易掌握，但是更先进的理念提供了一个为响应战略、战术和任务分配责任的复杂方法。

突发事件管理系统和突发事件指挥系统在结构上有所不同。在突发事件指挥系统之下，既没有高级顾问，也没有支援官员，只有指挥部门设有一名科技官。安全事务只由该官员负责，而不是一个独立的小组负责。此外，突发事件指挥系统只有一名联络官，而不是把警察与应急运行中心联络分立。最后，突发事件指挥系统把财务和行政定义为两个独立的部门，而不是像突发事件管理系统那样，将二者合并在一起。

2.1.3　应急管理系统应用

在较大规模的突发事件中，突发事件指挥人员会得到消防救援人员和应急管理专家的协助。在相关人员到达现场后，他们在突发事件管理系统指挥部门担任这两个附加的角色。承担指挥任务后，突发事件指挥人员会建立一个指挥部。在应对突发事件的整个过程中，指挥人员要完成表 2-1 列出的七项行动。通过这些职责，指挥人员开发和维持用于终止突发事件所需的战略与资源。指挥人员向应急管理专家和消防救援人员委派任务，包括对突发事件行动计划的变化进行审查、评估和建议。特别地，应急管理专家专注于总体管理或全局性问题，监测全局性的突发事件。作为应急管理专家，他或她评估为满足当前和未来需求可能作出的响应，然后确定是否应激活更多的分支或部门，同时，应急管理专家也评估是否需要与其他部门和团队合作。消防救援人员提供额外的帮助。他或她帮助确定优先次序，同时提供安全指导并帮助形成一份书面的控制和责任计划。他或她还要评估响应组织的活力、控制的幅度以及追加资源的需求并委派后勤任务。

表 2-1　突发事件指挥活动

序号	事件指挥活动	序号	事件指挥活动
1	进行初始情况评估和持续性再评估	4	确定需要补充的资源，包括启动应急运行中心
2	发起、维持、控制沟通	5	开发组织的指挥结构
3	确定突发事件管理战略，制订行动计划，调配资源	6	持续审查、评估和修订突发事件行动计划
		7	准备继续、移交和终止指挥权

当大规模紧急事件发生时，人们必须多采取几个步骤。大多数辖区应做好准备，使指挥人员得到一个现场公共信息官（public information officer，PIO）及一个警方联络官的支持。此外，还有一个负责协调突发事件现场与应急运行中心的应急运行中心联络官。联合指挥的目的是将职能分配给专家，这使现场的响应者与现场外的应急权威部门能够有效地进行沟通，也使突发事件指挥员专注于突发事件的需求。

指挥人员负责建立一个公共信息小组来回应新闻媒体。这个小组提供新闻媒体所需要的信息，以便新闻媒体就突发事件的状况及其响应进行精准的报道。公共信息官负责指导该小组，为媒体设立一个不会妨碍应急行动的区域。公共信息官收集关于突发事件的信息。在一个重大突发事件中，现场的公共信息官应与应急运行中心及其他机构的同行合作。这既确保了信息的一致和准确，也避免了敏感信息的泄露。有些突发事件，特别是恐怖袭击事件，可能需要采取执法行动。在这些情况下，指挥人员指定一个警方联络小组。突发事件指挥人员可能与警方指挥部建立通信联系或者要求委派警务督察到消防指挥部。警方联络小组负责处理所有要求并协调两部门的行动，包括交通控制、人群控制、突发事件现场安全、疏散人员和犯罪现场管理。指挥人员把实施响应战略的责任分配给五个部门的领导。规划部门主要负责预测突发事件的要求及其他规划功能。规划部门是作为突发事件指挥人员的"信息交换中心"，在生化或放射性（chemical，biological，or radiological，CBR）突发事件中，这一功能特别关键。这是因为源于不同专家的信息将会流向现场，规划部门将信息从这些来源传递给指挥人员。

医疗分支机构负责转运和治疗患者。施救小组负责找到患者并将其转运到治疗区。分诊小组要对患者情况和治疗需求进行初步的评估。在有害物质突发事件中初步评估可能会于洗消前、洗消中和洗消后进行。有害物质的毒性决定了对受害者的评估。在涉及神经毒剂的情况下，药理学家决定何时给受害者服用解毒剂。分诊和初步治疗也会在施救小组内进行。同样，根据毒剂情况，服用解毒剂也可能在最初阶段进行，在这种情况下，治疗在大规模洗消之前或大规模消毒的过程中开始。当时间对于生存并非至关重要时，解毒剂的服用可能会在治疗区进行。分诊标签用于给患者的伤势进行分类和记录所实施的治疗，分诊标签号码也是病人的追踪号码。

行为健康是作为医疗分支机构内的一个小组运行的，这些人员和单位在现场可能会被委派从事各种工作。现场行为健康协调员须在医疗分支机构的官员的指导下开展工作，同时与规划部门及应急运行中心保持联络。行为健康单位可以监督和帮助患者。这可在病人等待洗消、正在接受洗消、接受治疗和被转运的过程中进行。随着突发事件的升级，运输分支机构可扩展成为四个部门。北向与南向运输代表着地面运输的不同方向，其目的是将患者运送到地方医院或大众关爱场所。转运可能涉及不同的交通工具，因为它们要适应病人的需求。如果消防部门不能调动自己的救护车系统，就应当与地方应急管理服务供应商及救护服务部门签订正式的协议，征用其运输车辆。根据所涉及的致灾因子及病人的情况，在确保安全的前提下，空中运输小组使用直升机转运患者。最后，国家灾害医疗系统（national disaster medical system，NDMS）小组根据当地的 NDMS 计划，为伤员转运做好准备。

安全小组由一名安全官组成。这个安全官负责在现场动员，并维持安全运行。安全官的主要任务是制订、实施救援和突发事件现场安全计划。安全官也必须在应急行动结束后，对环境进行清理。在大规模突发事件中，会有更多的人员支持安全官。他们监控来自所有突发事件现场的报告，向指挥小组报告进展情况。如果安全小组人员发现不安全的行为，安全官有权力中止现场行动。

管理小组关注的是采购、成本回收、债务和风险管理。这些活动包括与供应商签订合同，获得不能由响应机构提供的服务。他们也会在不同的响应机构之间达成资源共享协议，还会记录伤亡人员和财物损失情况，以便日后进行理赔。

后勤小组设有四个基本的分支机构，即筹集、责任、康复和资源机构。筹集分支机构监督最初到达、未被分派任务的单位。责任分支机构跟踪响应单位和个人团体，确保他们的安全。康复分支机构监督所部署的人员，满足其生理和心理的需要。比如使用专门装备，给应急人员提供食物、水和汇报的机会。最后，资源分支机构监管所有的装备，他们可提供各种通信设备，负责维修和补给。在有害物质突发事件中，这个小组负责运送解毒剂、医疗用品和设备到现场。

总之，突发事件管理系统是一个弹性结构，它的价值在于将应急规划与行动紧密联系起来。为了对威胁进行响应，应急响应组织必须适应每一个突发事件的特殊要求。突发事件管理系统同时反映和提高了组织应对突发事件的能力。地方突发事件管理系统的规划过程有更大的灵活性，所以更有可能被成功地实施。相对于早期的突发事件指挥系统，突发事件管理系统的优点是：它更加周全地考虑到了那些必须在突发事件现场以外实施的行动。例如，突发事件管理系统涉及突发事件指挥系统没有涉及的警报和疏散行动。比如，一个疏散分支机构将协调临近现场的风险区域人口的转移，也将协调信息的发布。这要求现场运行官员对其不能直接领导的分支机构或小组负责。将这些工作委派给运行官员，可能违反了可管理控制幅度的原则，因为一个人不能每件事都做。运行官员可以监督警报、疏散，这是在监督运输、救援、有害物质、消防和医疗分支机构之外补充的事情。

从突发事件管理系统的复杂性中，可以很容易地看出：只有应急响应人员在突发事件发生前接受过全面的培训，这个系统才能有效地运转。显而易见，相关人员必须接受培训。此外，其他组织的高级官员和人员如果承担应急响应的某些职责，也必须接受一些突发事件指挥系统或突发事件管理系统的培训。

2.2　应急管理体制设计

2.2.1　应急管理体制的概念和基础

（1）应急管理体制的定义

《辞海》中体制的定义是：国家机关、企事业单位在机构设置、领导隶属关系和管理权限划分等方面的体系、制度、方法、形式等的总称。如政治体制、经济体制、教育体制等。本书中，体制即国家机关、企业和事业单位机构设置和管理权限划分的制度。由此可见：体制是有关组织形式的制度，限于上下之间有层级关系的国家、国家机关、企事业单位等。根据以上对体制的界定，"应急管理体制"可以被定义为：在应对突发事件过程中各级党组织、国家机关、军队、企事业单位、社会团体、公众等各利益相关方，在机构设置、领导隶属关系和管理权限划分等方面的体系、制度、方法、形式等的总称。由此可见：首先，中国的应急管理体制的具体内涵主要是由中国特色社会主义制度决定的。其次，组成中国应急管理组织体系的主要方面不仅包括各级党组织、国家行政机构，还包括军队、企事业单位、社会性组织和公众等所有的利益相关者。

（2）应急管理体制与机制的关系辨析

应急管理体制与机制的关系体现在：一方面，体制内含机制，应急组织是应急管理机制的"载体"。应急管理体制决定了机制建设的具体内容与特点。机制建设是应急管理体制的一个重要方面，要通过体制和法制的建设与发展来保障其实施。另一方面，应急管理机制的建设对于体制建设具有补充作用。应急管理体制的建设往往具有滞后性，尤其当体制还处于完善与发展的情况下，机制的建设能帮助完善相关工作制度，从而有利于弥补体制中的不足并促进体制的发展与完善。应急管理机制不同于体制的特点在于，机制是应急管理组成要素间的结构关系和运行方式，是一种内在的功能，是组织体系在遇到突发事件后有效运转的机理性制度。要使应急管理中的各个利益相关体有机地结合起来，并且协调地发挥作用，这就需要机制贯穿其中。总之，应急管理机制是为积极发挥体制作用服务的，同时又与体制有着相辅相成的关系，推动应急管理机制建设，既可以促进应急管理体制的健全和有效运转，也可以弥补体制存在的不足。

中国的应急管理体制和机制首先是由社会主义制度决定的，也就是说中国的应急管理体制与机制的建设要与现阶段国家的相关制度相适应和匹配，同时其内涵与外延还应根据国家的发展得以进一步调整。

（3）新时代国家应急管理体制创新发展

组建应急管理部是我国机构改革的重要举措，更是应急管理体制建设的重大机遇。但是，由于灾害风险的不确定性和复杂性，应急管理工作将面临严峻的挑战，需要在新时代中国特色社会主义理论体系建设中，在总体国家安全观的理论指导下，立足当代，放眼未来，将应急管理纳入国家经济社会总体发展战略规划，构建以风险管理为基础，以智慧技术为手段的新时代新型国家应急管理体制。

首先，基于总体国家安全观构建国家应急管理体制。国家安全和社会稳定是改革发展的前提，也是改革发展的目标。在中央国家安全委员会第一次会议上，国家领导人提出了以人民安全为宗旨，以政治安全为根本，以经济安全为基础，以军事、文化、社会安全为保障，以促进国际安全为依托，走出一条中国特色国家安全道路的总体国家安全观。加强应急管理体制建设，就是全面做好防灾减灾和安全管理工作，最大限度地维护公共安全，确保人民群众生命和财产安全。所以，需要在总体国家安全观的指导下进行应急管理机构改革和体制创新。一是贯彻总体国家安全观，将国家应急管理体制建设放到维护最广大人民根本利益中来认识，坚持以人民为中心，贯彻落实总体国家安全观，努力构建符合国家安全治理的应急管理体系。二是应急管理是国家安全治理体系的一部分，必须纳入国家安全治理框架，将应急管理放到推进国家治理体系和治理能力现代化中来把握。必须遵循国家治理理论，依托应急管理部的日常管理职能，充分发挥政府各部门的积极作用；同时，发挥市场机制和社会力量的作用，依靠人民群众、依靠社会各界参与，构建公民广泛参与的全民应急管理体制。

其次，基于国家总体发展战略的系统维度构建国家应急管理体制。事件推动型应急管理体制的发展方式，不可避免导致应急管理体系建设滞后于经济社会发展，造成应急管理工作的被动。一方面由于城市规划不科学、管理不到位，造成灾害隐患增多，风险暴露度增大。如由于城市防洪防汛标准跟不上城市的快速发展，每逢暴雨，可能导致城市内涝或发生洪涝灾害；再如天津港"8.12"危险品仓库特别重大火灾爆炸事故一定程度上是由于城市缺失科学的功能分区，城市不科学规划建设增加了民众的风险暴露度。另一方面，在经济社会快速发展过程中，因不断积累风险或产生新的风险，导致灾害事故频发。发达国家将防灾减灾与社会发展相结合，提出韧性城市建设，如美国纽约提出了《一个更强大，更有韧性的纽约》的规划、英国伦敦制定了《管理风险和增强韧性》的战略规划，都将防御能力和应对能力建设纳入城市规划建设。因此，新时代应急管理体制创新发展，需要将应急管理体制建设纳入国家经济社会总体发展战略规划，制定系统长远的应急管理体制建设规划，使应急管理体系适应经济社会快速发展的需要。我国应该以应急管理体制建设为契机，从提高国家工程防御能力和社会应对能力的战略视角规划应急管理体系建设，提高经济社会发展的规划标准，增加社会韧性，降低脆弱性，同时将应急管理的具体任务和工作融入社会发展的各阶段、各领域，避免在规划建设与发展中积累风险或产生新的风险。努力将我国建设成为既能有效防御和减轻灾害事故的发生，又能在突发事件发生时及时应对、灾害发生后快速恢复的具有强韧性的国家。

再次，基于风险管理的专业深度构建国家应急管理体制。从应对灾害到管理风险的重要转变，不仅仅是灾害管理部门的责任，灾害作为负面力量，可能关系到整个社会整个国家的发展。世界银行《世界发展报告（2014）》的主题是"风险与机会——管理风险以促进发展"，呼吁个人和机构成为"具有主动性和系统性的风险管理者"。有效的风险管理可以成为促进发展的有力工具——它能拯救生命，避免经济震荡，并帮助人们构建更美好、更安全的未来。它特别强调以一种主动、系统、综合的方式来管理风险。政府对管理系统性风险发挥着关键作用，它能提供一个使各方能够共同行动、共担责任的环境，从对已发生的危机作出无准备、临时性的反应的被动状态转变为主动、系统、综合的风险管理。因此，需要从风险管理专业角度出发，更积极主动、系统全面地建设与发展应急管理体系。在体制上，需要将风险管理作为应急管理的核心内容之一，纳入应急管理范畴，并在管理目标任务、机构人员配置、职责分工等方面设立专业的部门系统规划和管理。在机制上，需要转变风险管理的内涵。其一是需要重视广布型风险，即高频率和低损失的危险事件。需要从规划、设计、施工、维护（养护）、使用、管理、监督检查等各个环节，实行源头治理和精细化管理。对新的规划建设项目，高标准严要求，防止产生新的风险；对已有的系统，进行全面排查、分析、评估，不断发现，及时治理，防止积累风险，或导致风险积聚、放大。其二则是在发展过程中预防或避免产生新的风险和累积风险。巨灾具有不确定性、巨大破坏力、高度复杂性和处置极其困难等特点，给应急管理工作带来巨大挑战，通过建立突发事件情景构建，能更好地认识重特大灾害事故的演变规律，更好地指导应急准备规划、应急预案管理和应急培训演练等应急管理工作，从而有针对性地采取预防和应急准备措施。

最后，基于智慧科学的技术精度构建新型国家应急管理体制。突发事件的影响涉及社会各领域，所有的职能部门都不同程度地承担着应急管理责任。新组建的应急管理部虽然整合了分散于 13 个部门（或机构）的职责，但也不可能包揽所有职能部门的应急管理职责，部门化管理必然存在体制上的不足。大数据、网络技术和人工智能（AI）技术方法的快速发展，已经将社会各系统有机连接。因此，通过大数据和智慧系统，能有效实现各部门的融合和数据共享，改变部门间应急管理的"信息孤岛"现象，以达到更透彻的感知、更广泛的互联互通、更深入的智能化，形成基于"同一画面"的应急管理，使得政府、企业和市民可以做出更明智的决策。随着物联网、云计算、大数据技术的广泛应用，以及传感技术的终端采集装备不断完善，新型智慧技术也开始逐步实现对灾害风险更为直接和细致的全面感知，深度挖掘和综合分析能力将为优化政府的应急管理与社会管理提供有力的技术支持。因此，可以依托智慧技术，构建超越职能部门管理的新型国家应急管理体制，以一种更智慧的方法，通过利用新一代信息技术打破部门和不同系统之间的壁垒，来改变政府、企业和人们相互交互的方式，以提高交互的明确性、效率、灵活性和响应速度。将信息基础架构与高度整合的基础设施完美结合，使政府职能部门、政府与企业、政府与社会民众，在突发事件应急管理中"深度整合、协同运作"，实现国家安全的有效治理。

2.2.2　新时代应急管理体制组成

应急管理应按照应急管理体制改革的新要求，在新的历史时期进一步加强优化统筹应急力量和资源，一切工作应当坚持突发事件处置能力标准，聚焦突发事件的应急处置与救援，确保人民生命安全。通过改革推动形成统一指挥、专常兼备、反应灵敏、上下联动、平战结合的新时代中国特色的应急管理体制。

（1）应急指挥权的集中统一

从领导学理论角度看，应急管理的统一指挥主要是指在实施突发事件应急处置时作为下属人员或单位，最优化的处置结构是接受一位领导人或上级单位的最终命令，对于力求达到同一安全目标的应急管理部门，其全部应急管理工作，也只能由一个领导机构和领导人员集中统一指挥。在机构改革整合前，由于缺乏统一的应急指挥体系，可能会出现"多头决策""指挥紊乱""力量分散""信息孤岛"等特定现象，各类应急力量协调会出现一定的问题。

　　应急指挥权的集中统一原则，并不意味着各类规模突发事件全部由应急管理部门进行统一指挥，也不意味着指挥权全部由上级应急管理机构统一行使。按照分级负责的原则，一般性灾害由地方各级政府负责，应急管理部代表中央统一响应支援，统一提供支持。发生特别重大灾害时，应急管理部作为指挥部，协助中央指定的负责同志组织应急处置工作，保证政令畅通、指挥有效。同时，应急管理部也要处理好防灾和救灾的关系，明确与相关部门和地方各自职责分工，建立起有效的协调配合机制。

　　（2）专业救援和常规救援兼备

　　在突发事件应急管理过程中，既需要应对各类火灾、洪涝等常见突发事件的常规救援力量，也需要处置非常规突发事件以及处置常规突发事件中的部分特殊环节的专业救援队伍力量。常规救援力量主要由具备一般性的救援知识和技能的救援人员组成，是主要配备常用的救援装备、设备、技术手段和解决方案的队伍。例如，解放军武警部队中的非专业队伍、大部分的民兵预备役人员、大部分救援志愿者等。专业救援队伍主要是具备特殊技能和训练的人员，并装备有特殊的设备、装备、技术手段和解决方案的队伍。例如，地震灾害紧急救援队、核生化应急救援队、应急机动通信保障队、医疗防疫救援队等。

　　在应急管理部成立后，原有隶属13个部门或单位的应急管理机构名称虽然消失了，但这些机构相应的专业化职能并未消失。各类应急救援职能统一到新的应急管理体系内，不同的专业职能对应不同类型的突发事件。通过建立专司应急管理职能的政府部门，各类专业化的应急管理、救援处置职能可以更加专业化。一般性、通用性的应急救援，又能通过救援力量、资源的集中统筹运用，达到资源共享、效率提高的目的。最终实现专业化的救援和常规化的救援职能兼备、相互配合、共同提高的目的。

　　（3）事件响应的反应灵敏

　　突发事件，是指突然发生，造成或者可能造成严重社会危害，需要采取应急处置措施予以应对的自然灾害、事故灾难、公共卫生事件和社会安全事件。突然性、复杂性、紧迫性是突发事件的较明显的特征，这就要求应急处置要做到反应灵敏。所谓的反应灵敏，就是指在保持应急管理、应急处置质量的前提下，尽可能缩短从事件发生到响应、处置的时间。

　　反应灵敏包括了应急管理质量、时间两方面的要素，应急管理的一些原则、环节要求等，都与反应灵敏的要求密切相关。要做到应急处置的反应灵敏，一是监测预警，对事件的发生要事前预测，事发时能够有所准备。二是预防准备，包括思想准备、预案准备、应急物资储备、装备准备等资源储备，专业训练、人员素质等人力准备。三是应急指挥能力，包括统一指挥、决策迅速等，都是各国应急指挥的基本要求。四是统一应急管理职能，目标之一也是减少政府协调部门之间协调的成本，提高应急处置效率。

　　新体制下的反应灵敏，主要是指应急管理机构、应急救援队伍对于突发事件的高效、迅速的反应体系的建立。

　　① 高效的应急管理机构。突发事件的衍生、次生的发展趋势呈现综合性灾害链的特点，组建综合性的应急管理部门，以提高应急管理响应速度和效率，成为世界各国政府应急管理发展的趋势。美国应急管理署、国土安全部，俄罗斯紧急情况部等综合性应急管理机构的建立，都是对这一大趋势的反映。与改革前的专业性应急管理部门处置、政府协调机构进行协调的模式相比，这种以综合性应急管理部门直接处置为主的模式，降低了各类不同机构的协调成本，具有较高的响应效率。这种体制下的综合救援队伍，保持了应急处置的专业性，逐

步实现正规化、专业化、职业化，并能够与时俱进地综合处置多类型的突发事件，提高处置与救援效率。

② 高效的应急救援队伍。世界各国消防队伍大多由全职消防员与志愿消防员相结合组成，少数国家有现役消防队伍。现役消防的优点是人员体力充沛、反应速度快，但由于受服役年限所限专业人才流失严重。我国公安部于 1955 年成立了消防局，1982 年起归属于武警部队，同时也是公安机关的警种之一，2018 年正式移交应急管理部，不再列入武警序列。新体制下组建的国家综合性消防救援队伍，需要通过三年的改革调整，保持原有现役制优点，真正建设成为一支政治过硬、本领高强、作风优良、纪律严明的中国特色综合性消防救援队伍，全面提高防灾减灾救灾和保障安全生产等方面能力，有效维护人民群众生命财产安全和社会稳定。

③ 建设好高效的应急救援队伍，着重要做好以下六个方面工作。

a. 建立统一高效的领导指挥体系。省、市、县级分别设消防救援总队、支队、大队，城市和乡镇根据需要按标准设立消防救援站；森林消防总队以下单位保持原建制。根据需要，组建承担跨区域应急救援任务的专业机动力量。国家综合性消防救援队伍由应急管理部管理，实行统一领导、分级指挥。

b. 建立专门的衔级职级序列。国家综合性消防救援队伍人员，分为管理指挥干部、专业技术干部、消防员三类进行管理；制定《中华人民共和国消防救援衔条例》，实行衔级和职级合并设置。

c. 建立规范顺畅的人员招录、使用和退出管理机制。根据消防救援职业特点实行专门的人员招录、使用和退出管理办法，保持消防救援人员相对年轻和流动顺畅，并坚持在实战中培养指挥员，确保队伍活力和战斗力。

d. 建立严格的队伍管理办法。坚持把支部建在队站上，继续实行党委统一的集体领导下的首长分工负责制和政治委员、政治机关制，坚持从严管理，严格规范执勤、训练、工作、生活秩序，保持队伍严明的纪律作风。

e. 建立尊崇消防救援职业的荣誉体系。设置专门的中国消防救援队队旗、队徽、队训、队服，建立符合职业特点的表彰奖励制度，消防救援人员继续享受国家和社会给予的各项优待，以政治上的特殊关怀激励广大消防救援人员许党报国、献身使命。

f. 建立符合消防救援职业特点的保障机制。按照消防救援工作中央与地方财政事权和支出责任划分意见，调整完善财政保障机制；保持转制后消防救援人员现有待遇水平，实行与其职务职级序列相衔接、符合其职业特点的工资待遇政策；整合消防、安全生产等科研资源，研发消防救援新战法、新技术、新装备；组建专门的消防救援学院。

（4）应急行动的上下联动

突发事件的应急管理既需要快速反应，也需要有强大信息、资源支持。属地的政府机构、企业、社会组织和公众，具有信息和距离优势，能够迅速及时地对突发事件进行反应，开展自救互救；上级政府机构和应急救援组织，具有掌握更广范围内的专业力量、信息、资源等优势，能够提供强有力的应急管理方面的支持和指导。

应急管理中的上下联动，主要是指由上级党委政府或应急管理部门牵头，自上而下，动员社会上多层次的应急管理主体，广泛参与突发事件的应急管理。上下联动工作方法中，各级党委、政府主要发挥领导作用，做好组织、指挥协调功能；国家应急管理部、省级应急管理厅（局）、地市级应急管理局、县（市、区）应急管理局四级应急管理部门联动，充分发挥应急管理主体作用；综合应急救援队、专业应急救援队、常规应急救援队互相配合，发挥应急救援主力军的作用；企业、社会组织、志愿者广泛参与，发挥了基础性的支撑作用。通过各类应急管理主体的相互配合、有机整合，形成上下联动的应急网络系统和全方位、立体化的公共安全网。

（5）应急管理全过程的"平战结合"

新的应急管理体制要做到"平战结合"，所谓"平"主要是指平时，指常态，即在一定区域范围内，突发事件尚未发生时；"战"主要是指战时，指非常态，即突发事件已经发生或正在发生，需要进行处置时。"平战结合"主要是指在尚未发生突发事件时要积极做好监测预警、应急准备工作，保证突发事件发生时，应急力量、装备设备、基础设施、物资资源等能够满足应急管理工作需要。同时，积极适应并服务于经济发展、社会发展和人民生活的需求，实现应急效益、社会效益、经济效益的统一，真正做到以防为主、防抗救相结合，坚持常态减灾和非常态救灾相统一，努力实现注重灾后救助向注重灾前预防转变，从减少灾害损失向减轻灾害风险转变，从应对单一灾种向综合减灾转变。要强化灾害风险防范措施，加强灾害风险隐患排查和治理健全统筹协调体制，落实责任、完善体系、整合资源、统筹力量，全面提高国家综合防灾减灾救灾能力。

① 应急救援队伍、避难设施、应急装备要与政府常态管理、公共事业、设施建设及装备配备等相互结合，起到相互促进的作用。应急设施、场地建设要纳入城市建设总体规划，并做到地上、地下统一安排。

② 应急队伍和设施、装备及设备、设施的维护管理，要与平时演练、使用相结合，以使用促配备，以配备促使用，在日常使用中提高装备配备质量。

③ 应急队伍和设施、装备的应急效益与社会效益、经济效益相结合。应急效益作为前提，经济效益作为基础，社会效益体现发展。

应急管理"平战结合"的主要思路是立足经济和社会的常态运行、社会服务、日常管理开展应急管理工作，推进平战协调统一、平战紧密结合、平战迅速转换、平战融合发展的应急管理工作的开展，切实加强了部门协调，制定并落实了应急避难场所建设、管理、维护的相关技术标准和规范，充分利用公园、广场、学校等公共服务设施，因地制宜建设、改造和提升成应急避难场所，增加避难场所数量，为受灾群众提供就近方便的安置服务。

2.2.3　政府与社会责任的互动

（1）政府主导作用与责任

在应急管理这一关乎国家安全、社会稳定以及人民生命财产安全的重要工作中，政府始终扮演着主导者的角色，肩负着全方位、多层次的重大责任，犹如一艘巨轮的掌舵者，引领着整个应急管理工作在复杂多变的环境中稳步前行。

首先，政府通过制定完善的法律法规、政策规划以及标准规范等，为应急管理工作搭建起坚实的制度框架，这是应急管理有序开展的基石。以我国出台的《中华人民共和国突发事件应对法》为例，这部法律对应急管理工作的各个环节，包括预防与应急准备、监测与预警、应急处置与救援、事后恢复与重建等都做出了详尽且明确的规定，清晰地界定了不同主体在应急管理中的权利和义务，让每一项应急管理行动都有法可依、有章可循。

在预防与应急准备阶段，法律要求各级政府、企事业单位以及社会组织等要根据自身职责和所在地区的风险特点，制定相应的应急预案，储备必要的应急物资，开展应急演练等工作，提前做好应对突发事件的准备。比如，地方政府需结合当地常见的自然灾害类型，如洪涝、地震等，组织建设防洪堤、抗震避险场所，并指导社区、学校等单位进行应急疏散演练，确保居民熟悉应急逃生路线和方法。

监测与预警环节中，明确了各专业部门的监测职责以及预警信息发布的规范流程。像气象部门负责对天气变化进行实时监测，一旦预测到台风、暴雨等灾害性天气即将来袭，需按照规定的渠道和格式，及时向社会公众发布预警信息，同时通报给相关部门，以便各方迅速启动应对措施。

应急处置与救援阶段，法律规定了政府在调配资源、指挥协调各方力量方面的主导权以及各救援主体的行动准则。例如，在发生重大事故灾难时，政府有权调动军队、武警部队、专业救援队伍以及社会各界力量参与救援行动，并且要确保救援工作科学、有序地开展，保障受灾群众的生命安全和基本生活需求。

事后恢复与重建工作同样有着严格的规范，政府需要统筹安排受灾地区的基础设施修复、生产生活秩序恢复以及对受灾群众的救助补偿等事宜，帮助受灾地区尽快恢复往日生机。

除了法律法规，政府还投入大量的人力、物力和财力用于应急基础设施建设，这是提升社会应对各类灾害能力的硬件保障。在城市规划建设中，防洪堤坝的建设是抵御洪水侵袭的关键防线，政府会根据河流的水文特征、城市的地势等因素，科学规划堤坝的高度、长度和强度，定期进行维护加固，确保在洪水来临时能够有效阻挡洪水，保护城市居民的生命财产安全。抗震避险场所的设置也经过了精心考量，学校操场、公园广场等开阔空间被合理规划为应急避难场所，配备相应的应急供水、供电、通信等基础设施，还设置了清晰的指示标识，方便居民在地震发生时能够迅速、有序地疏散到安全地带进行避险。消防设施更是遍布城市的各个角落，从居民小区内的消火栓、灭火器，到商场、写字楼等公共场所的自动喷水灭火系统、火灾报警装置等，政府通过制定严格的建设标准和定期检查维护制度，保障这些消防设施在关键时刻能够正常发挥作用，及时消灭火灾，减少火灾损失。

应急物资储备方面，政府建立了多级储备体系，从中央到地方，根据不同地区的风险特点和人口规模，储备了种类丰富、数量充足的应急物资。中央层面会储备应对重大全国性突发事件所需的大型救援设备、特效药品以及大量的救灾帐篷、应急食品等物资，这些物资可以在关键时刻统一调配，支援受灾严重的地区。地方各级政府则根据本地实际情况，如常见自然灾害类型、产业结构特点等，有针对性地储备相应物资。例如，沿海地区会重点储备应对台风、海啸的防汛物资和海上救援设备；山区则侧重于储备应对山体滑坡、泥石流等地质灾害的抢险工具以及保障受灾群众基本生活的物资。同时，政府还建立了完善的应急物资管理机制，实时掌握物资的储备数量、存放位置、质量状况等信息，确保在突发事件发生时能够迅速、精准地调配物资，满足受灾群众和救援工作的基本需求。

在应急响应阶段，政府更是发挥着指挥协调的关键作用，犹如应急管理战场上的"司令部"，迅速启动应急响应机制，调动各方面的资源，凝聚起强大的应急力量。一旦接收到突发事件的相关信息，政府会立即组织成立应急指挥中心，由相关领导和各专业部门负责人组成，统一指挥调度救援行动。例如，在面对突发公共卫生事件时，应急指挥中心会协调卫生健康部门迅速组织医疗队伍开展患者救治、疫情防控工作，安排交通运输部门保障医疗物资和医护人员的运输通道畅通，指令市场监管部门加强对药品、医疗器械以及生活物资市场的监管，确保物资供应稳定且价格合理，同时还会动员社区工作人员、志愿者等力量做好基层的防控宣传、人员排查等工作，全方位保障应急管理工作有序、高效地开展。

而且，政府还负责对整个应急管理过程进行监督评估，这是不断优化改进应急管理工作的重要环节。通过建立专门的监督评估机制，政府定期对应急预案的执行情况、各部门的履职情况、应急资源的使用效率以及应急措施的实施效果等进行全面检查和评估。例如，在每次应急演练或实际的突发事件应对结束后，组织专家团队和相关部门对整个过程进行复盘分析，查看在信息传递、资源调配、救援行动等方面是否存在问题，总结经验教训，对于发现的不足之处及时提出改进意见，并督促相关部门落实整改措施，确保每一次应急行动都能最大程度地保障人民群众的生命财产安全，维护社会的稳定和谐。

（2）社会力量参与的多元形式

社会力量在应急管理中发挥着越来越重要的作用，其参与形式呈现出多元化的特点，犹如五彩斑斓的拼图碎片，共同拼凑出一幅全社会协同应对突发事件的完整画面。

各类企业作为社会的重要组成部分，凭借自身的资源优势和社会责任意识，通过多种方式积极参与应急管理工作。一些大型企业，尤其是石油、化工、电力等行业的企业，因其生产经营活动往往伴随着较高的风险，自身组建了专业的应急救援队伍，配备了先进的应急救援设备，具备很强的应急处置能力。例如，大型石油化工企业组建的危化品泄漏应急处置队伍，队员们不仅要接受严格的专业技能培训，掌握诸如危险化学品的特性、堵漏抢险技术、环境监测方法等专业知识，还要定期进行实战演练，确保在面对危化品泄漏事故时能够迅速响应、精准操作。一旦企业内部发生危化品泄漏等突发事件，这支队伍能够第一时间赶赴现场，运用专业的设备和技能进行堵漏、抢险作业，防止事故危害进一步扩大，同时开展环境监测，评估泄漏对周边环境的影响，及时采取相应的防控措施。而且，这些专业队伍在社会需要时，也会积极支援其他地区的应急救援工作，比如在周边同行业企业发生类似事故或者地方发生涉及危化品的公共安全事件时，他们会听从政府或相关部门的调度，携带专业设备迅速赶到现场参与救援，为保障公共安全贡献力量。

此外，企业还积极参与应急物资的生产与募捐活动，这在突发事件发生后对于保障物资供应、支援受灾地区起着重要的作用。特别是那些生产应急食品、防护用品、医疗器械等相关产品的企业，在关键时刻会加大生产力度，调整生产计划，优先保障应急物资的生产和供应。同时，许多企业还积极向受灾地区捐赠物资，这些捐赠涵盖了生活物资、医疗用品、防护装备等，为受灾群众提供了切实的帮助，助力救援工作的顺利开展。一些有实力的企业甚至会通过设立专项基金、参与公益项目等方式，为应急管理事业提供长期的资金支持，用于应急设施建设、应急技术研发、应急人员培训等方面，推动整个应急管理工作不断向前发展。

社会组织也是应急管理中的重要力量，它们凭借自身的专业性、灵活性以及广泛的社会影响力，在不同方面为应急管理工作添砖加瓦。像红十字会、慈善总会等公益组织，在灾害发生后，迅速发动社会募捐，通过多种渠道筹集善款和物资，然后将这些爱心资源精准地输送到受灾群众手中，为他们提供人道主义援助，帮助解决受灾群众在生活、医疗、心理等方面面临的困难。例如，在地震灾害发生后，红十字会第一时间在全国范围内发起募捐倡议，利用线上线下相结合的方式，广泛收集社会各界捐赠的帐篷、棉被、食品、药品等物资，并组织志愿者将这些物资及时分发到受灾群众安置点，保障受灾群众的基本生活需求。

专业的行业协会则利用自身的专业资源，组织开展应急知识培训、技术交流等活动，提升行业整体的应急管理水平。比如，建筑业协会会定期举办建筑施工安全与应急处置培训班，邀请行业专家为施工企业的管理人员和一线工人讲解建筑施工过程中常见的安全风险以及应对火灾、坍塌等事故的应急措施，同时组织单位之间进行应急救援技术交流，分享先进的安全管理经验和应急处置案例，促使整个建筑行业不断增强安全生产意识和提升应急管理能力，减少事故发生的概率，提升在突发事件中的应对能力。

广大公民的参与同样不可或缺，普通民众可以通过参加应急志愿者队伍，接受专业培训后，在应急宣传、救援辅助、后勤保障等方面贡献自己的力量。许多社区都组建了自己的应急志愿者队伍，志愿者们来自不同的职业和年龄段，他们利用业余时间参加各类应急培训课程，学习消防安全知识、急救技能、应急疏散引导方法等内容。在日常的社区应急宣传工作中，志愿者们会走进社区的各个角落，向居民发放防灾减灾宣传资料，讲解应急知识，提高居民的应急意识；在突发事件发生时，他们能够迅速响应，协助专业救援人员开展工作，比如帮助引导居民疏散、为受伤群众提供简单的急救处理、搬运和分发应急物资等。同时，公民还能利用自媒体等方式，在合法合规的前提下，及时传播准确的应急信息，帮助身边的人做好防范准备，避免谣言传播引发社会恐慌。例如，在遇到暴雨天气可能引发内涝的情况下，居民可以通过微信朋友圈、社区群等渠道，及时分享路况信息、积水点位置以及避险建议等，让更多的人提前做好应对准备，从不同角度为应急管理工作贡献自己的一份力量，形成全社会共同参与、协同应对的良好局面。

（3）互动机制与协调保障

为了促进政府与社会力量在应急管理中的有效互动，需要建立健全相应的互动机制与协调保障措施，犹如在二者之间搭建起一座坚固且畅通的桥梁，确保双方能够优势互补、协同共进，共同提升应急管理工作的整体效能。

一方面，政府要搭建信息沟通平台，这是实现有效互动的基础和关键。通过这一平台，政府能够及时向社会公布应急管理工作的相关信息，包括风险预警、应急需求、救援进展等情况，让社会力量能够清晰了解应急工作的实际需求，进而有针对性地参与进来。例如，政府可以通过官方网站、应急管理 APP、社交媒体账号等多种渠道，构建全方位、多层次的信息发布网络。在气象部门预测到即将有台风来袭时，政府会在官方网站的显著位置发布台风预警信息，详细说明台风的强度、预计登陆时间和地点、可能影响的区域等内容，同时通过应急管理 APP 向注册用户推送预警消息，并利用社交媒体账号进行广泛传播，提醒广大居民提前做好防范准备。在突发事件发生后，及时更新救援进展情况，如受灾地区已投入的救援力量、已调配的应急物资数量、受灾群众的安置情况等，让社会各界知晓救援工作的动态，方便企业、社会组织和公民根据实际情况决定如何参与应急管理工作。

同时，政府要完善对社会力量参与应急管理的引导、规范和激励机制，确保社会力量参与的有序性、规范性和积极性。制定相关的政策文件，明确社会力量参与应急管理的准入条件、服务标准以及权益保障等内容，为社会力量参与应急管理工作划定清晰的"跑道"。比如，对于想要参与应急救援的企业应急队伍，规定其必须具备相应的资质证书、专业人员配备以及符合标准的救援设备等条件，确保其具备基本的应急救援能力；对于社会组织开展的应急募捐活动，明确募捐的程序、资金物资的管理使用规范以及信息公开要求等，保障募捐活动的合法合规和透明公正。

对在应急管理中表现突出的企业、社会组织和个人给予表彰奖励，通过多种方式激发社会力量参与的积极性和主动性。例如，政府会定期举办应急管理表彰大会，对在应急救援、物资捐赠、志愿服务等方面做出显著贡献的企业颁发荣誉证书，在税收政策上给予适当优惠，对社会组织进行公开表扬，提升其社会声誉，对表现优秀的个人授予"应急管理先进个人"等荣誉称号，并通过媒体广泛宣传他们的先进事迹，让更多的人感受到参与应急管理工作的价值和意义，鼓励更多的社会力量投身到应急管理事业中来。

在协调保障方面，建立政府与社会力量之间的联络协调机构或机制至关重要，它如同一个"润滑剂"，能够有效减少双方在合作过程中可能出现的"摩擦"，保障合作的顺畅进行。通过定期召开座谈会、协调会等形式，加强双方之间的沟通交流，及时解决在合作过程中出现的问题，如资源调配的衔接、工作任务的分工等。例如，在应对重大自然灾害时，政府应急管理部会召集参与救援的企业、社会组织代表召开协调会，通报当前救援工作的整体进展和面临的困难，听取各方的意见和建议，共同商讨如何进一步优化资源调配方案，明确下一步各企业应急队伍的救援任务重点以及社会组织在物资分发、受灾群众心理疏导等方面的具体工作安排，确保各方力量能够协同配合，形成最大的救援合力。

此外，还要加强对应急志愿者队伍等社会力量的培训和管理，提高其专业素质和应急能力，确保其在参与应急管理工作时能够发挥出应有的作用。政府可以组织专业培训机构或委托相关专业部门，为志愿者提供系统、全面的应急培训课程，内容涵盖应急基础知识、各类突发事件的应对技能、团队协作方法以及安全防护知识等。例如，针对地震应急救援志愿者，开展地震灾害特点、建筑物废墟搜救技巧、伤员急救方法以及在救援过程中的自我保护等方面的培训，通过理论讲解、现场实操演练等方式，让志愿者熟练掌握相关技能。同时，建立志愿者队伍的管理制度，对志愿者的招募、注册、考核、激励等环节进行规范管理，定期对志愿者的服务情况进行考核评估，根据考核结果对表现优秀的志愿者给予表彰奖励，对不符合要求的志愿者进行相应调整，保证志愿者队伍的整体素质和服务质量，实现政府与社会力量之间的优势互补、协同共进，共同提升应急管理工作的整体效能。

我国安全生产应急管理体制主要由国务院统一领导，应急管理部综合协调，各有关部门分工负责，地方各级政府分级管理，企业履行主体责任，社会力量广泛参与，形成统一指挥、专常兼备、反应灵敏、上下联动、平战结合的工作格局。具体包括以下关键组成部分：

国务院安全生产委员会：统筹全国安全生产和应急管理工作，协调解决重大问题。

应急管理部：负责安全生产综合监管和应急响应，组织指导突发事件应对。

行业主管部门（如住建部、交通运输部等）：按职责分工管理本行业领域的安全生产应急工作。

地方政府应急管理体系：省、市、县三级政府设立应急管理机构，落实属地管理责任。

企业应急主体责任：生产经营单位依法建立应急预案，配备应急资源，开展演练培训。

社会协同机制：鼓励社会组织、志愿者队伍等参与应急救援，完善公众防灾减灾教育。

这一体制体现了"党政同责、一岗双责、齐抓共管、失职追责"的原则，旨在实现从被动应对到主动防控的转变。

2.3　应急管理机制设计

目前，我国对应急机制的研究仍处于起步阶段。

机制的原义是指机器的构造和工作原理。此后，被引入生物学、医学等学科，指的是有机体的构造、功能和相互关系。后又扩展到经济、社会、管理领域，如经济机制、管理机制等。现在，机制已成为一个泛指的概念，指系统内部的有机制约关系及其运行机理。

有关机制的研究较为广泛的是经济学中的机制设计理论，已经有一些学者因其在经济机制设计理论中的突出贡献而获得了诺贝尔奖。机制设计理论起源于赫尔维茨 1960 年和 1972年的开创性工作，它所讨论的一般问题是，对于任意给定的一个经济或社会目标，在自由选择、自愿交换、信息不完全等分散化决策条件下，能否设计以及怎样设计出一个经济机制，使经济活动参与者的个人利益和设计者既定的目标一致。

从整体来看，我国学者大都是从应急机制组成的角度进行研究。我国的《国家突发事件总体应急预案》中第三部分对"运行机制"已经做了规定，将其分为四个部分，即预测与预警、应急处置、恢复与重建和信息发布。有的学者认为应急管理机制包含体系运行机制、预警机制、紧急处置机制、善后协调机制和评估机制五大部分；另外还有学者分别从指导思想、工作原则、途径和方法以及需要注意的问题等几个方面研究应急机制建设。

我们将应急管理机制分为监控与启动机制、处置与协调机制、运行与评价机制、监督与奖惩机制和终止与补偿机制。图 2-2 主要描述了十个机制之间的基本逻辑关系。

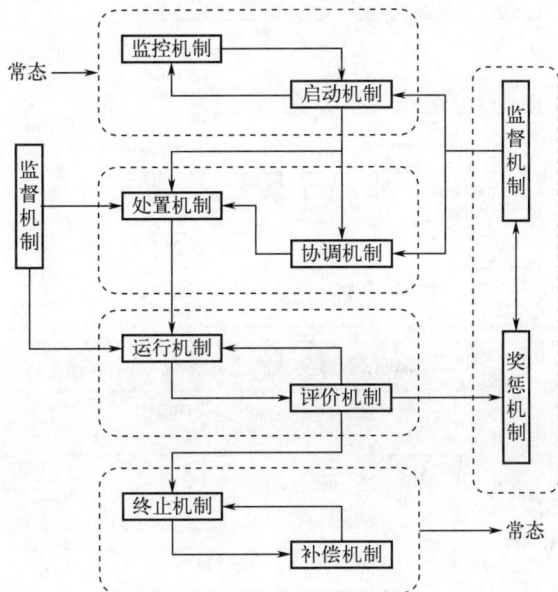

图 2-2　现代应急机制的组成部分和关系示意图

虽然学术界对应急管理机制的研究已经取得了一定的研究成果，但究竟应急管理机制的实质性内涵是什么，应该如何对机制进行设计才能建立一套统一指挥、反应灵敏、协调有序、运转高效的应急管理机制，这些都是亟待研究的问题。

2.3.1　智能应急机制与决策支持系统

目前已有许多关于应急机制总体设计的研究成果，从不同的视角给出不同的平台架构。应急机制一般包括信息接收发布系统、应用系统、数据库系统、基础支撑系统、决策支持系统、物理场所等，也包括各种应急的法律法规以及信息系统的保障系统。现有平台大多由这些系统组成，但在实施的过程中有些系统被简化了，致使其不能发挥应有的作用。

现代应急平台的总体设计以上述应急平台的组成为基础，在此为了体现现代应急平台与传统应急平台相比所占有的优势，主要从平台应当具备的功能和实际处置中的应用来说明现代应急平台的基本架构。现代应急平台与传统应急平台均需相关法律法规的支持，也需要技术人员对平台的正常运行进行维护。现代应急平台的优化设计如图 2-3 所示。

图中深色方框内容为现代应急平台对传统应急平台做出的改进。

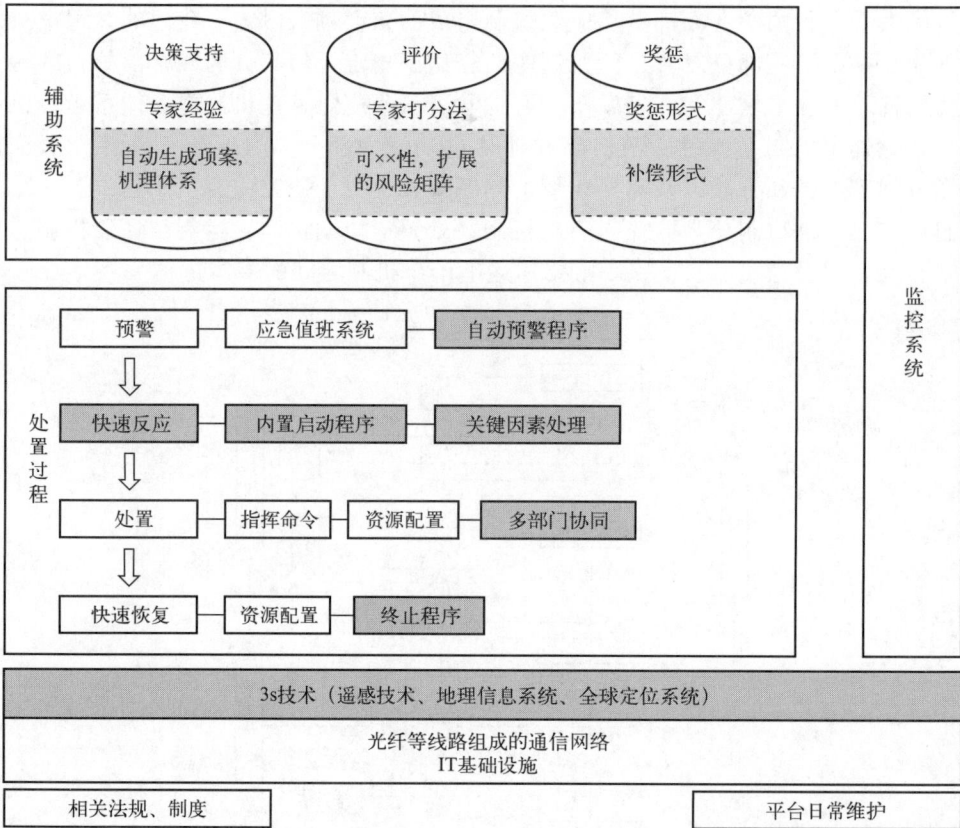

图 2-3　现代应急平台的优化设计图

其中，辅助系统的决策支持方面，以往的应对比较依赖于专家经验，由于不同专家对同一突发事件的应对可能会有不同的看法，致使更加难以决策。现代应急平台中集成许多科研成果，可以更加理性、科学地给出分析结果。

现代应急管理理论与方法涉及突发事件和应急管理的机理体系、新型评价策略、"一案三制"、资金与资源管理、全生命周期管理等应急管理过程中的各方面。因此，现代应急平台的每个模块的设计都有理论依据，更加科学、规范。下面介绍现代应急平台中主要应用的几种理论与方法，尤其是它们在决策支持模块中的应用。

从图 2-4 中可以看出现代应急管理中某些理论与方法的应用方式。除软件开发方法、决策支持理论以外，现代应急管理中的机理体系、新型评价策略、应急管理机制等理论与方法也可以极大地改善平台的智能决策功能。

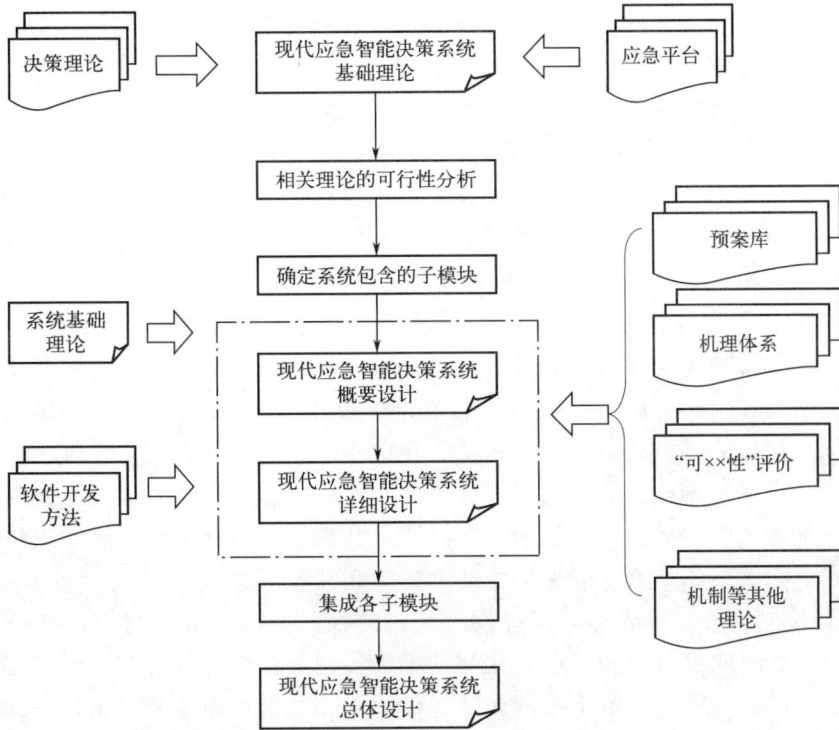

图 2-4　现代应急平台的智能决策实现路线

2.3.2　新兴危机的管理机制设计

（1）应急管理机制定义与分类

事故应急管理体系是一个庞大的系统，比一般的组织结构要复杂，要使其高效、灵活地运转起来，需要许多具体的运行机制作为支撑，这些运行机制内容繁杂，必须进行相应的分类，才能有效地指导具体的管理活动。应急管理机制是指按照事故应急管理体系的构成机理、应急管理的要求和科学的方法，为保证体系正常与高效运转，对体系内部要素以及要素之间的互动关系所规定的行为准则。这些准则通过制度、办法、规定、措施和程序等方式表达出来。由于每个人看问题的角度不同，关注的内容和重点不同，对应急管理机制的分类也会不同。应急管理机制包含众多内容，一种比较清晰的分类方法是根据应急管理的生命流程将应急管理机制分为预防机制、准备机制、响应机制和恢复机制。

（2）应急管理机制建设原则

在符合法律规定范围内，根据事故应急活动的特点、目标、要求和任务，制定合法、具体、科学和可行的应急管理机制。所有应急管理机制的制定都应遵循以下六个方面的基本原则：

① 合法性原则。合法性是指应急管理机制中的任何内容不得与法律、法规及其他具有法律效力的规范性文件相抵触，并与其保持一致。特别是应急机构的设置、层级、权力与责任等要与应急法律法规体系相吻合，不得随意扩大和削减权力与职责。应急管理机制必须体现依法行政的思想，在事故响应期间能够确保主体、内容和程序都符合法律要求。

② 可行性原则。在考虑今后发展情况的条件下，应急管理机制的制定应与现实情况紧密相结合，保证其具有可行性。在事故发生时，一般会有许多部门参与应对处置工作，相互之间需要互相支持和协作，形成统一的处置力量。由于这些部门分属于不同的管理主体，平时的工作内容和性质会有很大的差异，管理体制和制度也不尽相同，在协同作战时，必然存在应急管理与部门管理有机结合的问题。在机制的制定过程中，如果缺乏对已有管理体制因素的完整考虑，则会影响事故应急处置工作的顺利进行。另外，要考虑可利用的人力、物力和财力等方面的资源，考虑具有多少数量及质量如何，确保在应急情况下，能够及时投入事故的应急响应活动中。

③ 具体性原则。具体性原则包含任务、过程、责权三方面的内容，使其明确具体，具有可操作性。任务是指要干什么、有什么样的要求，一般任务会分解成许多具体的工作，要对每一项工作内容做出充分说明，使各项工作一目了然，很容易理解。在明确任务和工作之后，还要对任务执行的过程做出说明，包括工作的步骤、程序、方法，告诉承担者如何开展工作，为完成工作要做哪些事情，以保证任务和工作能够高效率地完成。与此同时，要明确任务和工作由谁来负责和承担，并说明有哪些职责和权力，充分调动任务和工作承担部门的积极性，使它们能够尽职尽责，确保应急活动的顺利开展。

④ 时间性原则。许多事故都具有突发性、震撼性的特征，来去匆匆，整个事故的过程发展变化迅速。如不能及时得到控制和化解，不仅各种危害会有所增加，而且有可能出现事故升级，带来灾难性的后果。鉴于事故的巨大破坏性、危害性和负面影响，一旦发生，时间因素就显得特别关键。因此，应急管理机制要将时间作为最重要的因素来考虑，将时间作为一项衡量指标，对每一项任务、每一项工作、每一个过程、每一个环节、每一个行动的安排都要蕴含时间的概念。在应对事故的中间阶段以至整个过程时，要保证行动快捷，用尽可能短的时间完成各项工作，以免延误事故处置的良机。

⑤ 一致性原则。应急管理机制包含众多内容，彼此之间相互关联，形成一个有机整体。在制定每个应急管理机制的过程中，首先，要审阅其他的相关文件，充分理解相关的内容，保证所制定的应急管理机制在内容上的一致性，防止出现相互矛盾的现象，影响对事故的处置工作。其次，同类文件结构要保持一致，要制定正规和专用的文件编制框架文本，要求要具体，内容要简洁，便于应急工作人员阅读和理解，特别是在事故处置期间，有利于应急工作人员的快速查找。

⑥ 科学性原则。科学性原则包含两层含义。一是具体内容的科学性。每一应急管理机制都会涉及许多工作内容，这些工作内容的完成既有过程和步骤的要求，又有时间和效率的要求，同时还有数量和质量的要求，必须采用目前最新的科学成果，利用科学的思维和方法对应急管理机制进行设计，用最少的资源投入达到最佳的效果。二是体系内容的科学性。应急管理体系的顶层设计与分层实施相结合，各子系统在机制设计中既遵循统一框架，又根据职能定位形成差异化侧重，其架构层级直观映射风险治理的整体逻辑与方法路径。一个好

的、科学的体系内容能够增强应急管理工作的可执行性，提高整体的应急能力水平。

2.3.3　全球化风险下的响应机制

科学、流畅和有序的立即响应机制是有效应对事故的根本保障。应急响应机制更关注人在应急活动中相互的行为关系，每个具体活动过程都有相对应的过程管理机制，用于规范、协调、约束每项应急活动的开展，其中，应急预警机制、事故处置机制、应急决策机制、信息沟通机制、信息披露机制较具有代表性，可基本反映应急活动中应急响应机制的主要内容。

（1）应急预警机制

完善的预警机制应具有良好的事故信息监测、信息处理分析、风险评估和有效的预警发布系统作为支撑，确保能够及时准确地对事故信息实施监测，对获得的监测信息能够科学合理地处理与分析，准确地判定未来的风险程度和把握事态的变化轨迹，及时地发布预警信息，保证事故应急管理体系和社会公众做好应对事故的准备，增强应对事故的能力，减少事故可能造成的危害，以保护人民的生命安全和社会经济生产的正常运行。

应急预警机制的含义：预警机制是指根据获得的信息资料，通过信息分析、事态预测、风险评估等过程，预测极有可能发生的事故，并就相关的预测、预报以及预先处理等环节制定应急活动行为规程。

制定预警机制的原则：

① 层次性原则。根据事故有可能发生的类别和级别，结合事故应急能力，制定分级的预警机制。高于事故应对级别的预警，会造成大量的资源浪费，引起其他社会负面效应，影响人们的正常生活、工作秩序。低于事故应对级别的预警，会在事故发生时，造成应急能力不足，使事态不能得到及时控制，导致损失扩大。

② 及时性原则。在预测事故极有可能发生时，要及时发布预警信息，使各方在规定的时间内充分做好应急准备工作，使社会公众有充分的思想和心理准备。在事故发生时，能够从容应对，不致手忙脚乱。同时，及时性还涉及预报的时机选择和方式选择，以保证预警信息能够及时、迅速地告知所有相关部门和人员。

③ 公开性原则。事故预警信息应公开化，让社会、应急组织、媒体甚至国际组织等了解事态的发展情况。不能借助种种理由隐瞒不报，或只公开其中部分内容，或降低事态的严重程度。这样，只会损害政府、公民的利益，造成不必要的损失，极有可能带来更大的危害。

④ 畅通性原则。鉴于事故的不确定性和巨大的危害性，应充分利用科学的方法，采用先进的技术手段，减少繁琐的信息处理、分析、传输和决策环节，保证信息全面、快速、准确地传递。在事故的应对中时间因素尤为重要，如果能在时间上早一步，就可能争取到事态控制的主动权，便可极大地降低事故造成的危害，甚至将事故消除在萌芽之中。

⑤ 顺序性原则。预警过程由一系列相互关联、先后有序的工作过程组成，这些工作是按照科学的方法进行安排的，也是人们长期以来总结出的经验。每一次信息处理、分析、预测、评估、决策、预报都必须按部就班地进行，不可省略任何一步工作过程，以确保预警信息的正确性。

（2）事故处置机制

一旦发生事故，就要开展事故的处置工作。需要有一整套科学的管理流程和工作程序，以利于问题的迅速解决。如果缺乏良好的事故处置机制，那么在危害面前，就可能会手忙脚乱、不知所措、穷于应付，而只能听天由命、任其宰割。

事故处置机制是指在事故爆发后，为尽快控制和减缓其造成的危害和负面影响所制定的应急活动行为规程。

制定事故处置机制的原则：

① 属地为主。根据事故发生的地域、影响的范围以及严重程度，以最有利于事故问题解决的组织为主，组成事故应急机构。任何其他应急组织都要坚定地服从其领导指挥和任务安排，及时汇报工作进展情况，协助完成事故的应对工作。

② 快速反应。由于事故本身具有突发性和不确定性，因此一旦事故发生，就需要在短时间内做出反应。决策者需要在有限的时间内迅速做出果断的决策，调动各个部门的力量，调集所需的各种资源，尽快控制事态的发展，恢复社会秩序。如果能够做到及时、准确地应对，事故造成的危害、破坏和负面影响就会大大降低。因此，在应急状况下，必须立即响应、快速行动、分秒必争，任何时间的延误和行动的失误，都可能造成不可挽回的损失。

③ 统一指挥。事故的性质、事故应急管理体系的宗旨以及应急活动的特点，都决定了事故处置应实行统一指挥。只有这样，才能做到统一行动、步调一致，才能有令则行、有禁则止。否则，你干你的，我做我的，不仅工作搞不好，而且会造成更大的混乱，不利于事故的解决。

④ 分工协作。事故处置往往需要多个部门的共同参与，既有政府部门，又有社会组织，还可能有周边地区政府、军队、国际组织和志愿者等，如突发公共卫生事件的发生，需要卫生、物资、交通、公安等许多部门共同参与。这些人员和力量需要协同开展工作，既要有明确的分工，也要有相互之间的默契配合，形成一个有机的应急整体。

⑤ 专业处置。事故引发的问题各式各样，举不胜举。在处理问题和制定各种决策中，必须依靠权威人士的知识、经验和力量，开展各种事故的处置活动。权威人士可通过专家小组、顾问团队、指导小组、抢险小组等形式参与事故的处置工作，提高应对事故的能力和水平。

⑥ 生命优先。生命是不可逆的，对每个人来讲生命只有一次。从某种意义上讲，人类所做的一切都应服务于自身的生存和发展，事故应急活动也不例外，其最终目的是保护人民生命和财产安全。因此，在事故处理过程中，应将生命放在第一位。

（3）应急决策机制

按照决策问题的重复程度和有无既定的程序可循，决策可分为程序化决策和非程序化决策两种方式。程序化决策是按预先规定的程序、处理方法和标准来解决经常重复出现的问题。这类决策问题产生的背景、特点及规律易被掌握，可根据以往的经验和管理来制定决策方案。非程序化决策是为解决不经常重复出现的、非例行的新问题所进行的决策。由于缺乏可借鉴的资料和完整的信息，没有固定模式可循，这类决策更多地依赖于决策者个人的知识、经验、直觉判断能力和解决问题的创新思维等。在事故应急活动中，既有程序化决策的问题，也有非程序化决策的问题。在这里对程序化决策不作讨论，感兴趣的读者可参阅各种管理书籍，本小节所指应急决策机制是针对在事故应急情况下的非程序化决策机制的。

应急决策机制是指在事故应急响应情况下为尽快化解和消除事故产生的根源，以及减少和控制事故造成的损失和负面影响，在时间紧迫、资源有限、信息不完全的情况下，对制定并选择行动方案过程所制定的应急活动行为规程。

制定应急决策机制的原则：

① 快速性原则。如果事故不能得到及时控制，其影响将会迅速蔓延，造成更大的危害。因此，对有关突发事故的应对必须做到快速判断、快速反应、快速决策、快速行动及快速调配，在有限的时间内做出决定，应避免优柔寡断、犹豫不定、过度分析的行为。否则，有可能贻误战机，失去控制事故的最佳处置时机，使各种损失有所扩大，甚至可能导致事故升级，带来更严重的灾难性后果。

② 权威性原则。在时间紧迫、资源有限、信息不完全的情况下，为提高事故应对决策的质量，需要从两方面着手。一是要依靠技术专家、管理专家、社会专家、精神领袖等权威人士的支持，在错综复杂、不确定因素很多的问题面前，多听取专家的意见，二是培养高素质的最终决策者，使他们具有敏锐的洞察力、创新的思维能力、果断的性格和高瞻远瞩的胸襟，在事故面前临危不惧，能够把握机遇，及时解决问题。

③ 系统性原则。针对事故应对中遇到的重大问题，绝不可就事论事，决策者必须站在全局的高度，对问题进行全面的分析和认识，做出的决策需既能有效地控制、制止事故的蔓延，减轻其危害程度，还能通过对潜在威胁的预测、认识，防止其他潜在的危害伴随事故产生。另外，在时间和资源有限的情况下，问题必须分轻重缓急，先解决重要和紧急的问题，后解决轻的和缓的问题。

④ 技术性原则。目前科学技术发展突飞猛进，各种先进的管理思想和管理手段不断涌现。将现代化的科学技术应用到事故应急管理，是提高应急决策速度、质量的最佳途径。如利用信息网络迅速、及时、准确、全面地收集各种信息，进行实时处理和分析，为应急决策提供依据；利用各种通信工具，及时交流思想，征求意见，使应急决策更为科学完善；利用计算机辅助决策支持系统，迅速提出多种决策方案，辅助决策者尽快做出决策。

（4）信息沟通机制

信息沟通是保障应急工作顺利开展的基础。在事故应急活动中，有应急管理体系与社会公众之间的信息沟通；有应急管理体系与舆论媒体之间的信息沟通；有应急管理体系内部的信息沟通。信息沟通可分为应急管理体系外部的信息沟通和应急管理体系内部的信息沟通。本小节所述信息沟通机制属于应急管理体系内部的信息沟通机制，不包含应急管理体系外部的信息沟通机制。

信息沟通机制是指为保障事故各项应急活动的高效、顺利进行，对应急工作中的信息传送所制定的应急活动行为规程。

制定信息沟通机制的原则：

① 及时性原则。信息的价值与时间具有密不可分的关系，迟到的信息其价值大打折扣，甚至毫无用途。这在预警管理工作中可充分体现出来，及时的预报，通过行之有效的措施，尽可能避免事故的发生，即使不能避免，也能减少事故造成的危害。因此，不管采用何种信息沟通方式，都要保证信息沟通渠道的畅通，保障信息及时、准确地传递。

② 直达性原则。由于干扰和理解偏差，信息在传递过程中会发生偏差，传输的环节和层次越多，信息失真就越严重。此外，传输的环节和层次增多，会增加信息传输的时间，影响到信息传递的及时性。因此，在事故应急管理体系中应减少信息传输的环节和层次，尽可能实现信息的一次传递，尤其是在事故响应期间，保证信息的准确性至关重要。

③ 简明性原则。简明性原则要求在信息沟通过程中信息表达要简洁有效，避免拖泥带水，易于被信息接收者快速接受和理解。在应急活动中，简明性可有效地避免信息在传递过程中的失真，保证信息的完整性和准确性。同时也可减少信息传递的时间，保证信息的及时性和利用价值。

④ 规范性原则。在信息的传递过程中，每一个环节都有可能导致信息的失真，即使是信息的载体也会造成信息传递的失真，而且不同的载体和同类载体的差异，造成信息的失真是不同的。在事故应急活动中，有大量的语言沟通，每个个体在语言表达、语言语调、信息理解等方面都会有所不同，这将会导致信息传递的最终效果不同。因此，为减小和克服信息载体带来的偏差，应规范常用的信息表示形式和沟通表达方式；在事故应对时，时间就是生命，时间就是财富，一切沟通都应直接表达和说明，言语规范，绝不可出现使其他人员理解困难、需要猜测的情况，如果出现误解，后果难以预料。

（5）信息披露机制

事故信息披露是应急活动中信息沟通的重要内容之一，可达到政府与社会组织和公众之间的相互理解和支持，杜绝谣言的产生，避免发生群体性的社会恐慌。事故信息披露也是解决问题的一种手段，只有及时、准确、全面了解事态的发展，社会组织和公众才能配合政府、积极参与应急活动、发挥社会整体的效能，同时起到社会监督的作用，防止应急活动行为的失误。

事故信息披露是指政府依据应急法律法规要求，通过正规大众媒体及时向社会提供有关事故情况、应急活动状况等方面非触及国家安全、影响公共利益和暴露个体隐私的信息，以保障社会公民知情权的行政手段。事故信息披露机制是为上述应急活动所制定的行为规程。

制定事故信息披露机制的原则：

① 真实性原则。向社会提供真实可靠的公共信息是政府的责任，特别是对那些涉及公众生命安全和根本利益的信息，政府要实事求是地披露，不可出于某种需要有意删改、添加和制造与事故真实情况不一致的内容，使社会组织和公众接收偏离事实真相的信息。对要披露的事故信息要事先进行审查、核准，确保信息的真实性、可靠性和权威性。

② 及时性原则。事故的信息应当采用多种媒介渠道及时向社会披露。如果传播信息不当，会引发公众恐慌心理，触发种种不理智和过激行为，导致社会秩序的混乱和不稳定，不利于应急活动的开展，甚至会使事态扩大，造成更大事故。及时披露事故信息不仅能够遏制流言蜚语的传播，稳定社会公众情绪，把握舆论导向，而且能够使政府、社会组织和市民万众一心、齐心合力、共渡难关。

③ 完整性原则。事故信息披露不仅要真实、客观、准确、及时，而且要求完整和全面，不可只披露有利的一面，对存在的问题和困难避而不谈。从某种程度上讲，不完整的事故信息披露，也违背了事故信息披露的真实性原则和及时性原则。

④ 引导性原则。在紧急状态下，公众会出现轻信与盲从等群体化心理特征，群体的推理能力削弱、道德约束力降低，这些心理特征是产生非理性行为的重要原因。事故信息披露在真实、客观、准确、及时、完整和全面的基础上，要针对事故的具体情况以及应用公众心理学的知识，在披露形式、方法上要讲究策略，起到引导、规范、约束舆论的作用，以增强社会公众的信心，迅速化解和消除事故造成的各种负面影响。

⑤ 保密性原则。由于事故信息披露面对的不仅仅是一个局部的社会，而是面对整个世

界，因此对危及国家的事故的信息要注意保密。

2.4　法律法规和预案标准体系

2.4.1　我国应急管理法制建设历程和成就

（1）我国应急管理法制建设历程

新中国成立以来，我国应急管理法律体系基本形成大体经历了三个阶段。

第一阶段，从新中国成立至 2003 年非典前，我国应急工作主要是巩固新生政权及分部门应对各类自然灾害和传染性疾病。在新中国成立之初，特定历史条件下的紧急状况处置具有浓重的军事管理色彩。1954 年颁布的《中华人民共和国宪法》（以下简称"《宪法》"）第一次以根本法的形式规定了戒严制度，宣布在非常情况下可在全国或局部地区采取特别措施。同时，针对自然灾害等一般性质的突发事件开始应急立法，如 1984 年出台《中华人民共和国森林法》、1989 年出台《中华人民共和国传染病防治法》、1997 年出台《中华人民共和国防震减灾法》和《中华人民共和国防洪法》，但还没有一部统一的突发事件应急法，我国应急管理法律体系仍处于一种比较分散的模式。

第二阶段，从 2003 年抗击非典至党的十八大。2003 年抗击非典是我国应急管理法制体系建设发展的分界线。在此之后，党中央总结经验教训，审时度势，做出全面加强应急管理建设的决定，我国的应急管理体系开始与现代法治、现代管理理念接轨，进而开始构建中国特色社会主义应急管理体系，其核心是"一案三制"。其中，在法制建设上，深入总结群众实践经验的基础，制定各级各类应急预案，形成应急管理体制机制，并最终上升为一系列法律、法规和规章，使突发事件应对工作基本上做到有章可循、有法可依。

2004 年 3 月，第十届全国人民代表大会第二次会议通过的《宪法》修正案，把"戒严"改为"紧急状态"的提法引人注目。紧急状态包括极端形式的紧急状态和普通形式的应急管理。"紧急状态"入宪，标志着我国应急管理进入对各种不确定因素所引起的危机事件实行法律治理阶段，这为突发事件应急管理法制建设奠定了宪法基础，促进了我国突发事件应急制度的转折及完善。

2007 年 8 月 30 日由全国人大常委会通过、2007 年 11 月 1 日起正式实施的《中华人民共和国突发事件应对法》，是我国应急管理领域的一部基本法。《中华人民共和国突发事件应对法》的制定和实施成为应急管理法制化的重要标志。

2008 年，我国成功抗击南方雨雪冰冻灾害、应对"5·12"汶川特大地震，并举办了举世瞩目的北京奥运会。这一系列载入史册的事件是对新时代应急管理理论与实践中"一案三制"的实践检验和进一步丰富发展，我国的应急管理体制及相关法制建设取得了飞跃式发展。

第三阶段，党的十八大至今。党的十八大以来，应急管理法律法规不断得到完善。党中央提出构建立体化、全方位的公共安全网，建立源头治理、动态监管、应急处置相结合的长效机制，这为新时代应急管理事业改革发展指明了方向、提供了根本遵循，标志着我国应急管理工作迈上了新台阶。

2016 年 12 月印发的《中共中央 国务院关于推进安全生产领域改革发展的意见》，是历史上第一次以党中央、国务院名义印发的安全生产方面的文件，充分体现了党中央对安全生产工作的极大重视。

2017年修订的《中华人民共和国刑法》对生产经营单位的安全生产经营活动规定了重大责任事故罪，重大劳动安全事故罪，危险物品肇事罪，消防责任事故罪，工程重大安全事故罪，不报、谎报安全事故罪，等等。

2018年4月，中共中央办公厅、国务院办公厅印发《地方党政领导干部安全生产责任制规定》，对县级以上地方各级党委和政府领导班子成员的安全生产职责、考核考察、表彰奖励、责任追究进行了明确具体的规定。这是我国安全生产领域第一部党内法规，是国家领导人关于安全生产重要思想的具体化、制度化，充分体现了党中央对安全生产的高度重视。

2019年2月17日颁布的《生产安全事故应急条例》，根据《中华人民共和国安全生产法》和《中华人民共和国突发事件应对法》的立法精神、法律原则、基本要求，总结凝练长期以来生产安全事故应急实践成果，对生产安全事故应急体制、应急准备、现场应急救援及相应法律责任等内容提出了规范和要求。应急管理相关法律法规有效降低了安全责任事故风险。

2020年，突如其来的新冠疫情是对我国治理体系和治理能力的一场大考，更是对我国公共卫生法治和应急管理体系的检验。党中央带领全党、全军、全国各族人民迅速打响了疫情防控的人民战争、总体战、阻击战。国家领导人强调："在法治轨道上统筹推进各项防控工作，全面提高依法防控、依法治理能力，保障疫情防控工作顺利开展，维护社会大局稳定"。实践证明，只有健全和完善公共卫生法治体系和应急管理法制体系，做到更高水平预测风险、防范风险、化解风险、应对风险，才能切实维护人民生命安全和身体健康，维护和谐稳定的社会秩序，维护国家长治久安。

（2）我国应急管理法制建设成就

我国从1954年宪法首次规定戒严制度至今，累计颁布实施了《中华人民共和国突发事件应对法》《中华人民共和国安全生产法》等70多部法律法规，制定了550余万个应急预案和应对特别重大灾害的"1个响应总册＋15个分灾种手册＋7个保障机制"。各地根据国家法律法规出台了一系列适用于当地的地方性法规，完成了我国应急管理法制体系建设的基础性工作。以宪法为依据，以《中华人民共和国突发事件应对法》为核心，以相关单行法、地方性法规、行政规章、应急预案为补充的应急管理法制体系初具规模。应急预案在各类应急管理具体工作中的广泛应用，也使得政府在应对各类紧急情况时更加游刃有余、有规可循、有章可循。总而言之，以《中华人民共和国突发事件应对法》为核心的应急管理法制体系已经形成，我国应急管理法制建设取得了巨大成就。依据《中华人民共和国突发事件应对法》，按照社会危害程度、影响范围，我国将众多的突发事件应急管理类法律、法规大致分为四大类，即自然灾害类、事故灾难类、公共卫生类和社会安全类，每一类均包含多部法律法规。

① 自然灾害类突发事件的法律法规如下。

地震灾害方面：《中华人民共和国防震减灾法》《国家地震应急预案》《破坏性地震应急条例》《地震监测管理条例》《地震预报管理条例》《地震安全性评价管理条例》等。

防汛抗旱方面：《中华人民共和国水法》《中华人民共和国防洪法》《中华人民共和国防汛条例》《中华人民共和国水文条例》《海洋观测预报管理条例》《全国洪水作业预报工作管

理办法》《全国水情工作管理办法》《中华人民共和国抗旱条例》《国家防汛抗旱应急预案》等。

气象灾害方面：《中华人民共和国气象法》《中华人民共和国森林法》《中华人民共和国防沙治沙法》《气象灾害防御条例》《国家气象灾害应急预案》《国务院办公厅关于进一步加强气象灾害防御工作的意见》《国务院办公厅关于加强气象灾害监测预警及信息发布工作的意见》《气象灾害预警信号发布与传播办法》《防雷减灾管理办法》等。

地质灾害方面：《中华人民共和国环境保护法》《地质灾害防治条例》《国家突发地质灾害应急预案》《国务院关于加强地质灾害防治工作的决定》《地质灾害治理工程监理单位资质管理办法》《地质灾害危险性评估单位资质管理办法》等。

② 事故灾难类突发事件的法律法规如下。

火灾防治方面：《中华人民共和国消防法》《消防安全责任制实施办法》《消防产品监督管理规定》《消防监督检查规定》《火灾事故调查规定》《中华人民共和国石油天然气管道保护法》《机关、团体、企业、事业单位消防安全管理规定》《公共娱乐场所消防安全管理规定》《森林防火条例》《草原防火条例》《国家森林火灾应急预案》等。

安全生产方面：《中华人民共和国安全生产法》《生产安全事故应急条例》《生产安全事故报告和调查处理条例》《国务院办公厅关于加强安全生产监管执法的通知》《国务院安委会关于进一步加强生产安全事故应急处置工作的通知》《安全生产许可证条例》《生产安全事故应急预案管理办法》《国家安全生产事故灾难应急预案》《安全评价检测检验机构管理办法》《安全生产培训管理办法》《中共中央　国务院关于推进安全生产领域改革发展的意见》等。

交通管理方面：《中华人民共和国道路交通安全法》《中华人民共和国道路交通安全法实施条例》《中华人民共和国民用航空器适航管理条例》《铁路安全管理条例》《国家处置铁路行车事故应急预案》《国家城市轨道交通运营突发事件应急预案》《中华人民共和国海上交通事故调查处理条例》《中华人民共和国渔港水域交通安全管理条例》《中华人民共和国内河交通安全管理条例》等。

危险化学品、有毒物品安全管理方面：《危险化学品安全管理条例》《易制毒化学品管理条例》《中华人民共和国监控化学品管理条例》《危险化学品安全综合治理方案》《使用有毒物品作业场所劳动保护条例》《危险化学品安全使用许可证实施办法》《危险化学品经营许可证管理办法》《危险化学品建设项目安全监督管理办法》《危险化学品输送管道安全管理规定》《危险化学品生产企业安全生产许可证实施办法》《危险化学品重大危险源监督管理暂行规定》等。

行业安全生产方面：《中华人民共和国煤炭法》《中华人民共和国矿山安全法》《中华人民共和国矿山安全法实施条例》《国务院关于预防煤矿生产安全事故的特别规定》《煤矿安全监察条例》《煤矿安全规程》《中华人民共和国矿产资源法》《建设工程安全生产管理条例》《建设工程质量管理条例》《建筑施工企业安全生产许可证管理规定》《民用爆炸物品安全管理条例》《烟花爆竹安全管理条例》《金属与非金属矿产资源地质勘探安全生产监督管理暂行规定》《非煤矿矿山企业安全生产许可证实施办法》《中华人民共和国工业产品生产许可证管理条例》《食品生产企业安全生产监督管理暂行规定》《海洋石油安全管理细则》《中华人民共和国特种设备安全法》《特种设备安全监察条例》《中华人民共和国核安全法》《国家核应急预案》等。

公共卫生类突发事件的法律法规如下。

《中华人民共和国传染病防治法》《中华人民共和国传染病防治法实施办法》《中华人民共和国动物防疫法》《重大动物疫情应急条例》《突发公共卫生事件应急条例》《突发公共卫生事件与传染病疫情监测信息报告管理办法》《医院感染管理办法》《国家突发公共事件总体应急预案》《国家突发公共卫生事件应急预案》《国家突发公共卫生事件相关信息报告管理工作规范（试行）》《全国自然灾害救助应急预案》《国境口岸突发公共卫生事件出入境检验检疫应急处理规定》《中华人民共和国红十字会法》等。

社会安全类突发事件的法律法规如下。

《中华人民共和国戒严法》《中华人民共和国反恐怖主义法》《中华人民共和国国防法》《公安机关人民警察内务条令》《民兵工作条例》《民用爆炸物品安全管理条例》《民用运力国防动员条例》《中华人民共和国民用航空安全保卫条例》《中华人民共和国人民警察使用警械和武器条例》《中华人民共和国银行业监督管理法》《群众性文化体育活动治安管理办法》等。

但是，我们也可以看到现有应急管理法律法规很多都是以分散部门为应急管理主体制定的，存在职能分散、权责不清、机制不健全、上下位法律法规之间关联协调不够、保障措施不完善、对应急预案的编制和演练要求不够明确、有的预案内容与实际工作脱节、预案之间衔接不紧密、动态管理滞后、应急预案实施与现有投入不适应方面的不足。这些都难以适应应急管理体系和能力建设的现代化要求。应急管理部成立后，统一领导和部署的应急管理体系融合了原公安、消防、水利等部门的应急管理职责，系统梳理了应急管理部管理体制下单行法中应急管理职权，协调了法律冲突，理顺了应急管理体系的体制、机制保障，为应急管理能力现代化建设提供法制保障。

2.4.2 应急管理法律法规的制定和修改

2019 年中共中央政治局会议时强调：要坚持依法管理，运用法治思维和法治方式提高应急管理的法治化、规范化水平，系统梳理和修订应急管理相关法律法规，抓紧研究制定应急管理、自然灾害防治、应急救援组织、国家消防救援人员、危险化学品安全等方面的法律法规，加强安全生产监管执法工作。今后一段时间，是新时代应急管理事业夯实基础、开创新局的关键时段，要基本完成统一领导、权责一致、权威高效的国家应急能力体系构建，加快应急管理法律法规制定修订工作，推进应急预案和标准体系建设，基本健全应急管理法律制度体系。

① 在宪法框架下，借鉴国外经验出台紧急状态法，确立紧急状态，对危害国家总体安全的重大突发事件应对提供法律遵循，规定紧急状态下实行紧急状态的条件、程序及紧急状态时权力的行使，对宣布进入紧急状态的范围、时间，解除紧急状态的程序，紧急状态下应急管理的基本准则、管理方法、应急预案及启动程序以及公民权利的保障底线，公民得到救济的途径、方式和手段等进行明确，使《紧急状态法》和《中华人民共和国突发事件应对法》并行不悖地发挥调整作用，确保紧急局势下国家权力运行体制，保证公民基本人权。

② 修订《中华人民共和国突发事件应对法》，出台相应的实施细则。国家领导人在公共安全和应急管理方面提出了许多重要新思想、新理念、新举措，都已写进《中华人民共和国突发事件应对法》，明确应急管理部为《中华人民共和国突发事件应对法》的主要执法部门。

在应急立法前瞻性和预见性原则的指导下，制定《中华人民共和国突发事件应对法》实施细则和相应配套制度，如国务院应急管理条例、各部门规章等，形成党委、政府负责，部门协调，军地结合，全社会共同参与的应急管理工作格局。按照新的国家机构职责，尽快就应急管理部门、卫健系统、公安系统、交通运输系统等多部门法定应急管理职责规定进行修订与完善，加强应急管理工作的统一性、协调性。

③ 加强公共卫生领域的立法。新冠疫情发生后，2020 年 2 月 5 日，国家领导人在主持召开中央全面依法治国委员会第三次会议时强调："疫情防控正处于关键时期，依法科学有序防控至关重要。疫情防控越是到最吃劲的时候，越要坚持依法防控，在法治轨道上统筹推进各项防控工作，保障疫情防控工作顺利开展。"因此，在做好新冠疫情防控中，虽然我国制定有《中华人民共和国传染病防治法》《中华人民共和国突发事件应对法》《突发公共卫生事件应急条例》，但是根据重大传染性疾病防控需要，还要修改《中华人民共和国传染病防治法》《中华人民共和国野生动物保护法》《中华人民共和国生物安全法》《中华人民共和国动物防疫法》《中华人民共和国国境卫生检疫法》《中华人民共和国进出境动植物检疫法》等法律法规。

④ 抓紧健全完善地方性法规体系。鼓励和指导有关地区根据自然灾害统一指挥、联防联控、协同应对，针对主要灾害风险，如台风、地震等，制定区域性自然灾害防治地方性法规，进一步完善各类突发事件预测、预警、预防、应对处置、恢复重建、社会动员、媒体沟通、队伍建设和应急保障等方面的法律法规及配套规定，使应急管理更加符合地方实际情况，形成科学完善的应急管理地方性法规体系。

2.4.3　应急预案体系

推进应急管理法制建设，必须高度重视预案的重要作用。要加强应急预案管理，健全应急预案体系，落实各环节责任和措施。

（1）明确规定应急预案在我国现有法律规范体系中的地位

应急预案是实施应急教育、预防、引导、操作等多方面工作的有力"抓手"，但由于应急预案的制定主体比较复杂，而且很多主体的位级相对较低。所以，至少要规定省级政府和部门制定的预案具有行政法规、部门规章和地方政府规章的法律地位。2013 年 10 月 25 日，国务院办公厅印发《突发事件应急预案管理办法》，这是贯彻实施《中华人民共和国突发事件应对法》、加强应急管理工作、深入推进应急预案体系建设的重要举措，从而确立了科学完善的预案管理制度。在《中华人民共和国突发事件应对法》和各种单行性应急法律法规中，要明确规定应急预案的预测决策功能，明确各级行政机关按照预案规定的触发条件启动应急响应职责。

（2）明确应急预案的编制标准，并对预案的核心内容做出明确细致的规定

要调整应急预案的编制思路，预案要在完成区域公共安全研究、突发事件风险分析、应急资源调查、应急能力评估、现状需求分析的基础上，立足事前预判、事中处置，立足实战操作，立足风险评估和能力调查来编制。狠抓预案质量，无论是政府及其部门的应急预案还是单位和基层组织编制的应急预案，编制后先演练、再评估、后备案、同时公开、随机抽查，及时组织专家进行综合评审，报请批准后再印发实施。

（3）健全应急预案体系

要完成相关专项预案修订工作，对应急预案衔接、宣教、培训等工作做出制度性安排。

各地要加快推进总体预案、专项预案和部门预案修订工作，形成覆盖各领域、各行业、各类型和各单位的突发事件应对与处置工作，包括各街道、乡镇、社区、村庄和各类企事业单位都要编制应急预案，形成"横向到边、纵向到底、具体到点"的应急预案体系。

（4）建立应急预案演练机制

未经演练的预案等于没有预案，严格要求所有的预案必须经过演练和评估，借助情景构建手段，模拟应对突发事件，使预案更加具有针对性与操作性。要从法律层面对预案演练的组织部门、演练周期、演练方式及事后评估做出详细安排，解决应急预案练得少、演练标准和规范缺失、预案演练内容不完整、关键环节体现不够、演练流于形式等问题。

（5）构建应急预案动态管理机制

预案体系建设贯穿应急管理工作始终，是一个持续改进的连续循环过程，要围绕预案生命周期逐步构建完善编制、演练、评估、修订等环节的动态管理机制。要通过制定应急预案管理总体管理办法、专项管理办法以及与各类管理办法配套的技术指南，强制规定预案演练、评估、更新的条件、方式和频率，要在大规模预案演练或重大突发事件处置后，通过总结经验教训对其加以修订、完善。同时，科学规划预案修订的最短周期，根据日新月异的内外部环境，持续动态优化应急预案。

习题2

❓

1. 目前我国的应急管理中存在哪些问题？
2. 如何加强我国的应急管理？
3. 什么是应急预警机制？
4. 简述我国应急管理发展历程。
5. 在应急处置中，我们应该重点解决哪几个方面的问题。
6. 举例说明有助于应急管理的智能化技术。
7. 建设好高效的应急救援队伍，着重要做好哪些工作？
8. 请简要说明应急管理机制的设计原则包括哪些。
9. 新时代应急管理体制组成包括哪些？
10. 假设你和其他机构合作，讨论社区的应急准备。你如何安排规划、培训和演习的相对优先次序？

第<big>3</big>章

应急响应与恢复

3.1 应急准备与数字化管理工具

3.1.1 应急预案与数字化工具的结合

（1）应急预案的数字化转型需求

在当今复杂多变的应急管理环境下，传统的纸质应急预案在实际应用中逐渐暴露出诸多局限性，对应急预案进行数字化转型的需求愈发迫切。

传统应急预案往往以纸质文档形式存在，信息查阅不便且效率低下。在突发事件发生时，相关人员需要在大量纸质文件中查找具体的应对措施、责任分工以及资源调配方案等关键信息，这一过程耗时费力，很可能导致应急响应的延迟。而且，纸质应急预案更新困难，难以实时反映应急管理工作中的变化情况。随着地区发展、风险因素变动以及应急管理理念和技术的更新，应急预案需要不断调整完善。纸质版本的修改、分发过程烦琐，容易出现版本不一致的问题，使得不同部门、人员所依据的应急预案存在差异，进而影响应急协同工作的开展。就拿 2008 年汶川地震救援来说，救援指挥人员依靠纸质应急预案来安排救援工作。为了确定附近哪些医院能够接收伤员、各救援队伍的具体任务以及物资储备点位置，工作人员不得不翻找大量纸质文件。

此外，传统应急预案缺乏动态分析和模拟能力，难以提前评估不同应急场景下预案的可行性和有效性。无法直观展现各类突发事件的演变过程以及相应应对措施实施后的效果，不利于发现预案中的潜在问题并进行优化改进。而数字化工具的应用恰好能够弥补这些不足，通过将应急预案与数字化技术相结合，能够实现信息的快速检索、实时更新以及动态模拟分析等功能，显著提升应急预案的实用性和应急管理工作的效率。

积极推进应急预案数字化转型的深圳市已取得了显著成效。深圳将全市 2.3 万份预案数字化，通过 AI 自动关联事件类型、响应级别和部门职责。2023 年台风"泰利"期间，系统自动推送预案至 12 个部门，指挥中心通过 GIS 地图实时监控救援车辆位置，响应效率提升 60%。数字化系统不仅实现了信息快速检索、实时更新城市排水管网、应急物资储备等关键信息，还通过动态模拟分析，提前预估积水区域，为救援行动提供了科学依据，最大程度降低了灾害损失，保障了市民生命财产安全。

数字化工具与应急预案的深度融合，实现了信息的快速检索、实时更新以及动态模拟分析等功能，为提升应急预案实用性与应急管理工作效率带来了质的飞跃。

（2）数字化工具在应急预案中的应用形式

数字化工具为应急预案注入了新的活力，使其在应急管理中发挥出更大的价值，其应用

```
┌─────────────────────────────────┐
│   应急预案的数字化存储与管理系统   │
└─────────────────────────────────┘
              │
              ▼
┌─────────────────────────────────┐
│ 借助可视化技术实现应急预案的直观展示 │
└─────────────────────────────────┘
              │
              ▼
┌─────────────────────────────────┐
│ 数字化工具还支持应急预案的动态模拟与 │
│           评估功能               │
└─────────────────────────────────┘
              │
              ▼
┌─────────────────────────────────┐
│ 数字化工具实现了应急预案的实时更新与推 │
│           送功能                 │
└─────────────────────────────────┘
```

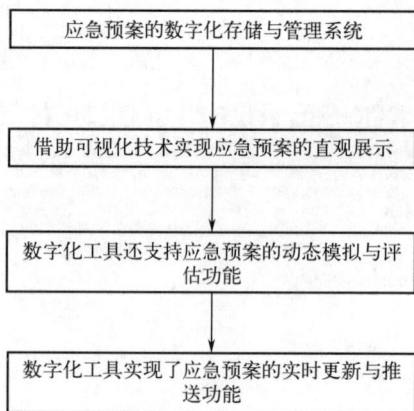

图 3-1　数字化工具的应用形式

形式呈现出多样化的特点，涵盖了多个关键方面（如图 3-1）。

首先，是应急预案的数字化存储与管理系统。利用数据库技术，将应急预案根据事件分类（如自然灾害、事故灾难、公共卫生、社会安全等不同类型及其细分种类）、响应级别（从一般到重大等不同级别对应的启动条件和措施）、各部门职责（明确不同政府部门、社会组织、救援队伍在不同应急场景下的具体工作任务）、资源调配方案（涉及应急物资、救援设备、人员等资源的储备地点、调配流程和优先顺序）等信息进行结构化存储。这样一来，在需要查阅时，相关人员只需通过简单的关键词搜索、分类筛选等操作，就能迅速获取所需的详细内容。例如，消防队员在赶赴火灾现场途中，可通过移动终端登录该系统，输入"火灾""三级响应"等关键词，快速查看此次火灾事件对应的救援力量调配、灭火战术以及与其他部门协同配合的要点等关键信息，提前做好救援准备。

其次，借助可视化技术实现应急预案的直观展示。通过地理信息系统（GIS）、流程图绘制软件等工具，将应急预案中的抽象文字信息转化为可视化的地图、图表和流程图等形式。例如，运用 GIS 技术将应急避难场所、危险化学品仓库、医院等重要应急相关地点标注在地图上，并关联相应的应对措施和疏散路线，当发生突发事件时，指挥人员可以直观地看到不同区域的人员应向哪些避难场所疏散，救援队伍如何选择最优的行进路线抵达事发地点；以流程图的形式展示应急响应的各个环节以及各部门之间的衔接顺序，清晰呈现出从事件监测预警到处置救援，再到恢复重建的全过程，让参与应急工作的人员一目了然，便于理解和执行应急预案。

再者，数字化工具还支持应急预案的动态模拟与评估功能。利用计算机模拟软件、大数据分析技术等，根据历史事件数据、实时风险监测信息以及预设的不同应急场景参数，对应急预案进行模拟演练。模拟不同灾害强度、不同发展趋势下预案的执行情况，分析各项应对措施实施后可能产生的效果，如资源是否及时调配到位、救援行动是否高效有序、受灾群众是否能得到妥善安置等，并通过量化指标评估预案的有效性和可行性。例如，针对洪水应急预案，模拟不同降水量、洪水演进速度等，观察各防洪工程设施的运行效果、人员疏散转移的及时性以及物资保障的充足性，根据模拟结果发现预案中存在的薄弱环节，如某些区域的疏散路线可能存在拥堵风险、物资储备量在极端情况下不足以满足需求等，进而对应急预案进行针对性的优化和完善。

最后，数字化工具实现了应急预案的实时更新与推送功能。当应急管理相关的法律法规、政策标准、风险因素等发生变化时，系统管理人员能够及时在数字化平台上对应急预案进行修改完善，并且通过消息推送机制，将更新内容准确地推送给所有需要知晓的部门、人员以及应急志愿者等相关群体。比如，当国家出台了新的危险化学品事故应急处置规范后，负责应急预案管理的部门在更新系统中的相应内容后，立即向化工园区的所有企业、周边社区以及专业救援队伍推送消息，提醒他们查看学习新的规定和应对措施，确保各方始终依据最新、最准确的应急预案开展应急工作。

（3）数字预案缩短应急响应时间的实践案例

数字化工具与应急预案的结合显著提升了应急效能，实践案例已验证其价值。

其优势之一在于提高应急响应速度。在突发事件发生时，通过数字化工具能够迅速定位和获取应急预案中的关键信息，减少信息查找和沟通协调的时间成本，使得救援力量可以更快地集结、物资能够更及时地调配、应对措施能够更迅速地实施。例如，在某城市遭遇突发暴雨引发内涝灾害时，应急指挥中心借助数字化应急预案管理系统，快速确定了内涝严重区域周边的排水设备存放点、可调用的抽水车辆数量及位置，同时向相关部门和救援队伍下达了明确的任务指令，各单位在短时间内就完成了集结并赶赴现场开展排水抢险工作，有效避免了城市交通长时间瘫痪以及居民财产遭受重大损失。

增强应急协同性也是重要优势之一。数字化工具将各部门、各救援主体在应急预案中的职责和协作流程清晰呈现，便于各方在应急过程中更好地沟通配合，打破部门之间的信息壁垒，形成强大的应急合力。以地震应急救援为例，通过可视化的应急预案展示，消防、医疗、交通、民政等多个部门能够直观地了解自己在救援工作中的任务分工以及与其他部门的衔接环节，消防队伍负责解救被困人员，医疗队伍同步在现场设置临时救治点对伤员进行紧急处理，交通部门保障救援通道畅通，民政部门及时调配救灾物资、安置受灾群众，各方依据数字化预案有序协作，大大提高了整体救援效率。

数字化工具与应急预案相结合还能够提升应急预案的科学性和适应性。通过动态模拟与评估功能，不断发现并修正应急预案中的不足之处，可使其能够更好地应对各种复杂多变的实际应急场景。例如，某沿海城市在完善台风应急预案过程中，利用数字化模拟技术，模拟不同强度台风登陆、不同风向以及潮位变化等多种情况下的灾害影响范围和应对措施效果，根据模拟结果调整了沿海地区人员疏散的范围和路线、增加了部分易受灾区域的物资储备量，并优化了救援队伍的部署方案，使得该预案在后续应对实际台风来袭时发挥了更有效的作用，最大限度减少了台风造成的损失。

在实践方面，许多地区和行业都已经受益于这种结合方式。例如，衢江区将应急消防工作融入"141"基层治理体系，构建了区、乡、村三级联动的应急消防治理网络，还迭代升级了数智消防管理系统。有一次火灾发生时，系统快速推送现场火情信息，自动匹配并启动应急预案，快速下达处置指令。以往遇到类似火灾，应急响应时长平均需要 10~15min，而智能化平台应用后，应急响应时长平均缩短了约 5.3min，极大提升了灭火救援的效率，减少了火灾造成的损失。整个应急过程有序、高效，得益于数字化应急预案能够实时提供准确的信息以及清晰的行动指南，避免了因信息不畅、协调不力导致的事故扩大，保障了园区的安全生产和周边群众的生命财产安全。

又如，大型交通运输企业将数字化工具融入应急预案体系，针对交通事故、恶劣天气等各类突发情况制定了详细的数字化应急预案。在 2025 年春运期间，坛百高速构建了"1 个中心＋12 个动态编组＋天空之眼"＋"地面神器"的立体化多维应急体系，保证人员能在事故发生第一时间掌握现场情况、准确定位事故位置。春运期间，坛百高速断面车流量超128 万辆，较上年同期上升了 0.04%，但事故发生率和应急救援时间较往年均实现双下降。对比传统的事故信息收集和传递方式，该体系处置效率提升近 3 倍，二次事故发生率降低近80%，全方位保障了司乘人员的平安出行。通过在车辆上安装的智能终端设备与后台应急预案系统相连，一旦发生交通事故，司机可通过终端一键报警，系统自动获取车辆位置、行驶状态等信息，并立即推送相应的应急预案内容给救援指挥中心以及附近的救援服务网点。指挥中心依据预案迅速调配拖车、救护车、维修人员等赶赴现场，同时通知相关部门做好交通管制和后续处置工作。这种结合方式使得该企业在面对突发运输事故时能够快速响应、妥善处理，保障了交通运输的安全和顺畅，减少了对社会交通秩序的影响。

3.1.2 新型应急资源类型与智能调度技术

（1）新型应急资源概述

随着科技的不断进步和应急管理需求的日益复杂，新型应急资源应运而生，它们相较于传统应急资源，在功能、性能以及应用场景等方面展现出了诸多新特点，为应急管理工作带来了新的助力。

一方面，高科技应急装备成为新型应急资源的重要组成部分。例如，先进的无人机技术在应急领域得到了广泛应用，其具备实时监测、快速侦察的功能，可在自然灾害现场（如地震后的废墟区域、洪水淹没区、森林火灾现场等）迅速升空，利用高清摄像头、红外热成像仪等设备，对受灾区域的整体情况进行全方位、远距离的观测，及时获取人员被困位置、建筑物损坏程度、火势蔓延方向等关键信息，为救援指挥人员制定科学合理的救援方案提供有力依据。还有智能机器人，包括消防机器人、救援机器人等不同类型，消防机器人能够适应高温、浓烟、有毒有害气体等恶劣条件，深入火灾现场开展灭火作业，代替消防人员进行一些危险系数极高的操作；救援机器人则可以凭借其灵活的机械臂、精准的探测传感器等，在地震废墟中搜寻被困人员，甚至可以进行简单的破拆工作，协助救援人员解救被困者，大大提高了救援工作的安全性和效率。

另一方面，大数据、人工智能等新兴技术也作为新型应急资源发挥着重要作用。大数据技术能够整合来自不同渠道的海量应急数据，如气象数据、地理信息数据、人口数据以及过往应急事件的历史数据等，通过深度挖掘和分析这些数据，可发现其中蕴含的规律和潜在风险，提前进行灾害预警，并为应急资源的配置和调度提供科学的决策支持。例如，通过分析某地区多年的气象数据和洪涝灾害发生情况，预测出洪水可能发生的时间段和区域范围，进而提前调配防洪物资和救援力量到相应地点。人工智能技术则在应急资源调度的优化、应急决策辅助等方面展现出独特优势，它可以根据实时的事件情况、资源分布以及交通路况等信息，运用智能算法快速生成最优的资源调配方案，实现人力、物力资源的精准配置，同时还能在应急过程中辅助指挥人员进行决策，评估不同决策方案可能带来的后果，帮助选择最佳应对策略。

此外，应急物资的创新品类也属于新型应急资源范畴，一些多功能、便携性强、能适应极端环境的应急物资不断涌现。新型的应急避难帐篷，不仅具备防风、防雨、保暖等基本功能，还融入了太阳能发电装置，可为帐篷内的照明、通信设备等提供电力支持；便携式的净水设备，能够通过高效的过滤技术，快速将受污染的水转化为可饮用水，满足受灾群众在紧急情况下的基本生活需求，这些创新型应急物资进一步丰富了应急资源的种类，提升了应急保障能力。

（2）配置与调度技术的创新应用

新型应急资源的配置与调度技术在不断创新发展，通过运用先进的理念和高科技手段，实现了对应急资源更加科学、高效的管理和运用，在应急管理实践中展现出了强大的应用价值。

在资源配置方面，基于地理信息系统（GIS）与大数据分析相结合的技术应用日益广泛。通过 GIS 的空间分析功能，可将各类应急资源（如应急物资储备仓库、专业救援队伍驻地、医院等）的地理位置信息与区域的风险地图（标注了不同地区自然灾害、事故灾难等风险等级）进行叠加分析，直观地呈现出资源分布与风险分布的匹配情况。然后，借助大数据分析技术，综合考虑人口密度、经济发展水平、历史灾害频次等多方面因素，对不同区域的应急资源需求进行精准预测，进而实现对应急资源的合理布局和优化配置。在地震多发地区，根据 GIS 分析显示的地质构造脆弱带以及大数据分析得出的人口密集区域，有针对性地增加应急避难场所的建设数量，合理规划救援队伍的驻扎地点，并加大救灾物资（如帐篷、食品、医疗用品等）在这些高风险区域的储备量，确保在地震发生时，周边能够迅速提供充足的应急资源以保障受灾群众的生命安全和基本生活需求。例如，山东省应急厅基于 GIS 建立物资储备热力图，结合历史灾害数据预测需求。

智能调度技术则借助物联网、人工智能等技术实现了应急资源的动态调配和实时优化。物联网技术通过在应急物资、救援设备以及运输车辆等上面安装传感器，实时采集它们的位置、状态、剩余数量等信息，并将这些数据传输到调度指挥中心。人工智能算法根据实时获取的事件发展情况（如火灾火势大小、受灾面积，洪涝的水位变化、淹没范围等）、交通路况信息（道路拥堵情况、通行能力等）以及资源的实时状态信息，快速计算出最优的调度方案，指挥应急资源按照最佳路径、最快速度进行调配。例如，在城市发生火灾时，消防指挥中心通过物联网获取周边各消防车辆的位置、车载消防设备的完好情况以及各消防物资储备点的物资剩余量等信息，人工智能调度系统结合火灾现场的火势蔓延方向、周边道路的拥堵程度等因素，动态调配距离最近、最适合的消防车辆和物资赶赴现场，同时根据现场救援进展情况，实时调整后续资源的调配计划，确保灭火救援工作能够高效、有序地开展。上海市消防总队使用 Unity3D 开发高层火灾 VR 演练系统，模拟烟雾扩散、人员受困等场景。参演人员通过手柄操作灭火器、破拆工具，系统实时记录操作评分（如水流角度误差≤5°为合格）。

此外，虚拟库存管理技术也是新型应急资源配置与调度中的创新应用之一。在应急管理中，由于资源种类繁多、需求不确定性大，传统的实体库存管理方式难以满足高效调配的需求。虚拟库存管理技术通过整合全社会范围内的应急资源信息，将企业闲置的可用于应急的物资、民间组织的捐赠物资以及跨地区可调配的资源等纳入统一的虚拟库存管理系统。在应急资源调配时，不仅考虑自身储备的实体资源，还能快速查询并调用虚拟库存中的资源，拓宽了资源获取渠道，提高了资源的保障能力。例如，在应对大规模公共卫生事件时，医疗物资需求急剧增加，通过虚拟库存管理系统，可以迅速联系到有生产能力的企业，协调其调整生产计划，优先供应口罩、防护服等急需物资，同时整合社会各界的捐赠物资，按照需求进行合理分配，有效缓解了医疗物资短缺的困境。

（3）新型应急资源在灾害救援中的实战效果

新型应急资源的配置与调度技术在实际应用中显著地提升了应急效能，切实保障了应急管理工作的顺利开展，最大程度地减少了突发事件造成的损失，守护了人民群众的生命财产安全。

以某省应对台风灾害为例，强台风侵袭某沿海省份时，新型应急资源的配置与调度技术成效显著。同时，利用智能调度技术，实时监测台风路径、强度以及各地的风雨情况，当台风造成部分地区出现道路积水、树木倒伏等情况影响交通时，调度系统迅速指挥附近的清障车辆、抽水设备等资源前往疏通道路，保障救援通道畅通，确保受灾群众能够及时得到救援和转移安置。通过这些措施，该省在此次台风灾害中的受灾损失明显降低，救援效率大幅提高。

在森林火灾扑救方面，新型应急资源同样发挥了重要作用。无人机在火灾初期迅速升空，对火场进行大范围、实时监测，及时将火势蔓延方向、火线长度、周边植被情况等信息反馈给指挥中心，为制定灭火方案提供了详细准确的情报。智能机器人则跟随救援队伍进入火场，在火势凶猛、危险系数高的区域开展灭火和侦察工作，代替部分人工操作，降低了消防人员的伤亡风险。同时，基于人工智能的资源调度系统根据火场动态变化，不断优化调配消防车辆、灭火设备以及后续增援力量的投入，确保灭火资源能够精准投放到最需要的地方。在一次较大规模的森林火灾扑救行动中，运用这些新型资源配置与调度技术后，火灾扑灭时间比以往传统方式大大缩短，过火面积也得到了有效控制，最大限度地保护了森林资源和周边生态环境。

再看公共卫生事件应对情况，在新冠疫情期间，虚拟库存管理技术展现出了强大的应急保障能力。面对口罩、防护服、呼吸机等医疗物资在短时间内出现的巨大需求缺口，各地通过整合企业产能、社会捐赠物资以及跨地区调配物资等，构建起了庞大的虚拟库存体系。政府部门利用虚拟库存管理系统，实时掌握各类医疗物资的供应和需求情况，根据疫情严重程度和防控重点区域，合理分配物资，优先保障医疗机构、防疫一线工作人员以及重点疫区的物资使用。这一举措有效缓解了医疗物资紧张的局面，保障了疫情防控工作的有序开展，为最终战胜疫情奠定了坚实的物资基础。

这些实践案例充分证明了新型应急资源的配置与调度技术在提升应急效能方面的重要作用，也为进一步推广和完善这些技术在应急管理领域的应用提供了宝贵经验。

3.1.3 虚拟演练与数字化培训

（1）虚拟演练的概念与特点

虚拟演练作为一种借助现代数字化技术开展的应急演练新模式，正逐渐在应急管理领域崭露头角，它通过构建虚拟的应急场景，让参与演练的人员仿佛置身于真实的突发事件环境中，进行应急响应、决策制定、协同配合等操作，具有诸多独特的特点，使其区别于传统的实地演练方式，为应急管理能力的提升带来了新的契机。

首先，虚拟演练具有高度的仿真性。它利用虚拟现实（VR）、增强现实（AR）以及计算机模拟等先进技术，逼真地还原各类突发事件场景，无论是自然灾害中的地震后房屋倒塌、洪水泛滥的场景，还是事故灾难里化工品泄漏、火灾熊熊燃烧的画面，抑或是公共卫生事件中医院人满为患、防疫管控的紧张氛围，都能通过精细的建模、真实的音效以及动态的光影效果等进行呈现。例如，在一个地震虚拟演练场景中，参与者戴上 VR 设备后，能够看到周围建筑摇晃、墙体出现裂缝、道路断裂等逼真景象，真切感受到大地震动带来的晃动，仿佛自己就身处真实的地震现场，这种高度仿真的环境可以让演练者更直观地体验突发事件的严峻性，从而更投入地参与演练。

其次，虚拟演练具备很强的灵活性与可重复性。与传统实地演练受场地、时间、物资等诸多限制不同，虚拟演练可以根据不同的演练需求，轻松调整演练场景的各种参数，如灾害的强度、发展速度、影响范围等，快速定制多样化的演练方案。而且，同一演练场景可以重复开展，便于参演人员不断熟悉应对流程、巩固应急技能。比如，针对火灾虚拟演练，今天可以模拟一场在写字楼中因电器短路引发的小型火灾场景，让消防人员、物业工作人员等进行初期灭火和人员疏散演练；明天则可以将其调整为在大型商场内由于人为纵火导致的火势迅猛、浓烟滚滚的大火场景，考验多部门协同救援的能力，并且可以多次重复这些场景，让参演者在不同情况的模拟中积累丰富的应对经验。

再者，虚拟演练拥有良好的安全性。在一些传统的高风险应急演练中，如危险化学品泄漏处置、高空救援等，实际操作往往伴随着一定的安全风险，可能会对参演人员造成意外伤害。而虚拟演练让参与者在虚拟环境中进行操作，即使出现失误也不会产生实际的危险后果。例如，在进行危化品泄漏虚拟演练时，参演人员在虚拟场景中尝试不同的堵漏、中和、疏散等处置措施，即使操作不当导致"泄漏"情况更严重，也不会有真实的有毒有害物质危害到他们的身体健康，为参演人员提供了一个安全可靠的学习和实践平台。

另外，虚拟演练还具有强大的数据记录与分析功能。在演练过程中，系统能够实时记录参演人员的每一个操作动作、决策行为以及各部门之间的协同配合情况等多方面数据，演练结束后，通过对这些数据的深度分析，可以精准地评估参演人员的应急能力水平、发现应急处置流程中存在的问题以及协同工作中的薄弱环节。例如，分析消防队员在虚拟火灾救援中从接警到抵达现场的时间、水枪喷射角度和力度的把握、与其他救援队伍沟通协作的频率等数据，就能清楚地了解其业务熟练程度以及团队协作默契度，进而有针对性地提出改进建议，帮助参演人员和相关部门不断优化应急行动方案。

（2）数字化培训的方式与优势

数字化培训在应急管理领域同样发挥着重要作用，它依托多种数字化手段，为应急人员提供了更加便捷、高效且内容丰富的学习途径，呈现出多样化的培训方式，并具备显著的优势。

在培训方式方面，线上课程学习是常见且基础的一种形式。专业的应急管理在线学习平台，整合了众多优质的课程资源，涵盖应急管理理论知识、不同类型突发事件的应对策略、各类应急法律法规等内容，培训对象可以根据自身的时间和学习进度，随时随地登录平台进行学习。例如，基层社区工作人员可以利用业余时间在手机端登录学习平台，学习社区防灾减灾知识、应急疏散组织方法等课程，完成相应的学习任务和考核测试，提升自己在社区应急管理方面的专业素养。

还有在多媒体教学资源的应用中，利用视频、动画、音频等多种形式将抽象、复杂的应急知识和技能进行生动形象的展示。比如，制作关于心肺复苏（CPR）的动画教程（如图 3-2），通过直观的动画演示，详细展示胸外按压的正确位置、按压频率、深度以及人工呼吸的操作步骤等，配合专业的讲解音频，让学习者更容易理解和掌握急救技能，相较于单纯的文字描述，这种多媒体呈现方式大大提高了学习效果。

模拟软件操作培训也是数字化培训的重要组成部分。可开发针对不同应急场景和设备操作的模拟软件，让应急人员在虚拟环境中进行实际操作练习。例如，对于应急通信设备的操作培训，使用模拟软件模拟各种复杂环境下（如山区信号弱、受灾现场干扰多等）通信设备的组网、调试、故障排除等操作，应急人员反复在软件中进行练习，熟悉设备的功能和使用方法，提高在实际应急情况下保障通信畅通的能力。

数字化培训的优势首先体现在打破了时空限制，无论身处何地、何时，只要有网络接

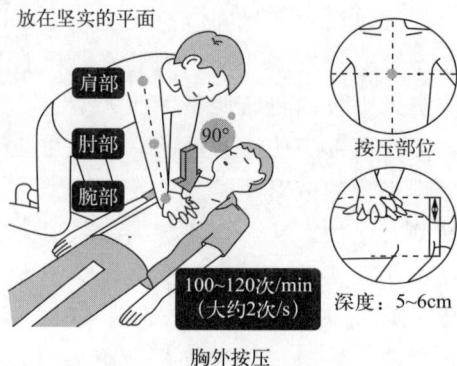

图 3-2 心肺复苏动画教程

入，应急人员都能参与培训学习，不再受传统线下培训场地和时间固定的约束，极大地提高了培训的覆盖面和可及性。比如，偏远地区的应急救援志愿者，以往很难有机会参加集中的线下培训，现在通过数字化培训，可以与大城市的专业人员同步学习最新的应急知识和技能。

其次，数字化培训能够实现个性化学习。根据不同培训对象的岗位需求、知识水平和技能掌握情况，利用智能算法为其推荐合适的学习内容和学习路径，做到因材施教。例如，对于刚刚入职的消防新兵，系统会优先推荐基础的消防理论知识、简单的灭火器材使用教程等入门课程；而对于经验丰富的消防指挥员，则推送复杂灾害场景下的指挥决策案例分析、多队伍协同作战策略等更具深度的学习资料，满足不同层次人员的学习需求，提升培训的针对性和有效性。

再者，数字化培训便于培训管理和效果评估。通过学习平台可以对培训过程进行全程跟踪管理，记录学员的学习时长、课程完成情况、考核成绩等信息，及时督促学员按计划完成学习任务。同时，利用在线考核系统，对学员的学习成果进行多维度评估，除了传统的理论知识考核外，还可以设置实践操作考核、案例分析等多样化的考核方式，准确掌握学员对应急知识和技能的掌握程度，为后续的培训改进和人员能力提升提供有力依据。

（3）虚拟演练提升应急管理能力的典型案例

虚拟演练与数字化培训的有机结合，对应急管理能力的提升起到了协同增效的作用，在多个方面强化了应急人员的综合素质和整个应急管理体系的应对效能，并且已经在诸多实际案例中展现出了显著的应用成果。

在提升应急人员的专业素养方面，二者结合提供了从理论知识学习到实践操作锻炼的完整链条。应急人员先通过数字化培训中的多媒体教学资源等深入学习应急管理的基础知识、法律法规以及不同事件的应对原理等内容，打下坚实的理论基础。然后，借助虚拟演练，将所学知识应用到虚拟的应急场景中进行实际操作，在仿真环境里反复练习应急响应流程、决策制定以及与其他部门或人员的协同配合等技能，实现理论与实践的深度融合。例如，某地区组织应急管理工作人员开展关于洪涝灾害应对的培训，先是通过线上课程系统学习了洪涝灾害形成的原因、监测预警方法、防洪工程设施的作用以及人员疏散和救援的理论要点等知识，随后进入虚拟演练环节，在模拟的洪涝场景中，这些工作人员分别扮演不同的角色，如防汛指挥人员、救援队伍队员、基层社区干部等，按照所学知识进行洪水监测、组织群众转移、开展水上救援等实际操作，通过多次演练，他们对洪涝灾害的应对能力得到了显著提升，在之后的实际防汛工作中能够更加熟练、专业地履行职责。

增强应急团队的协同作战能力也是重要作用之一。虚拟演练为不同部门、不同岗位的应急人员提供了共同参与、协同演练的平台，通过模拟复杂的突发事件场景，让各参与方在虚拟环境中不断磨合，熟悉彼此的职责、工作流程以及沟通协作方式，提高团队的默契度和协同效率。而数字化培训中的案例分析、模拟软件操作等内容，可以针对团队协同方面的问题进行专项培训，分享优秀的协同案例经验，强化应急人员的协同意识。以某城市开展的大型综合应急演练为例，演练涉及消防、医疗、交通、民政等多个部门，在虚拟演练阶段，各部门人员通过虚拟现实设备进入模拟的地震救援场景，消防部门负责解救被困人员并进行火灾隐患排查，医疗部门在现场设置临时救治点对伤员进行分类救治和转运，交通部门保障救援通道畅通，民政部门负责受灾群众的安置和生活物资保障，在这个过程中，各方不断协调沟通、调整行动方案，通过多次虚拟演练，各部门之间的协同配合更加顺畅高效。同时，在数字化培训中，组织各部门人员共同学习以往大型应急事件中的协同成功案例，分析讨论协同过程中的关键环节和注意事项，进一步强化了团队的协同作战能力，使得在后续的实际应急行动中，整个团队能够迅速响应、紧密协作，有效缩短应急响应时间、提升救援效率。

从提升整个应急管理体系的应对效能来看，虚拟演练与数字化培训结合有助于发现应急管理流程中的薄弱环节并加以改进。虚拟演练过程中收集到的大量数据，如各环节响应时间、资源调配情况、人员操作失误等，经过分析可以精准定位存在问题的地方，而数字化培训则可以针对这些问题制定有针对性的培训内容，对相关人员进行强化培训，促使应急管理流程不断优化。例如，在一次危险化学品泄漏虚拟演练后，分析发现部分参演人员对泄漏物质的应急处置方法不够熟悉，导致处置过程中出现一些操作不规范的情况，同时也暴露出不同救援队伍之间在信息沟通和资源共享方面存在不足。基于这些发现，通过数字化培训，专门开设了关于危险化学品特性及处置技巧的课程，以及组织团队沟通协作的培训活动，对相关人员进行培训，经过改进后，在后续的类似演练以及实际应急事件中，应急管理流程更加顺畅，应对效能得到了明显提高。

在实际案例方面，某省消防救援总队为提升全省消防队伍应对高层建筑火灾的能力，采用了虚拟演练与数字化培训相结合的方法。一方面，制作了丰富的数字化培训资料，包括高层建筑的火灾特点、消防设施布局与使用、登高车操作技巧、内攻灭火战术等视频教程和动画演示，供消防队员们在线学习；另一方面，利用虚拟现实技术构建了多个高层建筑火灾的虚拟演练场景，模拟不同楼层起火、火势蔓延方向、疏散通道堵塞等复杂情况，让消防队员们分组进行演练，在演练中锻炼灭火救援能力、协同作战能力以及应急决策能力。经过一段时间的培训和演练，在该省发生的一起真实的高层建筑火灾扑救行动中，参与救援的消防队伍表现出了较高的专业素养和协同配合水平，迅速控制住了火势，成功解救出了被困群众，赢得了社会各界的好评，充分体现了虚拟演练与数字化培训相结合在提升应急管理能力方面的积极作用。

此外，在地震应急领域，某地震多发地区的应急管理部门也积极推行了虚拟演练与数字化培训相结合的举措，以强化区域整体的地震应急能力。在数字化培训阶段，邀请了地震学专家、应急救援专家等录制了一系列涵盖地震成因、地震监测预警机制、震前预防措施、地震发生时不同场景下的避险方法以及震后救援和重建要点等多方面知识的线上讲座视频。同时，还开发了一些互动式的小程序，通过动画演示、答题闯关等趣味形式，帮助社区居民、基层工作人员以及专业救援队伍等不同群体更好地掌握地震应急相关知识。例如，在小程序中设置了模拟地震发生瞬间如何选择正确避险姿势的互动环节（如图 3-3），用户通过操作虚拟人物做出相应动作，系统会即时反馈动作是否正确，并给出详细的讲解和建议，让大家在轻松的氛围中加深对地震避险知识的理解和记忆。

图 3-3　模拟地震发生瞬间正确避险姿势

而虚拟演练阶段，则利用虚拟现实和增强现实技术打造了极为逼真的地震虚拟场景。这些场景不仅模拟了不同震级下城市建筑的倒塌情况、道路的破坏状况，还逼真地还原了人员被困、通信中断、水电设施损坏等复杂情形。不同部门的人员，像应急指挥中心的调度人员、各街道社区的应急负责人、医疗救护团队、工程抢险队伍等，都能参与到演练中。调度人员需要根据各方反馈的信息迅速制定救援计划，协调资源调配；社区应急负责人要第一时间组织居民疏散，统计受灾情况并上报；医疗救护团队要在废墟中快速找到并救治伤员，同时做好伤员转运的安排；工程抢险队伍则要对受损的道路、桥梁等基础设施进行紧急评估和抢修，保障救援通道畅通。通过多次这样的虚拟演练与数字化培训相结合的活动，该地区在后续一次中等强度的地震发生时，整体应急表现相较于以往有了显著提升。居民们大多能迅速且正确地采取避险措施，有效减少了因地震初期慌乱造成的不必要伤亡。各部门之间的协同配合也更加顺畅高效，应急指挥中心能快速统筹各方力量，调度资源精准到位。医疗救护团队能在较短时间内抵达各个受灾点，对伤员进行妥善救治，工程抢险队伍及时修复了关键的交通要道，使得后续的救援物资和大型救援设备能够顺利进入受灾区域，大大加快了震后救援和恢复重建的进度，最大限度地保障了人民群众的生命财产安全，也让整个地区的社会秩序得以较快地稳定下来。

在水域救援应急方面，某沿海城市的应急管理机构深刻认识到提升水上救援能力的重要性，鉴于城市周边海域、内河航道等水域环境复杂，溺水、船只事故等水上突发情况时有发生，于是大力推行虚拟演练与数字化培训相结合的模式。在数字化培训过程中，收集并制作了大量有针对性的教学内容。例如，详细介绍了不同水域环境（如近海波涛汹涌区域、内河水流湍急处、港口航道复杂地带等）的水文特点、潜藏的危险以及相应的安全防范知识；讲解了各类水域救援装备（像救生艇、救生衣、抛投器、水下探测设备等）的功能、使用方法以及日常维护要点；还邀请了经验丰富的水域救援专家分享实际救援案例，分析在各种复杂场景下的救援策略、沟通协作技巧以及对救援时机的把握等。这些教学资源通过线上学习平台呈现，救援队员、海事执法人员、水上志愿者等相关群体可以利用碎片化时间进行系统学习，还能随时在平台上与专家互动交流，解答心中疑惑，不断深化对水域救援知识的理解。虚拟演练环节则构建了逼真的水上救援虚拟场景，模拟诸如渔船在海上遭遇强风巨浪即将倾覆、内河游船发生碰撞导致人员落水、港口作业时货物掉入水中阻碍航道等多样化的突发事件情况。参与演练的各方人员，需要根据虚拟场景中实时反馈的信息，如水流速度、风向、落水人员位置、船只受损情况等，迅速做出决策并采取行动。海事部门要及时调度救援船只赶赴现场，指挥过往船舶避让，保障救援航道畅通；救援队员要准确操作救援装备，如驾驶救生艇在波涛中稳定航行，熟练运用抛投器向落水者投放救生圈，必要时还需实施水下搜救等复杂操作；医疗救护人员也要在摇晃的船上或岸边做好对被救上岸人员的急救准备工作，保障伤员能第一时间得到妥善救治。每次演练结束后，依据系统记录的各方人员的响应时间、操作精准度、团队协作情况等多方面的数据进行深入复盘，总结经验教训，针对性地改进不足。

通过持续开展这种结合模式的训练，在一次台风过境后，该城市沿海区域出现多起船舶走锚、渔民落水的紧急情况时，应急救援队伍展现出了出色的应急响应能力。海事部门快速协调各方力量，精准指挥救援船只按照最佳路线前往事发地点，救援队员凭借娴熟的技能迅速开展救援工作，在复杂的风浪环境下成功救起多名落水渔民，并妥善处置了走锚船舶，避免了更多次生灾害的发生，保障了沿海地区水上交通安全以及渔民的生命安全。同时，这一成功实践也为周边其他沿海城市提供了良好的借鉴范例，推动更多地区重视并采用虚拟演练与数字化培训相结合的方式来强化自身的水域救援应急能力。

在化工事故应急方面，众多化工产业聚集地区的应急管理部门也积极运用虚拟演练与数字化培训相结合的模式，来强化应对化工突发事故的能力。在数字化培训环节，精心打造了内容丰富的学习资料。其中涵盖了各类危险化学品的理化性质、危险特性，像有的化学品易燃易爆炸、有的具有强腐蚀性、有的遇水会发生剧烈反应等，详细介绍这些特性有助于相关人员深刻认识其潜在危害。同时，还有化工生产工艺流程的讲解，从原料输入、反应环节到产品产出的每一个步骤，分析其中可能出现的故障点以及由此引发事故的风险，让操作人员和应急人员清晰知晓隐患所在。针对化工事故应急处置的专业技能培训更是重点，包括如何正确穿戴防护装备，在面对不同类型危险化学品泄漏、火灾、爆炸等事故时应采取何种具体的堵漏、灭火、疏散等操作方法，以及如何根据风向、地势等环境因素制定合理的救援与避险策略等内容。这些培训资料通过专业的线上化工应急学习平台呈现，化工企业的一线员工、安全管理人员、专业救援队伍以及周边社区应急负责人等都能按需进行学习，并且可通过模拟测试、案例分析讨论等互动形式巩固所学知识，增强实际运用能力。虚拟演练则借助高端的计算机模拟技术构建出极为逼真的化工事故场景。模拟诸如大型化工储罐因腐蚀导致危险化学品泄漏，在地面流淌扩散并挥发形成有毒有害气体云团的情况；或是化工车间内因电气故障引发火灾，火势迅速蔓延并引发周边储存的化学品连环爆炸的高危场景；抑或是因操作失误导致化学反应失控，产生大量高温高压危险物质随时可能喷发的危急状况；等等。参与演练的各方主体中，化工企业内部的应急抢险队伍要迅速启动应急预案，穿戴好专业防护设备奔赴事故现场，尝试进行紧急切断物料、堵漏、降温等操作以控制事故源头；消防队伍需依据危险化学品的种类，选用合适的灭火药剂和灭火方式，在确保自身安全的前提下进行灭火作业，同时要对周边可能受火势威胁的罐体、设施等进行冷却保护；医疗救护团队要在安全区域设立临时救治点，准备好应对不同化学伤害的急救药品和设备，及时对受伤的工作人员和周边群众进行救治；环保部门则要实时监测大气、水体等环境指标，评估事故对环境造成的污染范围和程度，并采取相应的应急处置措施，防止污染扩散。在整个演练过程中，系统会详细记录各个环节的关键数据，如各队伍到达现场的时间、采取各项应急措施的时间节点、资源调配的合理性以及不同主体之间信息沟通的及时性和准确性等，以便事后进行全面复盘，精准找出存在的问题和不足之处，为后续改进提供依据。

这种虚拟演练与数字化培训相结合的方式经过长期推行，在一些地区实际发生的化工小事故中，效果凸显了出来。例如，某化工企业的一处管道发生轻微危险化学品泄漏，企业内部应急队伍迅速做出反应，按照之前演练和培训所积累的经验，准确判断出泄漏化学品的性质，快速穿戴好对应的防护装备，有条不紊地开展了关闭阀门、用专业工具进行堵漏、疏散周边无关人员等一系列操作，同时及时将情况通报给了园区以及周边社区的应急管理部门。消防、医疗等相关支援力量也在短时间内抵达现场，按照预定流程做好了各项应急准备工作，整个过程中各部门之间配合默契，避免了事故的进一步扩大，最大限度减少了对企业生产、周边环境以及群众生活的影响，切实保障了化工园区的安全生产和周边区域的安全稳定。

在矿山事故应急方面，鉴于矿山开采作业环境复杂，存在诸如瓦斯爆炸、透水、冒顶片帮等诸多高风险隐患，相关的矿山安全监管部门和矿业企业也高度重视通过虚拟演练与数字化培训相结合的方法来提升应急能力。数字化培训方面，准备了系统全面的课程资料，包含矿山地质构造特点、不同矿种开采工艺及其对应的风险点分析，让矿山工作人员清楚了解所处工作环境的潜在危险。着重讲解各类矿山事故发生的原因、预兆以及预防措施，像煤气积聚达到一定浓度、煤壁出现渗水等现象往往就是事故发生的前兆，提前识别并采取相应防范手段能有效降低事故发生率。矿山事故发生后的应急处置技能培训同样细致入微，涉及井下被困人员的自救互救方法，如正确使用自救器、寻找安全避险空间等待救援等；地面救援队伍如何快速组织下井开展救援工作，包括选择合适的救援通道、携带必备的救援设备以及与井下被困人员保持有效的通信联络等；还有在事故发生后如何对矿山通风、排水、供电等关键系统进行紧急修复和调控以保障救援工作顺利进行等内容。这些培训资源通过线上矿山应急学习平台发布，供矿山的一线矿工、安全技术人员、救护队队员等群体随时学习，并且设置了在线答疑、定期考核等机制，督促大家扎实掌握相关知识和技能。

虚拟演练方面，利用虚拟现实和增强现实技术构建出逼真的矿山事故虚拟场景。模拟诸如深部矿井因瓦斯突出引发爆炸，巷道被炸毁、通风系统遭到破坏、大量烟尘弥漫且存在二次爆炸风险的场景；或是因地质构造变化导致透水事故发生，井下水位迅速上升，矿工被困在高处等待救援的危急情况；抑或是顶板岩石破碎出现冒顶片帮，作业面被掩埋，人员被埋压的危险状况；等等。关于参与演练的各方人员，井下矿工要第一时间按照自救互救方法采取行动，保障自身安全并发出求救信号；矿山救护队须迅速集结，携带专业的生命探测仪、破拆工具、排水设备等救援装备，通过安全的救援通道下井，依据不同事故场景展开针对性的救援行动，如搜索被困人员、清理巷道障碍物、排水抢险等；地面指挥中心要实时掌握井下情况，协调各方资源，包括调度医疗队伍做好伤员救治准备、通知后勤保障部门确保救援物资供应等，同时要根据井下反馈的信息及时调整救援方案。演练结束后，依据系统记录的诸如救援队伍行动轨迹、救援设备使用情况、被困人员解救时间以及整体救援流程的顺畅性等数据进行深入复盘，总结经验教训，不断优化矿山事故应急处置流程。通过持续开展这样的虚拟演练与数字化培训相结合的活动，在实际发生的矿山事故中，相关应急力量展现出了较高的应急水平。例如，在一次小型冒顶片帮事故中，井下矿工迅速躲入安全地带并及时发出求救信号，矿山救护队接到通知后快速响应，凭借熟练的技能和以往演练积累的经验，准确判断出事故地点和被困人员大致位置，携带合适的救援工具迅速下井展开救援，在较短时间内成功解救出了被困矿工，同时保障了井下其他区域的安全，避免了事故影响进一步扩大，为矿山的安全生产和矿工的生命安全筑牢了坚实的保障。

在铁路交通应急方面，铁路部门积极引入虚拟演练与数字化培训相结合的模式，以应对可能出现的各类突发状况，保障铁路运输的安全与顺畅。在数字化培训方面，内容涵盖了铁路系统的方方面面。从铁路基础设施的构造与原理开始，详细介绍铁轨、桥梁、隧道、信号系统等关键部分的特点以及它们正常运行的机制，让相关工作人员清楚知晓各部分的重要性及潜在故障风险点。针对不同类型的铁路交通事故，如列车脱轨、碰撞、火灾等，有专门的课程讲解其发生原因，像恶劣天气影响轨道状况、设备老化失修、人为操作失误等都可能引发这些事故。同时，重点传授对应的应急处置知识，包括列车司机在突发情况下如何第一时间采取紧急制动、联系调度室汇报情况；车站工作人员怎样迅速组织乘客疏散、安抚群众情绪；救援队伍如何快速抵达现场，运用专业的起复设备对脱轨列车进行复位、使用合适的灭火器材扑灭列车火灾等操作技能。而且，还通过线上平台提供大量真实案例分析，结合动画演示、视频讲解等多种形式，让参与培训的铁路职工、乘务人员、救援人员等能更直观地理解并掌握这些知识要点，并且设置定期的线上考核，督促大家巩固学习成果。虚拟演练则构建了高度逼真的铁路交通应急场景。模拟诸如在山区铁路段，因暴雨引发山体滑坡冲毁铁轨，导致列车被迫紧急停车，部分车厢脱轨且有乘客受伤的复杂场景；或是在繁忙的铁路枢纽，由于信号系统故障，多趟列车面临碰撞风险，车站需紧急调度指挥避免事故发生的危急状况；抑或是列车在运行途中突发火灾，火势顺着车厢迅速蔓延，乘客陷入恐慌的紧急场景；等等。关于参与演练的各方主体，列车乘务组要立即启动应急预案，通过广播引导乘客保持冷静，指导他们采取正确的避险措施，同时组织部分乘务人员对受伤乘客进行简单的急救处理；车站调度部门需迅速掌握情况，调整后续列车运行计划，协调各方资源，指挥救援队伍、医疗救护团队等尽快赶赴现场；救援队伍到达后，要根据现场实际情况，运用专业工具对脱轨列车进行起复作业，修复受损铁轨，清理障碍物，保障铁路尽快恢复通行；医疗救护团队则要在现场设立临时救治点，对受伤乘客进行分类救治，并及时转运重伤人员到附近医院。在整个演练过程中，系统会精准记录下各环节的关键数据，例如乘务组从发出警报到开始组织疏散的时间间隔、救援队伍抵达现场的用时、铁路修复的进度以及各部门之间信息沟通的频次和效率等，通过对这些数据的深度复盘分析，能精准发现演练中存在的问题，以便后续不断优化应急处置流程。

这种虚拟演练与数字化培训相结合的方式经过长期坚持运用，在实际发生的一些铁路交通小事故中，成效显著。比如，曾有一列火车在运行时因设备突发故障冒烟，司机迅速按照培训所学，果断采取紧急制动措施，并及时向调度室汇报情况。调度室接到消息后，立即启动应急响应机制，通知沿线车站做好相应准备，同时指挥距离最近的救援队伍赶赴现场。车站工作人员有序组织乘客疏散到安全地带，并安抚大家的情绪。救援队伍到达后，快速排查故障原因，及时排除了隐患，整个过程中各部门配合紧密、行动高效，避免了事故进一步扩大，保障了乘客的生命安全以及铁路运输的正常秩序，也为后续应对更复杂的铁路交通突发情况积累了宝贵的实战经验。

总之，虚拟演练与数字化培训的有机结合，正不断在各个应急管理领域发挥着强大的作用，通过全方位提升应急人员的专业素养、强化应急团队的协同作战能力以及优化整个应急管理体系的应对效能，为有效应对各类突发事件、保障人民群众的生命财产安全和社会稳定发展筑牢了坚实的基础，并且随着技术的不断进步和应用的持续拓展，其未来在应急管理工作中也必将展现出更大的价值。

3.2 应急响应与高效信息流

3.2.1 数字指挥系统与应急响应

（1）数字指挥系统的构成与功能

数字指挥系统作为现代应急管理中的核心枢纽，是一个集成了多种先进技术与功能模块，旨在实现高效、精准应急响应的综合性平台，其构成涵盖了多个关键部分，每个部分都发挥着不可或缺的作用。

首先，是信息采集模块。它犹如敏锐的触角，广泛收集来自不同源头的各类数据信息，包括但不限于气象数据（如实时的气温、降水量、风向、风速等，这些数据对于判断自然灾害的发展趋势至关重要）、地理信息数据（通过卫星遥感、GIS 获取的地形地貌、城市建筑布局、交通网络分布等情况，能够为救援力量的部署和行动路线规划提供直观依据）、现场实时图像与视频数据（借助无人机、监控摄像头等设备，实时传回突发事件现场的实际画面，帮助指挥人员直观了解灾害状况、人员被困位置以及救援进展等）以及各部门和各救援队伍反馈的工作动态信息（如物资储备情况、人员到位情况等）。例如，在地震发生后，分布在灾区的地震监测仪迅速将震级、震源深度等数据传输给数字指挥系统，同时，无人机飞到受灾区域上空，拍摄倒塌建筑、损坏道路以及群众聚集等待救援的画面，这些丰富的数据共同汇聚到系统中，为后续的指挥决策提供全面的信息基础。

其次，是数据处理与分析单元。这一单元运用大数据分析技术、人工智能算法等，对采集到的海量、异构数据进行清洗、整合以及深度挖掘，从中提取有价值的信息和规律。比如，通过分析历史同类灾害的数据以及当前实时获取的数据，预测灾害的发展态势，评估其可能造成的影响范围和破坏程度；利用人工智能图像识别技术，对现场传回的图像、视频进行分析，快速统计出被困人员数量、识别出危险区域等。以火灾救援为例，系统可以根据风向、火势蔓延速度以及周边建筑分布等因素，分析出火灾可能波及的区域，为提前疏散群众、调配灭火力量提供科学依据。

再者，是指挥调度模块。它扮演着"大脑中枢"的角色，负责根据数据分析的结果，对应急资源（人力、物力、财力等）进行合理调配，对各参与应急的部门、队伍下达明确的任务指令，并实时跟踪任务执行情况，协调各方行动。基于地理信息系统（GIS）的可视化界面，指挥人员可以清晰地看到各个救援队伍、应急物资储备点的位置，进而通过系统自动生成的最优调配方案，指挥距离事发地点最近的消防队伍、医疗救护队伍迅速赶赴现场，同时安排物资运输车辆将所需的灭火器材、急救药品等物资准确送达，并且在救援过程中，实时监控各队伍的行动进度，根据现场情况及时调整任务分工和资源分配，确保救援工作有条不紊地开展。

还有决策支持子系统。它依托丰富的数据资源和专业的分析模型，为指挥人员提供多种决策建议和预案参考。例如，在面对洪水灾害时，根据水位上涨速度、堤坝承受能力、下游人口密集区分布等因素，系统模拟不同的泄洪方案、人员转移方案等，分析每种方案实施后的效果，如对防洪设施的影响、受灾群众的安置难度以及经济损失预估等，辅助指挥人员权衡利弊，选择最优的决策方案，提高应急响应决策的科学性和合理性。

最后，是信息发布与共享平台。它确保了应急响应过程中各参与主体之间的信息畅通，能够及时将指挥中心的指令、灾害的最新情况、救援进展等信息准确地传达给相关部门、救援队伍以及社会公众。通过官方网站、移动应用程序、短信群发、社交媒体等多种渠道，向不同受众群体推送定制化的信息。比如，向受灾区域居民发送疏散通知、避险指南等信息，告知他们疏散路线、临时安置点位置；向参与救援的各专业队伍提供实时的任务更新、现场危险提示等内容，保障各方能够基于统一、准确的信息协同作战。

（2）数字指挥系统在应急响应各阶段的应用

在应急响应的不同阶段，数字指挥系统都发挥着至关重要的作用，从事件的预警监测到救援处置，再到后续的恢复重建，它贯穿始终，助力应急管理工作高效、有序地开展。

在预警监测阶段，数字指挥系统通过整合多源数据，实时监测可能引发突发事件的各类风险因素，提前发出预警信息，为应急准备争取时间。例如，系统接入气象部门的实时气象数据、地质部门的地壳活动监测数据以及水利部门的水位流量信息等，当监测到某地区连续多日暴雨、河流水位逼近警戒值，同时地质结构显示存在山体滑坡风险时，系统会立即发出洪涝灾害和山体滑坡的双重预警，提醒当地政府、相关部门以及居民做好防范准备，如提前组织人员对河道进行巡查加固、疏散处于山体滑坡危险区域的群众、准备好防汛和抢险救援物资等。

一旦突发事件发生，进入应急处置阶段，数字指挥系统迅速启动，全面协调各方力量开展救援工作。以地震救援为例，在地震发生后的短短几分钟内，系统根据地震监测数据确定震中位置、震级等基本信息，同时结合地理信息系统（GIS）中的城市建筑分布、人口密度数据以及现场无人机传回的图像，分析出受灾严重区域、可能的人员被困地点等。指挥人员依据系统提供的信息，快速调配消防、医疗、武警等多支救援队伍赶赴现场，调度大型救援设备、救灾物资等资源，并通过系统实时跟踪各队伍的行进路线、到达时间以及救援进展情况。在救援过程中，若发现某一区域被困人员较多、救援难度较大，指挥中心可通过系统及时调整救援策略，增派专业力量，协调周边地区的支援队伍和物资，确保救援工作的高效进行。

在恢复重建阶段，数字指挥系统同样有着重要应用。它可以收集、分析灾害对基础设施、经济产业、社会民生等方面造成的损失情况，为制定科学合理的重建规划提供数据支持。比如，通过对比灾前和灾后的地理信息数据、建筑结构数据以及企业生产经营数据等，准确评估受损的道路、桥梁、房屋数量以及企业停产停业的范围，结合当地的财政状况、资源承载能力等因素，协助政府部门确定重建的优先顺序、资金分配方案以及帮扶政策。同时，系统还能持续跟踪重建项目的进展情况，及时发现重建过程中存在的问题，如物资供应不足、施工进度滞后等，以便及时调整方案，保障恢复重建工作顺利完成。

（3）数字指挥系统应用的优势与案例分析

数字指挥系统在应急响应中的应用具有诸多显著优势，这些优势使其成为提升应急管理效率和效果的关键因素，并且通过众多实际案例，充分展现了其在应对各类突发事件中的巨大价值。

其优势之一在于提高应急响应速度。传统的应急指挥往往依赖人工收集信息、电话沟通协调等方式，信息传递效率低且容易出现延误、不准确等问题。而数字指挥系统能够实时采集、分析和传递信息，指挥人员可以在短时间内获取全面准确的灾害情况，迅速做出决策并下达指令，使得救援力量能够快速集结、物资能够及时调配。

增强应急协同性也是重要优势之一。数字指挥系统打破了部门之间的信息壁垒，将不同领域、不同部门的应急资源和力量整合在同一平台上，实现了信息共享和协同作战。例如，四川凉山州森林火灾频发，在某次大型森林火灾中，数字指挥系统发挥了关键作用。信息采集模块借助无人机等设备和地面监测站，实时收集火场火势、风向、地形等信息。数据处理与分析单元对这些数据进行分析，预测火势蔓延方向和速度。指挥调度模块依据分析结果，精准调度消防队伍、直升机等救援力量。在救援过程中，通过数字指挥系统及时协调各救援队伍行动，实现空地协同作战。同时，决策支持子系统提供多种灭火方案并模拟效果，辅助指挥人员决策。在应对大型火灾救援时，消防、医疗、交通、环保等多个部门都接入数字指挥系统，消防队伍的灭火行动、医疗队伍的伤员救治转运、交通部门的道路管制疏导以及环保部门的环境监测评估等工作都能依据系统提供的实时信息有序开展，各方之间实时沟通、紧密配合，形成了强大的应急合力，避免了因信息不畅、协调不力导致的救援混乱局面，大大提高了整体救援效率。

数字指挥系统还能够提升应急决策的科学性。它基于大数据分析和专业的决策支持模型，能够对突发事件的发展趋势进行准确预测，模拟不同决策方案的实施效果，为指挥人员提供科学合理的决策依据。比如，在应对洪水灾害时，系统根据历史洪水数据、实时的降水量和水位信息以及流域地形地貌等因素，模拟不同泄洪方案下的洪水淹没范围、对周边村庄和城镇的影响程度等，指挥人员据此选择最优的泄洪策略，既能有效减轻洪水对防洪堤坝的压力，又能最大限度减少对下游居民生命财产的影响，避免了盲目决策带来的次生灾害风险。

以某市应对台风灾害的案例为例，在台风来临前，数字指挥系统整合了气象部门的台风路径预测、强度变化数据，海洋部门的海浪、潮汐监测信息以及沿海地区的人口分布、基础设施情况等多方面数据，提前发出预警信息，并指导各部门做好防范准备，如组织渔民回港避风、加固沿海防护堤、疏散沿海低洼地区群众等。在台风登陆过程中，系统实时监控各地的受灾情况，通过指挥调度模块调配救援队伍、救灾物资到受灾严重的区域，协调电力、通信等部门及时抢修受损的基础设施，保障抢险救灾工作顺利进行。在台风过后的恢复重建阶段，数字指挥系统又协助政府部门对农业、渔业、旅游业等受灾产业进行损失评估，制定针对性的扶持政策，合理安排重建资金和项目，使得该市在较短时间内恢复了正常的生产生活秩序，受灾损失也得到了有效控制。

再如，某山区发生山体滑坡灾害后，数字指挥系统迅速启动，利用无人机获取的现场图像、地质部门提供的山体地质结构数据以及周边村落的人口分布信息，准确判断出滑坡的影响范围、被困人员的大致位置以及可能存在的二次滑坡风险区域。指挥中心通过系统调度武警部队、专业地质救援队伍赶赴现场开展救援工作，同时安排医疗队伍在安全区域设置临时救治点，安排交通运输部门对通往灾区的道路进行紧急抢修，保障救援通道畅通。在整个应急响应过程中，各方依据数字指挥系统提供的信息协同配合，成功解救出了大部分被困人员，有效降低了灾害造成的损失，充分体现了数字指挥系统在应急响应中的重要作用。

3.2.2 灾情信息分析与即时决策

（1）灾情信息的多元来源与收集方式

在应急响应过程中，全面、准确的灾情信息是做出即时决策的基础，这些信息来源广泛，涵盖了多个渠道，并且通过多样化的收集方式汇聚到应急指挥中心，为后续的分析和决策提供支撑。

首先，各类监测设备是获取灾情信息的重要源头之一。气象监测站分布在不同区域，实时收集气温、降水量、风向、风速、气压等气象数据，这些数据对于判断自然灾害（如暴雨引发的洪涝、台风、寒潮等）的发生、发展以及影响范围有着关键作用。例如，在洪水预警方面，通过连续监测降水量以及河流水位变化情况，当降水量超过一定阈值且水位持续上升时，就能提前预判洪水灾害的可能性。地质监测仪器（如图 3-4）可以监测地壳活动，包括地震波的变化、山体的微小位移等，为地震、山体滑坡、泥石流等地质灾害的预测和评估提供依据。此外，环境监测传感器在一些重点区域（如化工园区、水源地等）能够实时检测空气质量、水

图 3-4　地质监测仪器

质情况、危险化学品浓度等信息，一旦出现异常，有助于及时发现潜在的事故隐患。

其次，现场人员的反馈也是不可或缺的信息来源。一线救援人员、基层社区工作人员以及受灾群众等身处灾害现场，他们能够直观地观察到灾害的实际情况，如建筑物的损坏程度、道路的通行状况、人员的伤亡情况以及受灾群众的紧急需求等。救援人员在开展救援工作的过程中，可以通过对讲机、移动终端等设备将现场所见所闻及时汇报给指挥中心，比如消防队员在火灾现场可以报告火势大小、蔓延方向、被困人员位置等关键信息；社区工作人员在组织群众疏散后，向指挥中心反馈疏散的人数、是否存在特殊困难群体以及临时安置点的相关情况等。受灾群众也可以通过拨打应急救援电话、利用社交媒体发布信息等方式，将自己所了解的情况传达出去，虽然这些信息可能相对零散，但经过整合分析后，也能为全面掌握灾情提供重要补充。

再者，卫星遥感与航空监测手段发挥着独特的优势。卫星遥感技术能够覆盖大面积的区域，不受地面地形、交通等条件限制，快速获取受灾地区的宏观图像信息，包括土地覆盖变化、洪水淹没范围、森林火灾过火面积等情况。例如，在发生大面积森林火灾时，卫星可以实时监测到火灾的大致范围、烟雾扩散方向等，为指挥人员制定灭火策略、调配灭火力量提供全局视角。航空监测则借助无人机、有人驾驶飞机等飞行器，对特定区域进行近距离、高分辨率的图像拍摄和数据采集，能够更清晰地呈现出灾害现场的细节，如建筑物的具体倒塌情况、道路的阻断位置以及人员的具体被困位置等，为救援行动的精准实施提供有力支持。

另外，还有来自各部门、各行业的数据共享与协同。交通部门提供交通路况信息，包括道路是否畅通、哪些路段因灾害受损以及公共交通的运营情况等，这对于救援队伍的快速行进、物资的运输调配至关重要；电力部门反馈电网运行状况，如哪些区域停电、电力设施是否受损等信息，有助于安排电力抢修工作，保障应急救援和受灾群众生活的基本用电需求；医疗部门汇总各医疗机构的接诊情况、伤病员数量、医疗物资储备情况等数据，方便指挥中心根据实际需求调配医疗资源，做好伤病员的救治工作。通过建立跨部门的数据共享机制，这些不同来源的数据能够汇聚到一起，形成全面反映灾情的信息集合。

为了确保这些多元的灾情信息能够及时、准确地收集起来，采用了多种收集方式。一方面，通过有线网络、无线网络（如 4G、5G 等）等通信技术，将各类监测设备、现场人员的

移动终端等与应急指挥中心的信息系统相连，实现数据的实时传输。例如，安装在城市各个角落的智能监控摄像头，通过网络将拍摄到的画面不间断地传输到指挥中心，便于及时发现异常情况。另一方面，建立了标准化的数据报送制度，要求各部门、各基层单位按照规定的格式、时间节点等要求，将收集到的灾情信息整理上报，确保信息的规范性和完整性，便于指挥中心进行统一的分析处理。

（2）灾情信息的分析方法与关键要点

收集到的灾情信息往往具有海量、复杂、异构等特点，只有运用科学合理的分析方法，抓住关键要点，才能从中提取出有价值的内容，为即时决策提供有力依据。

大数据分析技术在灾情信息分析中扮演着重要角色。大数据分析技术通过对海量的历史灾情数据以及当前实时收集到的各类数据进行整合、挖掘和分析，可以发现其中蕴含的规律和模式。例如，分析过去多年同一地区不同季节的气象数据与洪涝灾害发生之间的关联，建立起基于气象因素的洪涝灾害预测模型，当实时监测到相似的气象条件时，就能提前预测洪涝灾害的发生概率和大致范围。同时，利用大数据的聚类分析、关联分析等方法，还可以找出不同因素之间的相互关系，比如分析地震强度、震源深度与周边建筑物损坏程度之间的联系，为评估灾害损失、确定救援重点区域提供参考依据。

地理信息系统（GIS）分析是另一个关键方法。GIS分析将各类灾情信息与地理空间数据相结合，通过可视化的地图展示和空间分析功能，直观呈现灾害的空间分布特征以及与周边环境的相互关系。例如，在绘制洪水淹没范围图时，将水位监测数据与地形地貌、城市建筑布局等地理信息叠加，清晰地显示出哪些区域已被洪水淹没、哪些区域处于危险边缘以及哪些是安全地带，方便指挥人员确定人员疏散方向、设置临时安置点以及规划救援路线。对于地震灾害，利用GIS分析可以展示出震中位置、地震强度的分布情况，结合人口密度数据，快速找出受灾最严重、人员伤亡风险最高的区域，指导救援力量优先投入这些重点区域开展救援工作。

此外，情景模拟分析也是常用的手段之一。情景模拟分析根据已掌握的灾情信息以及对灾害发展趋势的预测，构建不同的灾害情景模型，模拟在各种可能情况下灾害的演变过程以及相应的应对措施实施后的效果。比如，在应对化工品泄漏事故时，模拟不同风向、不同泄漏量、不同处置措施下危险化学品的扩散范围、对周边环境和人员的危害程度等情况，通过对比分析不同情景的模拟结果，评估现有应急方案的可行性，找出最优的应对策略，提前做好应对准备，避免在实际救援过程中出现盲目行动导致的次生灾害。

在进行灾情信息分析时，关键要点之一是要注重信息的时效性和准确性。灾情是动态变化的，尤其是在突发事件发生后的初期，信息更新速度很快，只有及时获取最新的信息并进行分析，才能做出符合实际情况的决策。例如，在火灾救援中，火势的蔓延速度、风向等因素随时会改变，需要实时收集这些信息并重新分析，调整救援策略。同时，信息的准确性至关重要，错误或不准确的信息可能导致决策失误，因此要对收集到的信息进行多源验证和甄别，剔除虚假、误导性信息，确保分析所依据的数据真实可靠。

另一个关键要点是要综合考虑多方面因素，避免片面分析。灾情往往涉及多个领域、多个层面，不仅要关注灾害本身的物理破坏情况，如建筑物倒塌数量、道路损毁长度等，还要考虑到对社会民生的影响，像受灾群众的基本生活保障（食物、饮用水、住所等是否充足）、心理状态（是否存在恐慌情绪、是否需要心理疏导等），以及对经济产业的冲击（企业停产停业情况、农业受灾面积等）。只有全面综合地分析这些因素，才能制定出科学合理、切实可行的应急决策。

最后，要关注灾害的发展趋势预测。通过对现有灾情信息以及历史数据的分析，运用专业的预测模型和算法，判断灾害是处于加剧、缓解还是趋于稳定的阶段，预测其后续可能的变化情况，为提前部署下一步的应急行动提供依据。

例如，在台风灾害中，根据台风的实时路径、强度变化以及周边环境因素，预测其后续登陆地点、登陆时的强度以及可能带来的风雨影响范围等情况。若预测台风强度会进一步增强且即将登陆人口密集的沿海地区，那就需要提前加大疏散群众的力度，增派救援力量到可能受灾严重的区域，加强对重要基础设施（如港口、变电站、通信基站等）的防护等，以便更从容地应对即将到来的严峻形势，最大程度减少灾害损失。

（3）基于灾情信息分析的即时决策流程与策略

在获取并分析了全面准确的灾情信息后，如何依据这些信息迅速做出合理有效的即时决策，成为应急响应中的关键环节，这涉及一套严谨且高效的决策流程（如图 3-5）以及灵活多样的决策策略。

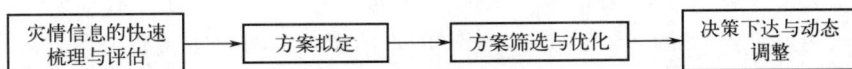

图 3-5 决策流程

即时决策流程通常从对灾情信息的快速梳理与评估开始。指挥中心在接收到来自各个渠道的灾情数据后，会安排专业人员迅速对信息进行分类整理，甄别出关键信息，例如在地震灾害发生后，明确震级、震源深度、受灾最严重的区域、有无重大人员伤亡以及交通、通信、电力等基础设施受损情况等核心内容。然后，运用已有的分析方法和模型，结合经验判断，对灾情的整体态势进行评估，确定灾害当前所处的阶段，是处于初期爆发、发展蔓延还是趋于稳定等，这一评估将为后续决策提供基础框架。

接着，进行方案拟定。根据灾情评估结果，调动相关领域的专家团队以及参考过往类似灾害的应对经验，迅速制定出多个可供选择的应急方案。比如在应对洪水灾害时，如果评估显示水位上涨迅速且有漫堤风险，那么可能拟定的方案包括开闸泄洪、加固堤坝、紧急疏散下游群众等不同举措，同时要考虑到每个方案实施所需的资源、时间成本以及可能带来的各种影响，如泄洪可能对周边农田、村庄造成水淹影响，加固堤坝需要调配大量的人力和物资等情况，都要详细分析并在方案中体现出来。

之后便是方案筛选与优化阶段。通过对各个拟定方案进行综合对比，对救援效果、资源可获取性、对社会稳定性的影响、次生灾害风险等多方面因素权衡利弊，选择出相对最优的方案。这一过程可能会借助决策支持系统，利用其内置的算法和模拟功能，模拟每个方案实施后的效果，辅助指挥人员做出更科学合理的选择。例如在化工品泄漏事故中，对比不同堵漏、稀释、转移泄漏物等方案在控制泄漏范围、减少环境污染、保障救援人员安全等方面的表现，筛选出既能快速控制事故发展又能最大程度降低负面影响的方案，并根据实际情况对其进一步优化，比如调整救援力量的投入数量、物资调配的顺序等细节内容。

最后是决策下达与动态调整阶段。一旦确定了最终方案，指挥中心会迅速通过各种通信渠道（如应急指挥平台、对讲机、短信群发等）将决策指令下达给各个相关的执行部门和救援队伍，明确各主体的任务分工、行动时间节点以及资源调配要求等关键内容。但由于灾情处于动态变化之中，在执行决策的过程中，需要持续跟踪监测灾情的新变化，如火灾救援中突然出现风向改变、救援通道受阻等情况，或者洪水灾害中发现新的管涌、溃堤风险等，这时就要根据新获取的信息及时对决策进行动态调整，重新评估方案的可行性，必要时更换方案或对现有方案的部分内容进行修改完善，确保应急行动始终能够适应实际灾情的发展。

在即时决策策略方面，要遵循灵活性与适应性相结合的原则。不同的灾害场景千差万别，即使是同一类型的灾害，在不同地区、不同环境下也会呈现出不同的特点，因此，决策不能僵化死板，要根据实际灾情及时灵活调整。例如，在山区森林火灾救援中，若遇到复杂的地形和多变的风向，原本计划的常规灭火路线和扑火方式可能就需要改变，要根据火势蔓延方向、周边可利用的隔离带以及天然水源等实际情况，灵活调整灭火策略，采取开辟新的隔离带、利用直升机洒水灭火等更具适应性的方法。

同时，要注重资源整合与优化配置策略。应急资源在任何时候都是有限的，需要根据灾情的轻重缓急以及不同区域的需求情况，对人力、物力、财力等资源进行合理整合与优化配置。比如在应对跨区域的地震灾害时，要统筹协调周边地区乃至全国的救援队伍、救灾物资等资源，按照受灾程度不同，优先保障重灾区的资源需求，合理分配医疗队伍、帐篷、食品、工程机械等资源，避免出现有的地方资源闲置浪费，而有的地方资源匮乏的情况，确保资源能够发挥最大的效益，助力救援工作高效开展。

另外，还需采取风险防控与多目标权衡策略。在做出决策时，不仅要考虑当下如何尽快控制灾情、解救被困人员等直接目标，还要充分考量可能引发的次生灾害风险以及对社会、经济、环境等多方面造成的长期影响，进行多目标的权衡。例如在处置危险化学品泄漏事故中，既要尽快堵住泄漏源、清理泄漏物以降低对现场的污染和危害，又要提前防范因处置不当可能引发的爆炸、火灾等次生灾害风险，同时还要考虑对周边生态环境的长期破坏程度以及对当地居民生活和产业发展的后续影响等，通过科学的风险评估和多目标权衡，可制定出综合效益最优的决策方案，保障应急响应工作的全面性和可持续性。

通过这样一套完整的即时决策流程以及灵活多样的决策策略，能够在面对复杂多变的灾情时，迅速且有效地做出决策，指导应急行动顺利开展，最大程度地保障人民群众的生命财产安全，减少灾害带来的损失和负面影响。

3.2.3 应急通信与信息管理的智能化

（1）应急通信智能化的技术与应用场景

随着科技的飞速发展，应急通信领域正朝着智能化方向大步迈进，一系列先进的技术应运而生，并在不同的应急场景中发挥着至关重要的作用，极大地提升了应急通信的效率和可靠性。

首先，5G技术的应用为应急通信带来了高速率、低延迟、大容量的优势。在突发事件现场，5G网络能够支持大量设备同时接入，无论是现场救援人员的智能手机、平板电脑、智能穿戴设备，还是无人机、机器人等智能装备，都可以快速稳定地与指挥中心进行数据传输。例如，在大型火灾救援现场，消防员佩戴的具有5G功能的智能头盔，能够实时将现场的画面、声音以及消防员的个人数据（如心率、血压、血氧饱和度等）传输回指挥中心，指挥人员可以借此全方位了解现场情况，及时发现消防员面临的危险，给予准确的指挥指令，同时也能根据现场火势等实际情况，调整救援策略。而且，5G 网络可以保障高清视频通话的流畅性，方便现场不同救援队伍之间以及与指挥中心进行实时沟通协作，避免因通信不畅导致救援延误。

物联网技术同样是应急通信智能化的关键支撑。通过在应急物资、救援设备以及基础设施等物体上安装传感器，可实现物与物、人与物之间的互联互通，构建起一个庞大的应急物联网。例如，在应急物资仓库中，每个物资存放货架都安装有物联网传感器，能够实时监测物资的数量、出入库情况以及存储环境的温度、湿度等参数，当某种救灾物资库存低于设定阈值时，系统会自动发出补货提醒，确保应急物资的充足供应。在救援设备方面，像消防车、救护车等车辆上安装的物联网设备，可以实时反馈车辆的位置、行驶速度、设备运行状态等信息，指挥中心根据这些信息能够精准调度车辆，提高救援资源的调配效率。对于基础设施，如桥梁、隧道、堤坝等，物联网传感器可以监测其结构安全状况，一旦检测到异常变形、裂缝扩展等情况，及时发出预警信息，为提前采取防护措施争取时间。

人工智能技术在应急通信智能化中也有着广泛应用。语音识别技术可以将现场救援人员通过对讲机、电话等设备传达的语音信息快速准确地转换成文字内容，方便指挥中心进行信息记录和分析，避免因口音、环境噪声等因素造成信息误解。例如，在地震救援中，来自不同地区的救援人员反馈现场情况时，语音识别系统能够准确识别他们的话语，将关键信息提取出来呈现在指挥中心的信息平台上。智能客服机器人可以部署在应急呼叫中心，自动接听公众打来的咨询、求救电话，根据预设的问答知识库，快速准确地回答常见问题，如灾害避险方法、救援进展情况等，缓解人工座席的压力，同时也能确保在应急期间公众的咨询能够得到及时回应。此外，人工智能还能通过对通信数据的分析，预测通信网络的负载情况，提前进行资源优化配置，保障在应急状态下通信网络的稳定运行。

卫星通信技术则在地面通信网络受损或覆盖不足的情况下发挥着无可替代的作用。在偏远山区、海洋等地域发生突发事件时，地面基站可能无法覆盖到这些区域，或者因灾害导致地面通信设施遭到破坏，卫星通信可以确保信息的传递。例如，在海上发生船舶遇险事故时，船上的卫星通信设备能够迅速将求救信号、船舶位置以及船上的基本情况发送给海上救援中心，救援中心据此组织力量开展救援工作。同时，卫星通信还可以为应急指挥车辆、临时搭建的救援营地等提供临时的网络接入服务，保障通信的连续性，使得应急管理工作能够不受地域限制顺利开展。

这些智能化的应急通信技术在众多应急场景中都展现出了巨大的应用价值。在自然灾害救援方面，无论是地震、洪水、台风还是森林火灾等灾害发生时，它们都能保障现场与指挥中心、各救援队伍之间的信息畅通，助力救援工作高效有序进行。在事故灾难救援中，如化工品泄漏、矿山事故、交通事故等场景下，智能化应急通信能够及时传递事故的关键信息，协调各方力量开展抢险、疏散、救治等工作。在公共卫生事件应对中，同样可以通过智能通信实现疫情信息的快速收集、传递以及防控措施的远程指挥调度，确保疫情防控工作的及时性和准确性。

（2）信息管理智能化的实现路径与功能体现

信息管理智能化是应急管理领域的又一重要发展方向，它通过整合多种技术手段和创新管理模式，实现了对应急信息的高效收集、精准分析、安全存储以及便捷共享等功能，为应急响应与恢复工作提供了有力支撑。信息管理智能化的实现路径如图 3-6 所示。

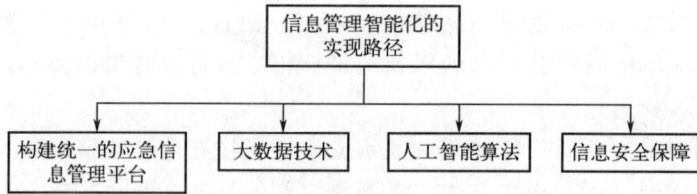

图 3-6　信息管理智能化的实现路径

　　实现信息管理智能化的首要路径是构建统一的应急信息管理平台。这个平台整合了来自不同部门、不同渠道的各类应急信息，包括前面提到的灾情信息（气象、地理、现场情况等数据）、应急资源信息（救援队伍、物资储备、设备状态等信息）以及决策指令、工作进展等信息，打破了传统的信息孤岛现象，将分散的数据汇聚到一个系统中，便于进行统一管理和综合利用。例如，在城市应急管理中，公安部门的人口信息、交通部门的路况信息、卫生健康部门的医疗资源信息等都能接入这个统一平台，当发生突发事件时，指挥人员可以在平台上一站式获取所需的全部信息，无须再分别向各个部门索要，大大提高了信息获取的效率。

　　大数据技术在信息管理智能化中扮演着核心角色。通过运用大数据的采集、存储、分析等功能，可对应急信息进行深度挖掘和关联分析，从中发现有价值的规律和趋势。比如，分析不同季节、不同地区各类灾害发生的频率、影响因素以及与人口分布、经济发展水平之间的关系，为制定科学合理的应急预案、进行风险预测和资源配置提供数据依据。同时，利用大数据技术可以对海量的应急信息进行分类整理，根据信息的重要性、时效性、关联性等特征进行标记和排序，方便指挥人员快速定位到关键信息，提高决策效率。例如，在火灾救援中，将现场火势发展情况、周边建筑物信息、消防设备可用情况等按照关联程度进行排序展示，指挥人员一眼就能看到最需要关注的重点内容，进而做出准确的决策。

　　人工智能算法进一步助力信息管理智能化，实现信息的自动分类、摘要提取以及智能推荐等功能。在信息收集阶段，人工智能可以根据预设的规则和模型，自动对不同格式、不同来源的信息进行分类，将气象数据归为一类、现场救援反馈归为一类等，便于后续的查询和使用。同时，能够从长篇的文字信息（如现场报告、专家分析等）中提取出关键摘要内容，节省指挥人员阅读时间，快速了解核心要点。例如，当收到一份详细的洪水灾情现场报告时，人工智能系统可以迅速提炼出水位变化、受灾区域范围、人员疏散情况等关键信息。此外，基于用户的使用习惯、当前的应急任务等，人工智能还能为指挥人员智能推荐相关的信息和决策参考案例，帮助他们拓宽思路，做出更科学合理的决策。

　　信息安全保障也是信息管理智能化不可或缺的一部分。运用加密技术对敏感的应急信息（如涉及国家安全、个人隐私、企业商业机密等内容）进行加密处理，可确保信息在存储和传输过程中的保密性。同时，设置严格的访问权限控制机制，根据不同用户的角色、职责，赋予相应的信息访问权限，防止信息泄露和非法访问。例如，只有经过授权的指挥人员才能查看和修改应急决策指令等重要信息，而普通救援人员只能获取与自身工作相关的任务信息，这种权限管理，保障了应急信息的安全性和完整性。

　　信息管理智能化的功能体现在多个方面。在信息收集上，实现了自动化和全面化，能够实时、持续地从各种源头收集应急信息，确保信息的及时性和完整性。在信息分析方面，提供了深度和精准度，帮助指挥人员挖掘出隐藏在数据背后的有价值内容，为决策提供有力支持。在信息存储上，保证了安全性和高效性，既保护了信息不被泄露，又能方便快捷地进行存储和检索。在信息共享环节，打破了部门和地域限制，使得不同参与主体（如各级政府部门、救援队伍、科研机构、社会公众等）都能根据自身需求获取到相应的信息，促进了应急协同工作的开展，提升了整体应急响应与恢复的效率。

（3）智能化带来的应急管理效能提升及发展趋势

应急通信与信息管理的智能化发展（如图 3-7），为应急管理效能带来了全方位的显著提升，同时也展现出了极具潜力的未来发展趋势，持续推动着应急管理工作朝着更加科学、高效、智能的方向迈进。

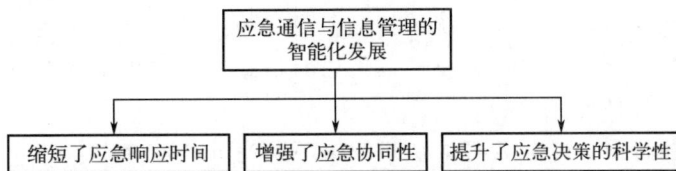

图 3-7　应急通信与信息管理的智能化发展

从应急管理效能提升的角度来看，智能化首先极大地缩短了应急响应时间。在传统应急管理模式下，信息传递缓慢、不准确以及协调沟通不畅等问题常常导致救援力量集结和物资调配延迟。而智能化的应急通信与信息管理能够实现信息的实时、快速传递，指挥中心可以迅速掌握灾情信息，精准调度救援资源，各救援队伍也能及时获取任务指令并协同行动。例如，在城市内涝抢险中，通过智能化的信息管理平台，指挥中心在接到积水报警后，能立即通过应急通信系统通知附近的排水抢险队伍、交通管制部门以及医疗救护团队，同时根据实时路况信息和各队伍的位置，调配他们以最快的速度赶赴积水区域开展排水、疏导交通、救治伤员等工作，相较于以往，救援力量到达现场的时间大幅缩短，有效减小了内涝对城市交通和居民生活的影响。

智能化还增强了应急协同性。应急管理涉及多个部门、多个领域的协同合作，以往由于信息不对称、沟通渠道不畅等原因，各参与主体之间的协同效率较低。如今，智能化技术打破了这些壁垒，实现了信息共享和实时沟通，不同部门的救援队伍、工作人员可以基于统一的信息平台，清楚了解彼此的任务、进展以及灾情动态，从而更加紧密地配合开展工作。比如，在大型火灾救援中，消防、医疗、环保、交通等部门通过智能化应急通信系统实时共享火灾现场的火势、风向、空气质量、交通管制情况等信息，消防队伍负责灭火和搜救被困人员，医疗队伍根据现场伤员情况及时开展救治转运工作，环保部门监测火灾产生的污染物排放情况并采取相应措施，交通部门保障救援通道畅通，各方协同作战，形成了强大的应急合力，大大提高了整体救援效率。

再者，智能化提升了应急决策的科学性。通过对海量应急信息的智能分析、模拟预测以及智能推荐等功能，指挥人员能够获取更全面、准确的数据支持，对灾害的发展趋势、不同决策方案的实施效果等有更清晰的了解，从而做出更科学合理的决策。例如，在应对洪水灾害时，信息管理智能化系统可以根据实时的水位、降水量、地形地貌以及历史洪水数据等信息，模拟不同泄洪方案下的淹没范围、受灾人口数量、经济损失等情况，为指挥人员提供直观的对比分析，帮助他们选择最优的泄洪策略，避免盲目决策带来的次生灾害风险，最大限度减少洪水对人民群众生命财产的影响。

展望未来，应急通信与信息管理的智能化发展呈现出一些明显的趋势。一方面，技术融合将进一步深化，5G、物联网、人工智能、大数据、卫星通信等多种技术将更加紧密地结合在一起，形成一个功能更强大、协同更高效的智能化应急体系。例如，利用5G的高速率和低延迟特性，更好地实现物联网设备之间的实时数据交互，为人工智能的分析决策提供更及时准确的数据，同时借助卫星通信的广覆盖能力，拓展智能化应急体系的应用范围，使其能够覆盖到更偏远、复杂的地域。另一方面，智能化将向个性化和自适应方向发展。随着人工智能算法的不断优化，应急通信与信息管理系统将能够根据不同用户（如各级指挥人员、不同专业的救援人员、社会公众等）的需求特点、使用习惯以及所处的应急场景，提供个性化的信息服务和功能支持。同时，系统也将具备更强的自适应能力，能够根据灾情的动态变化、应急资源的调配情况等，自动调整通信策略、信息处理方式以及决策建议等内容，更好地适应复杂多变的应急环境。

此外，智能化还将推动应急管理的法规政策不断完善。随着应急通信与信息管理智能化应用的日益广泛，与之相关的数据安全、隐私保护、信息使用权限等问题愈发凸显，这就需要相应的法规政策来进行规范和约束。政府部门将制定更加细致、严格的法律法规，明确在智能化应急过程中，各类数据的收集、存储、使用以及共享的合法边界，保障公民、企业以及国家的合法权益。同时，对于利用智能化手段进行应急救援但出现失误或违规行为的责任认定等方面，也会出台明确的规定，确保智能化应急管理在法治的轨道上健康发展。

总之，应急通信与信息管理的智能化是一个持续演进、不断拓展应用边界的动态过程，它将从多个维度全面重塑应急管理工作，在提升应急管理效能、保障人民生命财产安全以及促进全球应急合作等方面持续发挥越来越重要的作用，成为未来应急管理体系不可或缺的核心支撑力量。

3.3 灾后恢复与重建

3.3.1 灾后评估与大数据分析

（1）灾后评估的重要性与内容

灾后评估是整个灾后恢复与重建工作的重要基础和依据，它对于全面、准确地了解灾害所造成的损失，科学合理地规划后续重建工作起着至关重要的作用（如图3-8）。

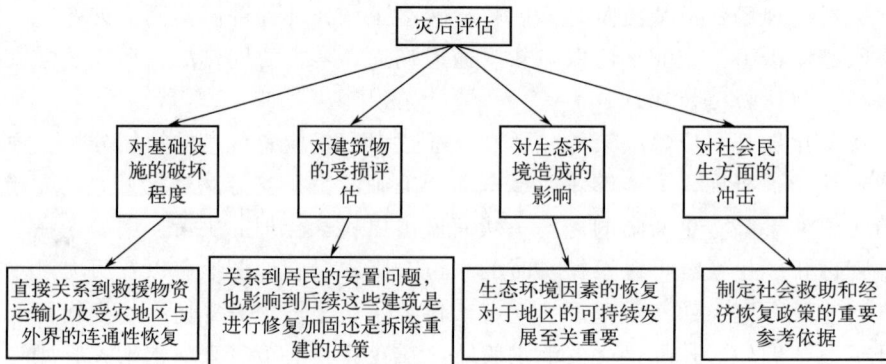

图 3-8　灾后评估内容

其重要性体现在多个方面。首先，通过灾后评估能够精准掌握灾害对基础设施的破坏程度，比如交通道路方面，评估哪些路段出现了断裂、塌陷，桥梁是否受损无法通行，以及铁路、航道等交通枢纽的运行状况如何，这直接关系到救援物资运输以及受灾地区与外界的连通性恢复。对于电力系统，要确定电网的受损范围，有多少电线杆倒塌、变电站是否遭到破坏，这些能够影响到居民生活用电和企业生产用电的恢复时间安排。还有通信设施，了解基站的损坏情况、通信线路的中断节点等，保障信息能够顺畅传递，便于救援和重建工作的指挥协调。

其次，对建筑物的受损评估同样关键。区分居民住宅、商业建筑、公共服务设施（如学校、医院、政府办公楼等）不同类型建筑的损坏情况，统计倒塌、严重损坏、轻度损坏的数量，这不仅关乎居民的安置问题，也影响到后续这些建筑是进行修复加固还是拆除重建的决策，以及公共服务功能何时能够重新恢复正常运转。

再者，评估灾害对生态环境造成的影响不容忽视。像是自然灾害中的森林火灾，要了解过火面积、森林植被的受损程度、对野生动植物栖息地的破坏情况等，以便制定相应的生态修复计划；洪水灾害后，需考察河流、湖泊等水体的水质变化、周边湿地的破坏状况以及土壤的污染程度等，这些生态环境因素的恢复对于地区的可持续发展至关重要。

另外，还要关注灾害对社会民生方面的冲击，包括人员伤亡数量、受灾群众的基本生活情况（如食物、饮用水、住所等是否短缺），以及受灾地区的就业情况、产业发展受影响程度等，这些都是制定社会救助和经济恢复政策的重要参考依据。

灾后评估涵盖的内容十分广泛，从物质层面到社会层面、从短期影响到长期影响都要进行详细考察。例如，在一次地震灾害过后，不仅要统计倒塌房屋的数量、受伤群众的救治需求，还要分析地震对当地旅游业、农业等产业的打击程度，以及可能引发的次生灾害隐患（如山体滑坡、形成堰塞湖等），须综合各方面因素，为后续的重建工作绘制出一幅全面的"画像"。

（2）大数据技术在灾后评估中的应用优势

大数据技术凭借其独特的优势，在灾后评估工作中发挥着越来越重要的作用，为更精准、高效地完成评估任务提供了有力支持（如图 3-9）。

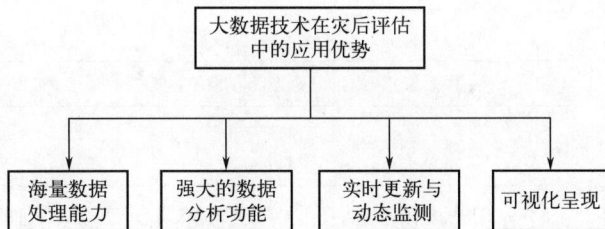

图 3-9 大数据技术在灾后评估中的应用优势

大数据技术的海量数据处理能力是其首要优势。在灾后，来自不同渠道的数据信息会如潮水般涌来，涵盖气象部门的灾害监测数据、地理信息系统（GIS）的地形地貌及建筑分布数据、各救援队伍和基层社区反馈的现场情况数据、卫星遥感获取的受灾区域宏观影像数据以及各类传感器收集的环境、设施状态数据等。大数据技术能够轻松整合这些海量且异构的数据，将它们汇聚到同一个数据平台上进行统一管理和分析，避免了传统数据处理方式下因数据量过大、来源复杂而导致的信息遗漏或处理不及时的问题。

其强大的数据分析功能也极具价值。通过运用数据挖掘、机器学习等算法，大数据技术可以从海量数据中发现隐藏的规律和关联。例如，分析历史上同类型灾害在相似地理环境、社会经济条件下对各类基础设施的破坏规律，结合当前实际受灾情况，更准确地预测受损建筑的修复难度、所需时间和成本；或者通过分析不同区域受灾群众的人口特征、受灾程度与心理状态之间的关系，为制定针对性的社会救助和心理援助方案提供依据。

大数据技术还具备实时更新与动态监测的优势。灾害发生后的情况是处于不断变化之中的，新的受损情况可能随时出现，次生灾害也有可能发生。大数据系统可以实时接收来自各方的最新数据，及时更新评估结果，实现对受灾区域的动态监测。比如，在洪水灾害期间，实时监测水位变化、堤坝的安全状况以及受灾群众的转移安置情况等，根据这些动态信息持续优化评估报告，使重建决策能够依据最新的实际情况做出调整，确保其科学性和合理性。

另外，可视化呈现是大数据技术助力灾后评估的又一亮点。可借助数据可视化技术，将复杂的数据分析结果以直观的图表、地图、热力图等形式展示出来。比如，通过地图形式直观标注出受灾区域内不同地段基础设施的损坏程度，用热力图展示人口受灾密度分布情况，让参与重建决策的政府部门、专家团队以及社会各界能够一目了然地了解灾情全貌，便于快速理解评估内容，提高沟通效率，进而更高效地推动重建工作开展。

（3）基于大数据分析的灾后评估流程与案例

基于大数据分析进行灾后评估有着一套严谨的流程，通过各个环节的有序开展，能够最大程度发挥大数据分析的优势，得出科学可靠的评估结果（如图3-10），下面详细介绍这一流程以及相关的实际案例。

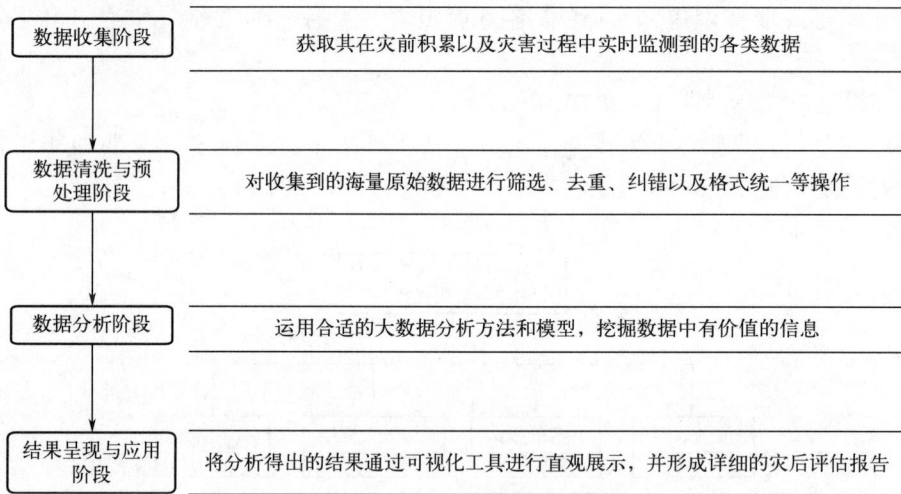

图3-10　大数据分析的灾后评估流程

首先是数据收集环节，在灾害发生后，迅速整合多源数据。一方面，启动与各相关部门（如气象、地质、交通、电力、民政等部门）的数据共享机制，获取其在灾前积累以及灾害过程中实时监测到的各类数据，像气象部门的降水量、风速、风向等数据，交通部门的道路阻断信息、车辆通行情况，电力部门的电网故障点和停电范围等。另一方面，利用现代信息技术手段主动采集数据，通过无人机对受灾区域进行高空拍摄，获取直观的影像资料；在重点区域（如危险建筑、受损桥梁附近等）部署传感器，实时收集环境变化、结构安全等数据；同时鼓励基层社区工作人员、志愿者以及受灾群众通过手机应用程序、网络平台等渠道反馈现场所见所闻，如房屋受损细节、人员伤亡情况、生活物资短缺情况等。

接着进入数据清洗与预处理阶段，对收集到的海量原始数据进行筛选、去重、纠错以及格式统一等操作。由于不同来源的数据可能存在格式不一致、重复记录或者包含错误信息等问题，例如有的传感器数据可能因受到干扰出现偏差，需要运用数据清洗算法去除这些无效或不准确的数据，将各类数据转化为可用于分析的标准格式，提高数据质量，为后续的深入分析奠定良好基础。

然后是数据分析阶段，运用合适的大数据分析方法和模型，挖掘数据中有价值的信息。例如，采用聚类分析方法，根据受灾区域内不同地点的灾害特征（如地震的烈度、洪水的淹没深度等）、基础设施受损类型和程度等因素进行聚类，划分不同受灾程度的区域；运用关联规则挖掘算法，找出基础设施损坏与社会经济指标（如地区生产总值、人口密度等）之间的关联，分析哪些区域因灾害可能面临更严重的经济和社会影响；通过时间序列分析，预测灾害后续可能引发的次生灾害发生概率以及灾情的变化趋势等，为制定防范措施提供参考。

最后是结果呈现与应用阶段，将分析得出的结果通过可视化工具进行直观展示，并形成详细的灾后评估报告，提供给政府决策部门、各专业重建团队以及相关社会机构等使用。例如，绘制出包含受灾区域受损建筑分布、交通瘫痪路段、受灾群众集中安置点等关键信息的地图，以图表形式呈现不同产业受灾损失占比情况、各类基础设施修复预计成本等内容，方便各方依据这些清晰的结果制定合理的重建规划和资源分配方案。

以 2019 年 8 月台风"利奇马"侵袭我国东部沿海多地灾后评估为例，浙江某县级市受灾严重，狂风暴雨致使大量房屋受损、农作物被淹、基础设施遭到破坏。当地迅速开展基于大数据分析的灾后评估。数据收集：多部门联动收集数据，气象部门提供台风路径、风力、降水量等实时数据；水利部门共享河流水位、水库蓄水量数据；交通部门反馈道路积水、桥梁受损信息；地质部门监测地质灾害隐患点情况；农业农村部门统计农作物受灾面积、农业设施损毁状况。同时利用无人机对全市进行航拍，获取受灾区域的影像资料，还通过市民上报平台收集大量来自基层的受灾信息，如房屋受损照片、道路通行状况描述等。数据清洗与预处理：专业团队对收集到的海量数据进行处理，去除重复、错误的数据，并进行格式统一。例如，部分因传感器故障产生的异常水位数据、表述模糊不清的市民上报信息被筛除。经过清洗和预处理，可确保数据的准确性和一致性，为后续分析提供可靠依据。数据分析：运用大数据分析技术，采用聚类分析方法，根据受灾特征和受损程度对不同区域进行分类，划分出重灾区、中灾区和轻灾区。经过关联分析发现，河流下游和地势低洼地区受灾严重，受灾程度与距离河流的远近、地势高低存在显著关联。通过时间序列分析，可预测出随着持续降雨，部分受损堤坝可能出现决口风险，部分山区有发生次生地质灾害的可能性。结果呈现与应用：通过可视化技术，将分析结果以直观易懂的形式呈现。制作受灾区域地图，用不同颜色标注受灾程度，清晰展示重灾区集中在河流沿岸和低洼地带；以图表形式呈现各行业受灾损失，如农业受灾面积达 3000 多公顷❶，直接经济损失超 5000 万元，工业企业因厂房

---

❶　1 公顷（hm^2）$= 10^4 m^2$。

进水、设备损坏等导致经济损失约 8000 万元。政府依据评估结果，优先调配资源对重灾区的堤坝进行加固，对受损道路和桥梁进行抢修；为农业提供专项补贴，帮助农民购买种子、化肥等生产资料，尽快恢复农业生产；对受灾企业实施税收减免、贷款优惠等政策，助力企业复工复产。在各方努力下，该市在较短时间内恢复了社会秩序和生产生活，受灾群众生活得到有效保障，经济逐步复苏。

3.3.2　个人心理援助与多元支持系统

（1）灾害对个人心理的影响及援助需求

灾害往往不仅给受灾地区带来物质层面的破坏，还会对人们的个人心理造成严重且深远的影响，这种影响涉及不同年龄、不同群体，凸显出个人心理援助的迫切需求。

对于受灾群众而言，经历灾害的直接冲击，如目睹房屋倒塌、亲人伤亡、财产损失等场景，极易产生恐惧、焦虑、悲伤、无助等强烈的负面情绪。特别是那些失去亲人和家园的人们，可能会陷入长期的哀伤和绝望之中，对未来生活感到迷茫，出现睡眠障碍、食欲不振等生理和心理反应，甚至可能引发创伤后应激障碍（PTSD）等严重的心理问题。儿童和青少年在面对灾害时，由于心理承受能力相对较弱，可能会出现退缩、注意力不集中、学习成绩下降等现象，影响其正常的身心发展和学业进程。

而救援人员同样面临心理压力，他们在抢险救灾过程中，长时间处于高强度、高风险的工作环境，目睹各种惨烈的灾害现场，心理上也会受到极大冲击。比如消防队员频繁面对被困人员的生死状况，医护人员要开展大量伤员的救治工作，这些都可能导致他们出现疲劳、焦虑、愧疚（若救援未能达到预期效果）等情绪问题，如果得不到及时疏导，会影响他们后续的工作状态以及身心健康。

社区作为受灾群众生活的基本单元，整体的社区凝聚力和居民之间的信任关系也会受到考验。灾害可能破坏原有的社区生活秩序，邻里之间的互帮互助氛围可能被紧张、恐慌情绪所笼罩，部分居民之间可能会因为资源分配（如救灾物资的发放）等问题产生矛盾和冲突，影响社区的和谐稳定，需要通过心理援助等方式来重新修复和增强社区的凝聚力。

从更广泛的社会层面来看，重大灾害还可能引发公众对整个社会安全性的担忧，降低对社会的安全感和信任感，对社会的稳定发展产生一定的消极影响。

因此，针对这些不同群体所面临的心理困境，建立完善的个人心理援助机制，提供专业、及时、持续的心理援助服务，是灾后恢复与重建工作中不可或缺的重要环节，有助于受灾群众尽快走出心理阴影，恢复正常生活，促进社会的和谐稳定和可持续发展。

（2）多元支持系统的构成与协作方式

为了有效应对灾后个人心理方面的诸多问题，需要构建一个多元支持系统，整合各方资源，发挥不同主体的优势，形成协同合作的良好局面，共同为受灾群众和相关群体提供全方位的心理支持。

专业心理服务机构在这个多元支持系统中扮演着核心角色，它们拥有专业的心理咨询师、心理治疗师团队，具备扎实的心理学专业知识和丰富的临床经验，能够为受灾群众提供一对一的心理咨询、心理治疗服务。例如，针对那些有创伤后应激障碍表现的受灾群众，心理治疗师可以运用认知行为疗法、眼动脱敏再加工疗法等专业技术，帮助他们处理创伤记忆，缓解焦虑、恐惧等负面情绪，逐步恢复正常的心理状态。专业心理服务机构还可以组织开展团体心理辅导活动，将有相似经历和心理困扰的受灾群众聚集在一起，通过分享感受、互相支持以及专业引导，增强他们应对心理创伤的能力，促进彼此的心理康复。

政府部门同样发挥着关键作用，其一是制定相关的政策法规，保障个人心理援助工作的有序开展，例如，规定心理援助服务的标准、规范资金投入和使用渠道等，确保心理援助工作有法可依、有章可循。其二是进行统筹协调，整合各方资源，将专业心理服务机构、志愿者组织、社区等不同主体的力量汇聚起来，合理分配心理援助资源，避免出现资源浪费或援助不到位的情况。同时，政府部门还负责对心理援助工作进行监督评估，定期检查各机构和组织的工作成效，及时发现问题并督促改进，保障心理援助质量。

志愿者组织是多元支持系统中的重要力量，它们能够迅速组织起大量热心公益、具备一定心理知识基础的志愿者，深入受灾社区，开展心理安抚、情绪疏导等基础性的心理服务工作。志愿者们通过与受灾群众面对面交流、倾听他们的心声、陪伴他们度过艰难时刻等方式，传递温暖和关怀，缓解受灾群众的负面情绪。虽然志愿者的专业水平可能相对有限，但他们人数众多、覆盖面广，可以对专业心理服务进行有益补充，在灾害发生后的初期阶段，发挥及时、广泛的心理安抚作用。

社区在多元支持系统中也有着独特的优势，它贴近受灾群众的生活，社区工作人员熟悉居民的情况，可以协助专业心理服务机构和志愿者组织开展工作，比如组织居民参加心理援助活动、提供受灾群众的基本信息和心理状况线索等，方便心理援助服务更加精准地对接需求。而且，社区自身可以通过组织各类社区文化活动、邻里互助活动等，营造积极向上的社区氛围，增强社区凝聚力，从心理层面帮助居民重建对生活的信心和归属感，促进整个社区的心理康复。

这些不同主体之间通过多种协作方式共同开展工作。一方面，建立信息共享平台，专业心理服务机构将服务对象的基本情况、心理评估结果等信息上传到平台，政府部门可以据此进行资源调配和监督管理，志愿者组织和社区也能了解哪些群众需要重点关注，从而有针对性地开展心理援助工作。另一方面，定期召开联席会议，各主体共同商讨心理援助工作中遇到的问题、分享经验、协调下一步的工作计划，确保心理援助工作的连贯性和协同性。例如，在某地震灾区，专业心理服务机构在为受灾群众提供心理治疗服务的过程中，发现部分社区受灾儿童心理问题较为突出，通过信息共享平台将这一情况反馈给政府部门和志愿者组织，政府部门协调各方资源，安排更多针对儿童的专业心理辅导活动，志愿者组织则组织志愿者深入社区，陪伴这些儿童开展趣味游戏、读书分享等活动，社区工作人员积极配合组织活动、宣传心理援助知识，通过这种多方协作的方式，有效缓解了受灾儿童的心理压力，促进了他们的心理健康成长。

（3）心理援助与多元支持的实践效果与案例

在众多灾后恢复与重建的实践中，个人心理援助与多元支持系统发挥了积极且显著的作用，切实帮助受灾群众及相关群体缓解了心理压力，恢复了心理健康，促进了受灾地区的社会稳定和和谐发展，以下内容为一些典型的实践效果与案例。

在某山区发生泥石流灾害后，当地迅速启动了多元支持系统开展个人心理援助工作。专业心理服务机构第一时间派出多支心理援助团队，深入受灾村庄，对受灾群众进行全面的心理评估，建立心理档案，针对不同程度心理创伤的群众制定个性化的心理干预方案。通过一对一心理咨询和团体心理辅导相结合的方式，帮助许多受灾群众正视灾难带来的创伤，逐渐走出悲伤、恐惧的情绪阴影。例如，一位失去亲人且家园被冲毁的村民，起初整天沉浸在痛苦之中，对生活失去了信心，经过专业心理咨询师多次耐心的疏导，运用合理情绪疗法帮助他调整认知，重新审视生活中的积极因素，慢慢地他开始恢复正常的生活状态，主动参与到村庄的重建工作中。

政府部门在此次心理援助工作中，不仅制定了详细的心理援助工作实施细则，规范了资金的拨付和使用流程，保障了心理援助工作的专业性和持续性，还通过信息共享平台及时掌握各村庄的心理援助需求情况，合理调配资源。根据评估结果，发现一些偏远小村庄的受灾群众心理援助相对薄弱，便协调专业心理服务机构增派志愿者，同时组织周边社区的志愿者队伍前往支援，确保心理援助服务覆盖到每一个角落。

志愿者组织积极响应号召，组织了大量志愿者参与到心理安抚工作中。这些志愿者们挨家挨户走访受灾群众，倾听他们的故事，给予情感上的支持，发放心理援助宣传手册，普及心理健康知识，提高了群众对心理问题的认知和重视程度。在志愿者们的陪伴和鼓励下，许多受灾群众尤其是老人和儿童，情绪得到了明显的舒缓，脸上逐渐露出了笑容，重新燃起了对生活的希望。

社区方面则通过组织一系列的社区重建活动，如共同清理泥石流灾害后的废墟、举办邻里互助的聚餐活动、开展民俗文化表演等，营造了温馨、积极向上的社区氛围，增强了社区居民之间的凝聚力和归属感。居民们在共同参与活动的过程中，相互支持、相互鼓励，心理创伤在这种和谐的社区环境中也得到了进一步的修复。

经过一段时间的努力，该山区受灾地区的个人心理状况得到了极大改善，受灾群众的心理健康水平明显提高，社区秩序恢复正常，邻里关系更加融洽，人们积极投入家园的重建工作中，整个地区呈现出积极向上的发展态势。

再比如，在一次城市内涝灾害后，虽然物质层面的损失在短期内通过救援和重建工作得到了一定程度的缓解，但不少受灾群众仍存心理焦虑情绪，担心内涝再次发生，对生活产生了诸多顾虑。多元支持系统随即发挥作用，专业心理服务机构在社区设立了多个心理援助站点，开展免费的心理测评和咨询服务，针对居民普遍担心的内涝问题，运用放松训练、正面引导等方法，帮助居民缓解焦虑情绪，树立正确的应对灾害观念。政府部门加大了对城市排水系统改造的宣传力度，向居民介绍正在实施的防洪排涝工程建设计划，增强居民的信心。志愿者组织配合社区工作人员，组织居民开展防洪减灾知识讲座和应急演练活动，让居民在实践中熟悉应对内涝的方法，减少心理恐惧。通过这些举措，城市内涝受灾群众的心理压力逐渐减轻，对城市安全的信任和对生活的信心得以恢复，社会秩序也更加稳定，为城市的后续发展奠定了良好的心理基础。

3.3.3 经济恢复的数字化模式

（1）灾害对经济的冲击及数字化恢复的意义

灾害往往会给受灾地区的经济带来沉重打击，涉及多个产业领域，对生产、流通、消费等各个经济环节都会产生负面影响。

在生产方面，工业企业可能因厂房受损、生产设备被破坏、原材料供应中断等原因，不得不停产停工，导致产能急剧下降。例如，一家制造业工厂遭遇洪水灾害，车间被水淹，大量精密生产设备进水损坏，需要长时间维修和更换零部件才能重新投入使用，这期间无法进行正常生产，订单交付延迟，不仅损失了当下的利润，还可能影响与客户的长期合作关系，使企业面临资金链紧张等一系列后续问题。农业同样深受其害，恶劣天气如暴雨、干旱、台风等可能摧毁农作物、破坏农田水利设施，养殖企业也可能因灾害出现牲畜死亡、养殖场所坍塌的现象，使得农产品产量锐减，供应市场的农产品数量不足，进而影响整个农业产业链的稳定。

流通环节也面临诸多阻碍，交通基础设施受损会造成物流运输不畅。公路、铁路、桥梁等交通要道若出现断裂、塌陷等情况，货物运输车辆无法正常通行，原材料运不进企业，成品也送不到市场，导致库存积压在产地或运输途中。比如在地震后的山区，道路损坏严重，原本运往城市销售的特色农产品只能滞留在当地，而城市里急需的救灾物资也难以快速送达灾区，这极大地干扰了区域间以及产业上下游之间的物资流通，增加了企业运营成本，延缓了经济循环的速度。

消费端也会受到抑制，受灾群众的财产遭受损失后，消费能力和消费意愿普遍下降。居民可能会优先将有限的资金用于满足基本生活需求，如购买食物、修缮住所等，减少对非必需消费品的购买。同时，受灾地区的商业环境遭到破坏，商铺、商场等营业场所受损，部分商家无法正常营业，导致消费场景缺失，进一步影响消费市场的活跃度，使得整个地区的经济内需动力不足。

面对灾害对经济造成的这些复杂且严重的冲击，数字化恢复模式展现出了重大意义。数字化模式能够打破时间和空间的限制，快速整合分散的经济资源，提高资源配置的效率，为经济恢复提供有力支撑。通过数字化平台，可以迅速汇聚各地的原材料供应信息、闲置生产设备资源以及企业的生产需求等，帮助受灾企业在短时间内重新搭建起生产链条，解决因灾害导致的生产要素短缺问题。例如，一家受灾的纺织企业，能借助数字化的产业供需平台，在线上找到合适的纱线供应商，并联系到有闲置纺织机械出租的企业，尽快恢复生产运营。

数字化手段还能优化物流配送路径，即便在交通基础设施部分受损的情况下，也能利用大数据分析实时路况、交通管制信息以及物流车辆的位置和状态，规划出最优的运输路线，保障物资流通的顺畅。在消费端，借助电商平台等数字化渠道，可以拓展销售市场，将受灾地区的特色产品推向更广泛的消费群体，刺激消费需求。比如对于受灾地区的农产品，通过电商直播、线上农产品展销会等形式，能够吸引全国各地的消费者购买，增加农民收入，带动农业产业复苏，同时也有助于整个地区经济活力的提升。

此外，数字化模式便于对经济恢复情况进行实时监测和精准分析，相关部门和企业可以依据数据分析结果及时调整经济恢复策略，确保措施的有效性和针对性，让经济恢复工作沿着科学合理的方向稳步推进。

（2）数字化模式在经济恢复中的具体应用形式

数字化模式在经济恢复中有着多种多样的具体应用形式，它们从不同角度助力受灾地区的经济重回正轨，以下内容为详细介绍。

数字化产业对接平台。这类平台整合了众多企业的信息，包括生产能力、产品类型、原材料需求、闲置设备资源等内容。受灾企业可以在平台上发布自身的生产恢复需求，比如急需的原材料种类、数量以及对特定生产设备的租赁或购买意向等。同时，其他地区未受灾或已恢复生产的企业能够在平台上展示可提供的资源和服务。通过智能匹配算法，平台能够快速为受灾企业找到合适的合作伙伴，实现产业上下游的精准对接。例如，在遭受台风袭击后的沿海某工业城市,众多制造业企业急需补充受损的生产原材料,通过数字化产业对接平台,他们与外地的供应商迅速达成合作意向,原材料得以源源不断地供应进来,使得企业的生产得以逐步恢复,有效缩短了因灾害导致的停产时间,减少了企业损失。

电商与网络营销助力消费复苏。电商平台在灾后经济恢复中扮演着关键角色,受灾地区的企业和农户可以借助其强大的销售网络,将本地特色产品推向全国乃至全球市场。一方面,传统电商店铺通过优化商品展示页面、提供优惠活动等方式吸引消费者购买。比如受灾地区的手工艺品企业,在电商平台上推出了以灾后重建为主题的特色手工艺品系列,并给予一定的折扣优惠,引发了消费者的关注和购买热情。另一方面,网络直播带货更是成为一种热门且高效的营销手段,当地的商家、农户或政府工作人员化身主播,在直播间展示并介绍受灾地区的农产品、特色小吃、旅游纪念品等各类商品,与观众实时互动,解答疑问,激发消费者的购买欲望。通过这种方式,不仅拓宽了销售渠道,增加了产品销量,也提升了受灾地区产品的知名度,为后续的长期发展奠定了良好基础。

数字化金融服务。在经济恢复过程中,资金的支持至关重要,数字化金融服务为此提供了诸多便利。金融机构利用大数据分析、人工智能等技术,对受灾企业和个人的信用状况、经营风险、还款能力等进行精准评估,在此基础上,快速发放针对性的贷款。例如,对于受灾的小微企业,银行通过分析其灾前的经营数据、现金流情况以及灾后的恢复计划,为符合条件的企业开通绿色信贷通道,发放低息、无抵押的小额贷款,帮助企业解决资金短缺问题,用于修复厂房、购置设备、补充原材料等,助力企业尽快复工复产。同时,保险机构借助数字化理赔系统,简化理赔流程,提高理赔效率,受灾企业和群众能更及时地获得保险赔付,缓解经济压力,将灾害带来的损失降到最低限度。

基于大数据的经济监测与决策支持。运用大数据技术收集和分析与受灾地区经济相关的各类数据,如各产业的产值变化、企业的复工复产率、市场消费数据、物流运输流量等,构建起全面的经济监测指标体系。通过可视化的仪表盘、报表等形式,直观地展示经济恢复的进度和现状,让政府部门、企业管理者等能够清晰地了解哪些产业恢复较快,哪些环节还存在问题。同时,可基于数据分析结果,运用数据挖掘和预测模型,对经济发展趋势进行预测,为制定下一步的经济恢复政策和企业经营策略提供科学依据。比如,根据大数据分析结果发现受灾地区的旅游业在灾后短期内游客到访量极低,但随着基础设施的逐步修复和宣传推广,预计在某个时间段会迎来旅游小高峰,政府部门便可据此提前制定旅游优惠政策、加强旅游景点的修缮和宣传,吸引更多游客,带动相关产业发展,推动地区经济整体复苏。

数字化供应链管理。灾害常常破坏传统供应链的稳定性,而数字化供应链管理能够有效应对这一问题。通过在供应链各环节安装物联网传感器,实时采集货物的位置、状态、运输环境等信息,实现对物资从原材料采购到成品交付全过程的可视化跟踪。在灾后,企业可以利用这些实时数据,及时调整供应链策略,优化库存管理,避免出现原材料积压或缺货的情况。例如,一家食品加工企业,通过数字化供应链管理系统,得知其某供应商所在地区因灾害运输受阻,便迅速联系其他备用供应商,确保原材料按时供应,维持了正常的生产运营,保障了产品的稳定供应,也稳定了企业的经济效益。

(3)数字化模式推动经济恢复的实践案例与成效

在众多灾后恢复的实践中,数字化模式展现出了强大的推动经济恢复的能力,以下内容介绍了几个典型的实践案例以及它们所取得的显著成效。

　　九寨沟地震后经济恢复案例。2017 年九寨沟发生 7.0 级地震，当地旅游业遭受重创，景区基础设施严重受损，游客量锐减，周边餐饮、住宿、零售等相关产业也陷入低迷，大量商户停业，经济遭受沉重打击。震后，当地借助数字化模式积极推动经济恢复。在旅游产业方面，利用大数据技术分析游客偏好，结合景区修复情况，打造"探秘震后九寨沟新生"特色旅游线路，并通过旅游电商平台和社交媒体进行线上推广。邀请旅游博主直播景区重建进度和独特风光，吸引大量游客关注。同时，运用数字化营销手段，推出门票优惠套餐、酒店折扣等活动。数据显示，震后一年，九寨沟景区游客接待量恢复了一部分，到 2023 年，游客量已基本恢复至震前水平，带动周边餐饮、住宿等行业收入显著增长。当地还搭建数字化产业对接平台，助力受灾企业与外地供应商、合作商对接。如部分藏羌特色手工艺品企业，借助平台找到了新的原材料供应商，解决了原材料短缺问题，快速恢复生产。并且通过电商平台拓宽销售渠道，手工艺品销售额在震后两年内也实现了增长。

　　寿光洪灾后的农业经济数字化复苏案例。2018 年，山东寿光遭受严重洪灾，大量农田被淹，蔬菜大棚受损严重。据统计，受灾蔬菜种植面积较大，众多蔬菜大棚坍塌，直接经济损失巨大。灾情发生后，当地引入数字化模式助力农业经济恢复。搭建数字化产业对接平台，帮助受灾农户与农资供应商对接，迅速补充种子、化肥、农药等物资。借助电商平台，开展"爱心助农"活动，众多农户通过直播带货销售受损但仍可食用的蔬菜，拓宽了销售渠道。同时，利用大数据分析市场需求，指导农户调整种植结构，优先种植市场急需的蔬菜品种。经过努力，寿光蔬菜产业在短时间内逐渐恢复。灾后数月，蔬菜产量逐渐恢复，受灾农户收入逐步回升，部分农户借助电商平台，收入甚至超过灾前水平。

　　从这些实践案例可以看出，数字化模式在灾后经济恢复中能够精准地解决各类实际问题，通过整合资源、优化流程、拓展市场等多种措施，有力地推动了受灾地区经济的复苏与发展，并且随着数字化技术的不断发展和完善，其在未来的灾后经济恢复工作中将发挥更加重要的作用。

习题3

?

1. 简述应急预案数字化转型的需求有哪些。
2. 列举数字化工具在应急预案中的三种应用形式。
3. 新型应急资源主要包括哪些方面？
4. 虚拟演练有哪些特点？
5. 数字化培训相比传统培训有哪些优势？
6. 数字指挥系统通常由哪些部分构成？
7. 简述数字指挥系统在应急响应的预防阶段中的应用。
8. 灾情信息的主要收集方式有哪些？
9. 基于灾情信息分析灾后评估流程包括哪几个关键步骤。
10. 如何确保灾情信息收集的准确性和全面性？

第4章
新时代危机管理

4.1 危机与危机管理

4.1.1 危机概述

（1）危机的概念

"危机"（crisis）一词，根源可追溯至希腊语，原本意指那些极为关键、亟待解决的重大难题。在《现代汉语词典》中，它被阐释为潜伏的危险或严重困难的关头。学术领域内，不同学者基于各自视角为危机赋予了多样化的定义。

赫尔曼视危机为一种特定情境，此情境下，决策者的核心目标面临威胁，且必须在时间紧迫、出乎意料的情况下作出决策。

福尔特则强调危机的四大特征：迅速决策的需求、训练有素人员的匮乏、物资资源的紧张以及处理时间的紧迫性。

罗森塔尔等人则将危机定义为对社会系统的基本价值观和行为框架构成严重威胁的事件，这些事件在时间紧迫性和不确定性高的背景下，要求作出关键性决策。

巴顿将危机视为具有不确定性的重大事件，它可能带来潜在的负面影响，对组织及其成员、产品、服务、资产乃至声誉造成巨大损害，从而将危机的影响范围扩展至声誉层面。

班克斯同样考虑了声誉的影响，将危机定义为可能对组织、公司及其产品或名声产生潜在负面影响的事故。

里宾杰将危机界定为对企业未来的盈利能力、成长乃至生存构成潜在威胁的事件，并指出事件发展为危机需具备三个特征：对企业构成威胁、若不采取行动则局面将恶化且无法挽回、事件的突发性。

张福成认为危机是一种紧急事件或状态，其爆发严重影响社会正常运转，对生命财产、环境等构成的威胁和损害超出了政府和社会常态下的管理能力，要求采取特殊措施应对。

综合上述定义，我们可以将危机理解为一种对组织基本目标实现构成威胁、干扰组织正常运行，并要求组织在极短时间内作出关键决策和紧急回应的突发性事件。

该危机定义着重指出了三个关键点：首先，危机是对组织构成严重威胁的事件，这种威胁足以阻碍组织达成其基本目标；其次，危机具有突发性，常常在组织毫无防备的情况下突然发生；最后，危机留给组织进行决策和应对的时间极为有限，这对组织的管理能力和反应速度提出了极高的要求。

此外，危机并非单一形态，而是可以根据不同的分类标准划分为多种类型。依据危机的影响范围，我们可以将其分为国际危机、国内危机、地区危机以及组织危机等；而根据危机的复杂程度、性质及可控性，又可以将其区分为结构良好型危机与结构不良型危机。由于不同类型的危机需要采取不同的应对策略，因此，在处理危机之前，首要任务是明确危机的类型及其特征，以便我们能够采取更加精准有效的措施来应对。

（2）互联网时代的新兴危机特征

互联网时代全球政治经济环境更加开放，世界格局发生重大调整和变化，我国改革发展面临新挑战和新机遇。互联网时代危机特征也发生了诸多本质性的变化，体现出鲜明的演变趋势，主要由传播特征、演变特征、主体特征加以体现。

① 传播特征：扩散性、公开性、互动性。

a. 扩散性。在互联网时代，危机事件的扩散速度、范围相较于传统的通信网络，发生了根本性的变革，这便是扩散性的体现。这种扩散性具体表现在以下四个方面。

"光子级"传播，形象地描绘了信息传播的迅速。无论是发生在繁华都市还是偏远小镇的突发事件，只需一张图片或一段视频，便能借助网络的力量，在眨眼之间传遍全国，乃至全球。"夸克级"连接，揭示了互联网在连接人与人之间的能力上达到了前所未有的精细程度。就像夸克这一微观粒子一样，互联网能够将每一个微小的信息源连接起来，形成一个庞大的信息场。"扁平化"分布，是对传统信息传播结构的颠覆。在互联网时代，那种典型的二元结构、多层级的金字塔式架构已经不复存在，取而代之的是更加灵活、多样的连接方式。视频、语音等新型连接方式的出现，以及树形、星形等连接形式的运用，都满足了互联网连接一切、追求差异化和个性化的需求。"永久性"存储，是指信息数据一旦在网络上发布，便如同被"晒在云端"，成为了一种"抹不去的痕迹"。无论是好的还是坏的信息，都会被永久地保存下来。这也导致了网络谣言、网络暴力的盛行，给社会带来了不小的负面影响。

b. 公开性。互联网时代，危机事件的一个固有特性便是其公开性。这一特性使得互联网能够跨越时空、国界和种族的限制，打破血缘、地理以及人际关系的封闭格局。在信息传播层面，公开性意味着没有空间距离的阻碍，也没有时间差异的困扰。公开性不仅提升了信息的透明度，还促进了多元化的发展和包容性的增强。在过去，信息获取在人与人之间、企业与企业之间往往存在着巨大的不对称。然而，在当下这个互联网时代，只需拥有一台能够连接网络的设备，人们便可以轻松地通过网络获取并发布信息。互联网采用分散式的体系结构以及包交换的连接方式，这使得任何技术手段都难以实现对其完全掌控。这种特性进一步强化了信息的公开性和自由流通性，同时也对危机事件的管理和应对提出了新的挑战。

c. 互动性。在互联网时代，危机事件展现出了极强的互动性特征。互动性，这一概念意味着全球范围内的无数智慧个体与智能设备"汇聚一堂"，他们广泛参与讨论，深入交流思想，相互学习成长，彼此间产生了深刻的影响。正是互动性赋予了互联网独特的魅力，也奠定了互联网强大影响力和凝聚力的基础。然而，互联网作为一个开放且宽泛的平台，它既是私人交流的隐秘天地，也是大众互动的公共舞台。在这个舞台上，大众传播与人际传播实现了完美的融合，既保留了"点对面"和"面对面"的传统传播模式，又创新性地发展出了"点对点"和"一对一"的新型传播方式。通过互联网，信息和思想的交换变得前所未有的经济、广泛、深入、有效和便捷。但与此同时，互动性也极大地提升了危机传播的频率和扩大了危机传播的范围，使得各种声音交织在一起，正义与邪恶、强势与弱势、信任与怀疑、社会抗争与仇恨煽动等复杂情感相互激荡，难以分辨，更难以驾驭。

② 演变特征：导向性、渗透性、催化性。

a. 导向性。导向性是互联网时代危机的一个显著特征，它通过在政治、思想和舆论层面营造特定环境，对人们的心理与行为产生强有力的引导效应和动员力量。当前，国际社会已普遍将网络视为与陆地、海洋、天空、太空同等重要的第五空间。在这一新兴领域中，各国及多种政治势力竞相争夺网络空间的主导权和话语权，使其成为大国博弈和政治较量的新舞台，同时也给危机的孕育与演变提供了全新的领域。

b. 渗透性。渗透性是互联网的一个关键特性，它能够在不触动政治组织结构的前提下，将各类信息和数据广泛传播至经济社会的各个角落，并在各个层级和节点上迅速蔓延。这一特性在危机管理中表现得尤为突出，因为它使得危机治理的对象从原本的社会组织层面细化到了个人层面，从而极大地增加了治理的复杂度和难度，几乎呈几何级数增长。这种变化给传统的危机管理方式带来了严峻的挑战，要求我们必须寻找新的应对策略来适应这一变化。

c. 催化性。催化性是互联网环境下危机的一个鲜明的特点，它体现在海量信息、数据与用户的跨界融合与相互渗透之中。在这样一个开放的平台上，信息不仅能够横向整合，还能纵向重塑，实现人与人之间、物与物之间的广泛互联，这种互联仿佛引发了一场类似化学反应的巨变，能够释放出巨大的能量。

这种催化效应在危机管理中尤为显著，它有能力将一个小危机逐步放大为大危机，甚至让单一的危机事件演变成为一连串的危机事件。更令人担忧的是，某些看似毫无关联的危机也可能在这种催化作用下相互衍生，比如 A 危机可能会触发与其相关性很低的 B 危机。回顾一些典型案例，我们不难发现，许多原本微不足道的事件，在连锁反应的推动下，最终演变成了影响整个行业乃至社会生活的重大危机事件。

③ 主体特征：自主性、多元性、虚拟性。

a. 自主性。自主性赋予了个体作为独立行动单元的地位，让他们拥有了选择的自由，能够自主判断并行动，在网络空间中自由参与各种活动。互联网技术的飞速发展，为自媒体等新型传播方式提供了坚实的技术基础和广阔的传播舞台。在这一背景下，政府和企业也不再仅仅依赖于传统媒体来传递信息，而是开始自主地使用互联网进行信息传播和使用。自媒体形式作为这一趋势的典型代表，展现出了信息传播"去中心化"的鲜明特点：在信息的传播过程中，不再有一个明确的主导者，而是呈现出一种自组织的状态。如今，当我们面对重大自然灾害、安全生产事故或社会群体事件时，最先获得的信息并非来自纸质媒体或主流媒体，而是来自现场的人员通过手机拍摄的图片和视频。这些普通民众，从以往被动的信息接收者，转变为早期事件信息的原始采集、制作和传播者。

b. 多元性。多元性描绘了一个文化交织的图景，其中，传统与现代、城市与乡村、高雅与通俗、精英与草根、本土与外来等多种文化形态并存，既为人们提供了丰富多样的文化滋养，也带来了前所未有的文化碰撞与挑战。进入互联网时代，文化呈现出三个显著特点：第一，文化共存成为常态。各种文化形态都在各自的领域内蓬勃发展，拥有各自的价值追求和独特的表现形式，共同构建了一个多元而包容的文化生态。第二，和而不同成为文化的核心理念。在这个时代，文化不再是单一的、排他的，而是充满了多样性和复杂性。各种文化之间既相互区别，又相互尊重，形成了"有黑有白，非黑非白"的多元共存局面。第三，相互融合成为文化发展的动力。在融合的过程中，各种文化既相互竞争，又相互借鉴，彼此张扬个性，扬长补短。这种竞争与融合并存的态势，不仅促进了文化的创新与发展，也为危机事件的表现形式和处置方式带来了更多的可能性和多样性。

c. 虚拟性。相较于现实世界，虚拟性特征主要体现在网络世界的无形存在，它依赖于数字、图像等电子形式来展现。在网络空间里，人们能够选择匿名或使用虚拟身份自由地发布信息，这种高度的自由与随意，导致了虚拟主体的行为充满了不确定性和隐蔽性。这些虚拟主体实际上是现实世界中个体的数字化化身，他们在网络空间中的多维行为，实质上是现实社会状况的一种映射和放大。

由于网络世界的这种虚拟性，危机管理的范畴已经由实体领域扩展到了虚拟领域。黑客攻击、机密窃取、隐私侵犯、病毒蔓延等安全事件以及网络犯罪活动频繁发生，使得网络危机的潜在威胁无处不在，且难以预测。这极大地拓宽了危机管理的范围，加深了管理的深度，同时也提高了管理的难度。网络安全问题已经成为了一个全球性的挑战，没有哪个国家能够独善其身。

4.1.2　危机管理的数字化转型

随着大数据、云计算、人工智能以及区块链等新一代信息技术的迅猛发展，危机管理领域正经历着一场前所未有的数字化转型。这场转型不仅极大地提升了危机管理的效率和准确度，更为应对日益复杂多变的危机环境提供了强有力的技术支持和决策依据。

（1）大数据技术在危机管理中的应用

在数字化转型的浪潮中，大数据技术无疑扮演着举足轻重的角色。它通过收集和分析海量的数据资源，让危机管理具备了前所未有的洞察力和预测能力。这些数据资源包括但不限于社交媒体情绪数据、环境监测数据、公共卫生统计数据以及各类经济指标等。

社交媒体作为现代社会信息传播的重要渠道，其上的情绪数据往往能够反映出公众对某一事件的关注度和态度倾向。通过大数据技术对这些数据进行深入挖掘和分析，我们可以及时发现潜在的危机苗头，为决策者提供预警信息。

同时，环境监测数据也是危机管理中不可或缺的一环。通过对空气质量、水质、土壤污染等数据的实时监测和分析，我们可以及时发现环境危机的迹象，并采取相应的应对措施。

公共卫生统计数据在危机管理中同样具有重要意义。通过对疾病发病率、死亡率等数据的分析，我们可以了解公共卫生危机的严重程度和扩散趋势，为疫情防控提供科学依据。此外，各类经济指标如 GDP 增长率、失业率等也能够反映出社会经济的整体状况，为预测和应对经济危机提供参考。

除了提供丰富的数据资源外，大数据技术还能够通过建立危机预警模型来实时监测危机和预测危机发生的可能性。这些模型基于历史数据和算法优化，能够准确识别出危机的早期信号，并发出预警信息。这不仅可以为决策者提供宝贵的时间窗口来制定和调整应对策略，还能够有效减少危机带来的损失和减小危机带来的影响。

（2）云计算技术在危机管理中的应用

云计算技术作为数字化转型的重要支撑之一，为危机管理提供了灵活高效的计算和存储功能。在危机应对过程中，我们需要快速处理和分析大量数据，及时制定和调整应对策略。云计算技术能够根据需求动态分配计算资源，确保数据处理和分析的高效进行。

云计算技术提供了强大的计算能力。通过分布式计算和并行处理技术，云计算能够在短时间内处理海量的数据，为危机管理提供及时准确的决策支持。这不仅提高了危机应对的效率，还降低了对硬件资源的依赖和成本投入。

云计算技术提供了可靠的数据存储和备份方案。在危机管理中，数据的完整性和安全性至关重要。云计算通过数据冗余存储和备份机制，确保危机管理数据在面临各种风险时都能够得到及时恢复和重建。这不仅保障了数据的可用性，还为危机应对提供了持续稳定的支持。

此外，云计算技术还能够实现跨部门、跨地域的信息共享和协同工作。在危机应对过程中，各部门之间需要紧密配合、信息共享。云计算通过提供统一的数据平台和访问接口，实现了各部门之间的无缝对接和高效协同。这不仅提高了危机管理的协同效率，还促进了各部门之间的合作与交流。

（3）人工智能技术在危机管理中的应用

人工智能技术的快速发展为危机管理带来了智能化的解决方案。通过机器学习等算法，我们可以对危机数据进行智能分析和预测，为决策者提供更加精准和科学的建议。

人工智能技术能够实现对危机数据的智能识别和分类。通过训练模型和学习算法，人工智能能够自动识别出危机数据中的关键信息和特征，为后续的分析和预测提供基础。这不仅提高了数据处理的效率，还降低了人为因素带来的误差和干扰。

人工智能技术能够实现对危机发展趋势的智能预测。通过对历史数据的分析和学习，人工智能能够建立预测模型来预测危机的发展趋势和可能结果。这不仅可以为决策者提供前瞻性的决策支持，还能够帮助他们制定更加合理和有效的应对策略。

人工智能技术还能够辅助决策者进行模拟演练和预案制定。通过模拟危机发生的场景和过程，人工智能能够为决策者提供直观的决策依据和参考。同时，通过制定详细的预案和应急计划，人工智能还能够提高应对危机的准备程度和反应速度。

（4）区块链技术在危机管理中的应用

区块链技术作为一种去中心化、不可篡改的信息存储和传输技术，在危机管理中同样具有广阔的应用前景。通过区块链技术，我们可以建立透明可信的信息共享平台，提高危机管理的协同效率和响应速度。

区块链技术能够确保危机信息的真实性和完整性。在危机应对过程中，信息的真实性和完整性至关重要。区块链技术通过去中心化的存储和传输机制，确保了危机信息在传输过程中不会被篡改或删除。这不仅提高了信息的可信度，还为危机应对提供了可靠的数据支持。

不仅如此，此项技术还能够建立跨部门、跨地域的信息共享机制。在危机管理中，各部门之间需要共享信息以协同应对危机。而区块链技术通过提供统一的数据标准和访问接口，实现了各部门之间的信息共享和无缝对接。这不仅提高了危机管理的协同效率，还促进了各部门之间的合作与交流。

区块链技术还能够提高危机应对的透明度和公信力。通过区块链技术，我们可以记录危机应对过程中的所有操作和决策，确保每一步都能够被追溯和验证。这不仅提高了危机应对的透明度，还增强了公众对危机管理的信任和支持。

（5）数字化转型对危机管理的深远影响

数字化转型对危机管理产生了深远的影响。它不仅提高了危机管理的效率和准确性，降低了应对危机的成本和风险，还促进了危机管理模式的创新和发展。

数字化转型提高了危机管理的效率和准确度。通过大数据、云计算等技术的应用，我们可以实现对危机数据的实时收集和分析，为决策者提供及时准确的决策支持。这不仅提高了危机应对的效率，还降低了人为因素带来的误差和干扰。

而且，数字化转型降低了应对危机的成本和风险。通过智能化的解决方案和预测模型，我们可以提前发现潜在的危机苗头并采取相应的应对措施，从而避免或减少危机带来的损失和影响。同时，通过优化资源配置和协同工作流程，我们还可以降低危机应对过程中的成本投入和风险水平。

此外，数字化转型还促进了危机管理模式的创新和发展。随着新一代信息技术的不断发展和完善，我们可以不断探索和应用新技术、新模式和新方法来应对复杂多变的危机环境。这不仅推动了危机管理向更加智能化、协同化和精细化的方向发展，还促进了危机管理领域的创新和发展。

（6）数字化转型面临的挑战和问题

尽管数字化转型为危机管理带来了诸多优势和机遇，但同时也面临着一些挑战和问题。其中，数据隐私保护、数据安全以及算法偏见等问题尤为突出。

数据隐私保护是数字化转型中必须重视的问题之一。在危机管理中，我们需要收集和分析大量的个人和敏感数据。然而，这些数据往往涉及个人隐私和权益问题。因此，在推进数字化转型的过程中，我们需要加强数据隐私保护意识和技术手段的应用，确保个人隐私不被泄露或滥用。

其次，数据安全也是数字化转型中需要关注的重要问题。随着网络攻击和数据泄露事件的频发，数据安全形势日益严峻。在危机管理中，我们需要确保数据的完整性和安全性，防止数据被篡改或删除。因此，我们需要加强数据安全防护能力和技术手段的应用，确保数据在传输和存储过程中的安全性和可靠性。

算法偏见也是数字化转型中需要警惕的问题之一。算法本身存在的局限性和偏差性，可能会导致对危机数据的分析和预测结果出现偏差或误导。因此，在推进数字化转型的过程中，我们需要加强对算法模型的监管和评估工作，确保算法结果的公正性和准确性。

（7）推动危机管理数字化转型的措施

① 建立统一的数据标准和共享机制。通过制定统一的数据标准和共享机制，实现各部门之间的信息共享和无缝对接。这不仅可以提高危机管理的协同效率，还可以避免数据重复采集和资源浪费的问题。

② 加强智能化解决方案的研发和应用。通过研发和应用智能化解决方案，如机器学习等算法模型，实现对危机数据的智能分析和预测。这可以为决策者提供更加精准和科学的建议和支持。

③ 推广区块链技术的应用。通过推广区块链技术的应用，建立透明可信的信息共享平台，提高危机管理的透明度和公信力。同时，还可以利用区块链技术的去中心化特性来降低数据被篡改或删除的风险。

④ 加强人才培养和队伍建设。通过加强人才培养和队伍建设工作，提高危机管理领域的人才素质和专业技能水平。这可以为数字化转型提供有力的人才保障和智力支持。

⑤ 完善相关法律法规和政策体系。通过完善相关法律法规和政策体系工作，明确数字化转型的法律要求和责任追究机制。这可以为数字化转型提供有力的法律保障和政策支持。

4.2 危机管理流程

4.2.1 危机管理组织

危机管理组织构成了危机管理体系的基本单元，它可能以独立部门、部门内小组或单一个体的形式存在。要成功构建这样一个组织，必须满足一系列核心条件：首先，须为所有岗位制定清晰的职位描述，明确职责与权限；其次，合理配备人员，确保团队具备应对危机的专业能力；再者，制订详尽的工作计划，以指导日常运作及应急响应；同时，编制财政预算，确保各项活动的资金充足；最后，明确资金来源，无论是政府资助、私营部门捐赠还是其他渠道，都是维持组织运作不可或缺的一环。

（1）职位描述

在危机管理组织中，每个岗位都应配备详尽的职位描述，用于明确界定各职位的职责范围与权限边界。这些描述详细列出了担任该职位所需的教育背景、过往工作经验以及必要的培训资质等具体要求。对于危机管理组织的领航者而言，拥有一份清晰明确的职位描述尤为关键。理想的领导者通常是在危机管理或公共安全领域深耕多年的专家，他们不仅要具备引领团队日常运作的卓越领导力，还须深刻理解自己的责任归属，即明确自己的直接上级与下级成员，以及相应的汇报层级与流程。此外，领导者还须积极构建与警察、消防、医疗急救、公用事业等横向协作部门之间的良好工作联系，确保在关键时刻能够获得充分的外部支持与协助，共同应对挑战。

（2）人员配置

危机管理组织内设有秘书、书记员等行政岗位，以及分析师等专业角色，每位成员均配备有详尽的职位描述，涵盖姓名、职能、职责范围及任职资格等关键信息。组织内部，应鼓励并支持员工开展沟通联络、计划制订、数据提供、会议安排及会议记录等工作，以确保组织运作顺畅。

为了持续优化组织效能，每年度都会对全体工作人员进行一次全面的工作评估，同时设定新的绩效指标，并提供必要的培训资源。面对预算限制，组织也会灵活吸纳编外人员，他们凭借在计算机、通信技术等领域的专业技能，为组织目标的实现贡献力量。对于这部分人员，同样实施定期的绩效评估，旨在通过提升个体绩效，进而推动整个组织绩效的飞跃。

（3）工作计划

危机管理组织每年均会制订一份全面的年度工作计划，旨在为下一年的各项工作提供明确的指导方向。这份计划所设定的年度目标广泛覆盖了工作职责的各大领域，包括进行脆弱性评估、实施灾难缓解措施、加强危机准备工作、推动灾后恢复行动，以及开展危机教育等。在确立了这些目标之后，组织会进行自我评估，以确定自身在实现这些目标方面的能力水平。此评估旨在揭示各个目标实现的难易程度，并据此制定能力提升计划。鉴于资金资源的有限性，在一年内全面提升所有能力可能存在挑战，因此，组织会制定一个为期五年的长期能力发展计划，以逐步增强所需能力。鉴于这一长期计划的时间跨度较长，设定以年度为单位的短期目标就显得尤为重要，这不仅能够帮助组织分阶段地实现长期目标，还能确保每一步都朝着既定的方向稳步前进。

（4）财政预算

危机管理组织在制定财政预算时，需在财政年度初对预期的各项开支进行细致分类，并为每一类别设定具体的资金额度。常见的预算项目涵盖员工薪酬、设备购置与维护、通信费用、差旅费以及材料费等。此外，预算中还需特别预留一部分应急资金，以应对可能发生的突发事件。组织须确保所有支出均不超出预算限额，这对于常规且持续性的开支而言相对容易控制，如通过签订长期维护合同来固定设备维修费用，或采取节约措施减少通信和差旅费用。然而，应急资金的预算则更具挑战性，因为突发事件的规模、时长及影响均难以准确预测，但参考历史记录或借鉴其他组织的经验可为合理预算提供一定的依据。

在编制预算时，每项预算条款的合理性都须得到充分论证。若新增开支需求，需提交书面预算申请并阐述其必要性。同时，在参考上一年度实际开支的基础上，还需根据下一年度的工作规划及通货膨胀率对预算进行适当调整。使用图表形式展示预算条款，可增强其清晰度和说服力。

组织应定期（如每月）编制预算报告，一旦发现超支情况，须立即采取措施缩减支出。虽然削减差旅费和培训费是常见的应对手段，但长期而言，过度削减培训费用可能对组织的健康发展不利。因此，组织应探索更为有效的成本控制策略。

（5）资金来源

政府支持，特别是来自同级或上级政府的拨款，是危机管理组织资金的主要来源。相比之下，国外危机管理组织的资金筹措渠道更为广泛和多样化。以美国为例，联邦危机管理局（federal emergency management agency，FEMA）为各州提供了丰富的资金支持项目，但各州须满足 FEMA 设定的申请条件方能获得资助。在此基础上，地方危机管理组织可根据自身实际情况，向所在州的危机管理局提交申请，申请的具体审核工作则由 FEMA 的区域办公室负责。

除此之外，地方危机管理组织还可以探索并利用当地的其他资金来源，比如大型工业组织、商业部门等私营部门的资助或和他们的合作，这些也为危机管理活动提供了重要的财务支持。

4.2.2 公共危机管理的阶段

在公共危机管理领域，针对危机事件演变及管理流程的不同环节，涌现了众多关于阶段划分的学术见解。其中，史蒂文·芬克与罗伯特·希斯的贡献尤为突出，他们作为该领域的领军人物，极大地推动了公共危机管理阶段研究的深入与发展。基于此，被广为接受的理论框架——公共危机管理的四阶段论得以形成，该理论为理解和应对公共危机提供了重要的视角。

（1）史蒂文·芬克的四阶段模型

管理学家史蒂文·芬克于 1986 年提出企业危机生命周期理论，从危机的症候学或过程学视角出发，通过划分危机生命周期的方式，将危机管理分为征兆期、突发期、延续期和痊愈期四个阶段，被称作"四阶段模型"，也称作"F 模型"，如图 4-1 所示。

这一模型后来逐步应用于公共危机的周期和管理的阶段分析，成为较权威、影响较广泛的危机管理理论模型之一。史蒂文·芬克对危机生命周期的划分方式强调危机因子从出现到处理结束的过程中会有不同的生命特征，就如同人的生命周期，从诞生、成长、成熟到死

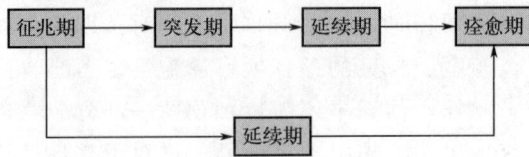

图 4-1　史蒂文·芬克四阶段模型

亡，都有不同的征兆显现。

① 征兆期。这一时期是危机处理最容易的阶段，但也是最不易被察觉的阶段。

② 突发期。突发期是四个阶段中持续时间最短但感觉最长的阶段，对人们造成的心理伤害也是最严重的，最显著的特征在于事件的急速发展和其带来的严峻形势。

③ 延续期。延续期是四个阶段中时间较长的阶段，如果处理得当则可以大大缩减这一阶段的时间，这一阶段的主要内容是纠正突发期带来的损害和不利影响。

④ 痊愈期。这一阶段指社会已从危机的影响中完全解脱，但仍需保持警惕，因为危机可能再度袭来，这体现了危机循环往复的过程性。

（2）罗伯特·希斯的 4R 模型

罗伯特·希斯在著作《危机管理》中，阐述了一个被称为 4R 模型的危机管理框架，该模型直观地展示了危机管理的四个核心阶段：降低、准备、反应以及恢复。值得注意的是，这一模型与史蒂文·芬克提出的四阶段模型在目标指向上不谋而合，二者均起源于对企业危机管理的深入探讨，并随着理论的成熟与实践的积累，逐步扩展至公共管理领域，为更广泛的危机管理实践提供了理论支撑，如图 4-2 所示。

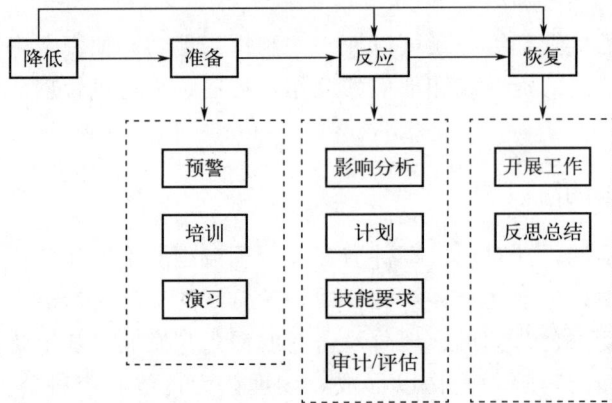

图 4-2　罗伯特·希斯的 4R 模型

① 降低。公共危机管理的精髓在于危机的缓解，这一理念贯穿于管理的每一个阶段。要实现危机的有效缓解，首要条件是确保所有人员都预先做好应对危机的准备。有了这样的基础，我们就能制定出与环境条件相匹配的预警机制，这不仅能提升我们对环境因素的关注度，还能使公共危机管理更加贴合实际情境。此外，当应对危机和进行灾后恢复的人员具备较强的能力，能够迅速而有效地掌控局面时，他们就成了减少风险发生概率及减轻其负面影响的关键所在。而这些不可或缺的能力，往往需要通过系统的实战演练和专业培训来加以获

取和提升。

② 准备。有效的监测、预警与监视特定环境构成了准备工作的核心，确保对环境中任何细微的不利变动都能迅速察觉，并即时向相关系统或责任人发出警报。这一准备阶段聚焦于危机的预防，其实现途径包括组建一个由各领域专家构成的危机管理团队，负责制订并执行全面的危机管理计划，以及开展日常的危机监控活动。

为了精准捕捉危机爆发前的微妙信号，建立一套健全且高效的危机预警机制至关重要。此外，通过定期的训练和模拟演练，能够增强每个人的危机应对技能，确保在真实危机面前，大家都能保持冷静，采取恰当措施有效应对。因此，准备不仅是对潜在风险的提前布局，更是通过专业团队的组建、预警系统的完善以及个人能力的提升，共同构建起一道坚实的危机防御屏障。

③ 反应。当危机或突发事件不期而至，管理者的反应策略对于妥善处理局势至关重要。在此阶段，危机管理的首要任务是争取更多时间以从容应对；紧接着，获取全面且真实的信息成为关键，这有助于深入了解危机的波及范围和严重程度，为制定有效的解决方案提供坚实依据；最终目标是尽可能减少损失，力求以最小的代价解决危机。

具体而言，这一反应过程可以细分为四个连贯的步骤，首先是确认危机，即准确识别危机的性质和影响；其次是处理危机，根据已掌握的信息迅速制定并执行应对措施；接着是危机控制后的总结阶段，对危机处理过程进行全面回顾，分析得失；最后，通过总结提炼经验教训，为未来可能遭遇的类似危机提供借鉴与指导。这一系列步骤共同构成了危机管理中反应阶段的完整框架。

④ 恢复。恢复这一环节包含双重意义：一方面，当危机被有效控制之后，紧接着需要在物质和精神层面采取行动，以促进全面的恢复；另一方面，危机管理活动结束后，进行深入的反思与总结，提炼经验教训，旨在预防未来类似错误的发生。一旦危机得到有效遏制，迅速弥补其造成的损失便成为危机管理的首要任务。

在进行恢复工作之前，首要步骤是对危机造成的深远影响及具体后果进行全面分析，基于此制订一套有针对性的恢复计划，旨在尽快消除危机的负面影响，使组织重归常态。与此同时，应敏锐捕捉危机中潜藏的机遇，勇于探索与创新，不仅要恢复原有状态，还要通过此次危机事件，促使组织在工作效率与成果上实现质的飞跃。

4.2.3　危机预警与智能决策

在当今这个瞬息万变的时代，无论是企业运营、社会管理还是国家治理，都面临着前所未有的复杂性和不确定性。自然灾害的频发、金融市场的波动、公共卫生事件的突发等，无一不在考验着我们的风险管理和应急响应能力。危机预警与智能决策，作为现代风险管理和应急响应的重要组成部分，正以其独特的优势，成为我们应对这些挑战的有力武器。

（1）危机预警系统

危机预警系统，这一看似简单的概念背后，实则蕴含着复杂而精细的运作机制。它如同一张无形的网，密布在我们的生活、工作和社会的每一个角落，时刻捕捉着那些可能引发危机的微妙信号。数据收集模块，作为这张网的"眼睛"，从各种渠道搜集着海量的数据和信息。这些数据和信息，既有来自传统渠道的，如气象报告、市场数据、社会舆情等，也有来自新兴渠道的，如社交媒体、物联网设备等。它们共同构成了危机预警系统的信息基础。

而监测分析模块，则是这张网的"大脑"。它利用数据分析法、情景构建法和指标体系法等技术手段，对收集到的数据和信息进行深入的挖掘和处理。数据分析法，通过对历史数据和实时数据的对比和分析，揭示出数据背后的规律和趋势，为预测未来的危机发展态势提供有力的支持。例如，在金融领域，金融机构可以利用数据分析法，对股票价格、交易量、市盈率等数据进行实时监测和分析，及时发现市场的异常波动和潜在风险，从而提前做出预警和应对。

情景构建法（图4-3）是一种更加前瞻和灵活的风险评估方法。它基于对未来可能发生的事件的假设和预测，构建出各种可能的危机情景，并评估这些情景对组织或社会的影响程度。通过情景构建法，可以更加直观地了解危机的可能性和影响范围，从而制定出更具针对性和有效性的应对策略。例如，在自然灾害预警中，可以利用情景构建法，根据历史灾害数据和气象信息，构建出灾害发生的可能情景和影响范围模型，为应急响应提供科学依据和决策支持。

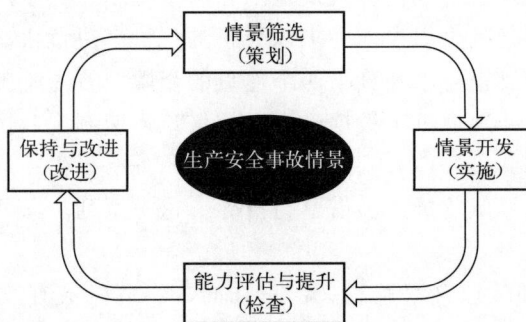

图 4-3　基于 PDCA 的事故灾难情景构建与应用图

指标体系法则是通过建立一套科学合理的指标体系来监测和评估潜在危机的发展态势。指标体系通常包括经济指标、社会指标和环境指标等，能够全面反映潜在危机的各个方面和层次。通过实时监测这些指标的变化情况，可以及时发现危机的苗头和趋势，从而采取有针对性的措施进行预防和应对。例如，在公共卫生危机预警中，可以建立疫情监测指标体系，包括病例数、死亡率、传播速度、医疗资源使用情况等指标，实时监测疫情的发展态势和防控效果，为疫情防控提供决策支持和指导。

（2）智能决策系统

仅有危机预警系统是不够的。当危机真正来临时，还需要有快速、准确、科学的决策能力来应对。这就是智能决策的价值所在。智能决策，是指在危机管理中利用人工智能技术提高决策的科学性和时效性。人工智能技术如机器学习等能够自动分析大量数据、识别异常模式、预测危机趋势，为决策者提供更准确、及时的预警信息和决策建议。

智能决策系统（图4-4）通常包括数据收集与整合、模型构建与算法优化、实时监测与预警、模拟演练与预案制定等功能模块。数据收集与整合模块负责从各种渠道收集并整合相关数据和信息；模型构建与算法优化模块则利用机器学习等技术手段构建预测模型和算法，并对模型进行不断的优化和改进；实时监测与预警模块则根据预测模型和算法实时监测潜在危机的发展情况并及时发布预警信息；模拟演练与预案制定模块则根据预警信息和历史经验制定应急预案并进行模拟演练，以提高应急响应的效率和效果。

用户 ←→ 人机接口

人机接口 ↕ 自然语言处理系统

自然语言处理系统 ↕ 问题处理系统

问题处理系统
↙ ↓ ↘
| 模型库管理系统 | 数据库管理系统 | 方法库管理系统 | 知识库管理系统 |

| 模型库 | 数据库 | 方法库 | 知识库 |

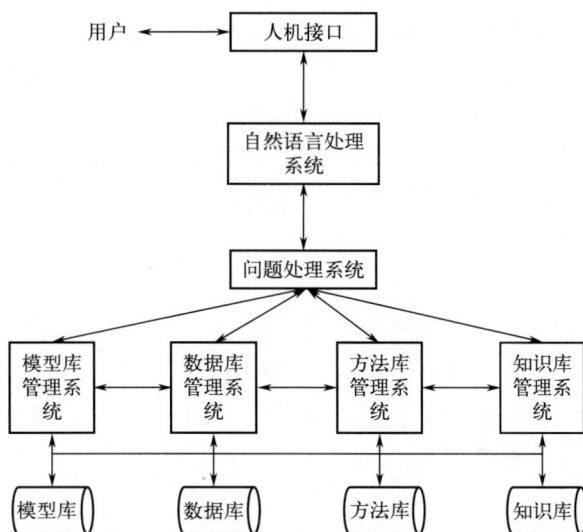

图 4-4　智能决策系统图

通过智能决策系统，可以实现对潜在危机的智能预警和快速响应。例如，在自然灾害预警中，智能决策系统可以实时监测气象数据和地质数据等信息，并利用机器学习算法对灾害发生的可能性和影响范围进行预测和评估。当预测到灾害即将发生时，系统可以自动发布预警信息并启动应急预案，协调各方资源进行应急响应和救援工作。这样不仅可以大大提高应急响应的效率和效果，还可以减少人员伤亡和财产损失。

（3）注意事项

a. 加强数据质量管理和隐私保护力度。数据是危机预警与智能决策的基础和核心。只有确保数据的真实性、准确性和完整性，才能为预警和决策提供有力的支持。同时，还需要加强数据的隐私保护力度，防止数据泄露和滥用给个人和组织带来不必要的损失和风险。

b. 不断优化算法模型和提高分析能力。随着技术的不断进步和数据的不断积累，需要不断优化算法模型和提高分析能力来应对更加复杂和多变的风险环境。这包括引入新的算法和技术手段、对现有算法进行改进和优化、加强数据分析人员的培训和能力提升等。

c. 加强跨部门、跨地域的协同合作力度。危机往往具有跨领域、跨地域的特点，需要多个部门和地区的协同合作才能有效应对。因此，需要加强跨部门、跨地域的协同合作力度，形成合力应对潜在危机事件。这包括建立信息共享机制、加强沟通协调和配合、共同制定应急预案和演练等。

通过加强数据质量管理和隐私保护、优化算法模型和提高分析能力、加强跨部门和跨地域的协同合作以及注重人文关怀和心理疏导等方面的努力，可以不断提高危机预警与智能决策的科学性和时效性，为社会的稳定和发展提供更加坚实的保障。

在未来的发展中，还需要不断探索和创新危机预警与智能决策的新技术和新方法。例如，随着物联网、大数据、云计算等技术的不断发展，可以将这些技术应用到危机预警与智能决策中，实现更加精准和实时的监测和预警。同时，还可以利用虚拟现实、增强现实等技术手段进行模拟演练和培训，提高应急响应人员的应对能力和水平。

还需要加强危机预警与智能决策系统的建设和应用。这包括完善系统的功能模块和流程设计、提高系统的稳定性和可靠性、加强系统的安全防护和隐私保护等。通过不断完善和优化系统，可以为危机预警与智能决策提供更加强大和智能的支持。

危机预警与智能决策是现代风险管理和应急响应不可或缺的重要组成部分。通过加强技术创新和应用、完善系统建设和安全防护等方面的努力，可以不断提高危机预警与智能决策的科学性和时效性，为社会的稳定和发展贡献更多的智慧和力量。在未来的发展中，让我们携手共进，共同应对各种挑战和风险，共创更加美好的未来。

4.2.4 危机应对策略

危机应对策略是指在面临突发事件或紧急情况时，为了减轻其影响、恢复常态而精心设计和实施的一系列行动和措施。这些策略的制定和执行，直接关系到危机管理的成效和社会的稳定。在复杂多变的社会环境中，危机事件时有发生，如何有效应对，成为摆在各级政府、企业和组织面前的一项重要任务。

（1）预警系统

预警与监测是危机应对策略的首要环节，也是预防危机发生、降低损失的关键。预警系统的建立，需要依托先进的技术手段和完善的信息网络，对潜在危机进行实时监测和预警。这一系统应能够覆盖多个领域和渠道，包括但不限于自然环境、社会安全、公共卫生等方面，确保信息收集的全面性和准确性。同时，利用数据分析技术对收集到的信息进行实时分析和处理，通过算法模型预测危机发生的可能性和趋势，及时发出预警信号，为后续的应对工作争取宝贵的时间。

预警系统的建设不仅要有先进的技术支撑，还需要与各级政府部门、企业和组织建立紧密的合作关系，形成联动机制。一旦预警系统发出信号，相关部门应立即启动应急预案，组织力量进行排查和处置，防止危机事件的发生或扩大。此外，预警系统还应具备自我完善和优化的能力，通过不断地学习和实践，提高预警的准确性和时效性。

（2）风险评估

风险评估是对危机事件可能带来的影响和损失进行全面评估的过程。这一环节对于制定有效的应对策略至关重要。风险评估需要对危机的性质、规模、影响范围、持续时间等进行深入分析，结合历史数据和现实情况，预测危机可能带来的各种后果。同时，还需要对危机事件可能引发的次生灾害和衍生风险进行评估，确保应对策略的全面性和针对性。

风险评估的结果将为后续的资源调配和应急响应提供重要依据。根据风险评估的结果，可以确定应对的优先级和资源分配方案，确保在危机发生时能够迅速调动人力、物力、财力等资源，进行及时有效的应对。此外，风险评估还可以帮助检验和完善应急预案和流程体系，提高应对危机的能力和水平。

（3）资源调配

资源调配是危机应对策略中的关键环节。在危机事件中，资源的及时调配和有效利用直接关系到应对工作的成效。资源调配包括人力调配、物力调配、财力调配等多个方面。人力调配方面，需要迅速组织专业救援队伍和志愿者队伍，确保人员到位、职责明确。物力调配方面，需要紧急调配救援物资和设备，如食品、药品、帐篷、发电机等，确保灾区群众的基本生活需求得到满足。财力调配方面，需要设立专项基金，用于支持危机应对和灾后重建工作。

在资源调配过程中，应注重资源的合理配置和高效利用。一方面，要根据危机事件的实际情况和风险评估结果，合理确定资源的数量和种类，避免资源的浪费和短缺。另一方面，要加强资源的统筹协调和管理，确保资源的及时到位和有效利用。同时，还应建立资源储备和调配的长效机制，提高应对危机的能力和水平。

（4）信息的有效传递

沟通与协调是危机应对策略中不可或缺的一环。在危机事件中，信息的及时传递和资源的有效整合对于应对工作的成功至关重要。沟通与协调包括内部沟通和外部沟通两个方面。内部沟通方面，需要加强各部门之间的协同合作，确保信息的及时传递和资源的有效整合。外部沟通方面，需要与政府部门、媒体、公众以及国际组织等建立紧密的合作关系，及时发布信息、回应关切、争取支持。

在沟通与协调过程中，应注重信息的准确性和透明度。一方面，要确保信息的真实性和可靠性，避免虚假信息的传播和误导。另一方面，要及时公开信息，回应社会关切，增强公众的信任感和安全感。此外，还应加强与媒体的合作，充分利用媒体的力量进行信息传播和舆论引导，为应对危机营造良好的社会氛围。

（5）培训与演练

培训与演练是提高应对危机能力的重要途径。通过定期的培训和演练活动，可以提高员工应对危机的意识和能力水平，确保在危机发生时能够迅速响应并采取有效措施。培训和演练的内容应包括危机应对的基本知识和技能、应急预案和流程体系的学习和实践等方面。通过培训和演练活动，可以检验和完善应急预案和流程体系，提高应对危机的能力和水平。

在培训和演练过程中，应注重实践性和针对性。一方面，要结合实际情况和风险评估结果，制定切实可行的培训和演练方案，确保培训和演练的针对性和实效性。另一方面，要注重实践环节的训练和模拟，通过模拟危机事件的发生和应对过程，提高员工的应对能力和协作水平。此外，还应建立培训和演练的长效机制，定期组织培训和演练活动，不断提高员工的应对能力和水平。

（6）跨部门合作

跨部门合作在危机应对策略中发挥着至关重要的作用。由于危机事件往往涉及多个领域和部门，因此需要加强不同部门之间的协同合作，共同应对危机挑战。跨部门合作有助于打破部门壁垒、实现资源共享和优化配置、提升应对危机的效率和效果。

为了加强跨部门合作，需要采取一系列措施。首先，要建立明确的责任分工和协同机制。在危机应对过程中，各部门应根据自身的职责和任务进行分工合作，确保各项工作的顺利推进。同时，要建立协同机制，加强部门之间的沟通和协调，确保信息的及时传递和资源的有效整合。

其次要加强信息共享和沟通协调力度。在危机应对过程中，信息的及时传递和共享对于各部门之间的协同合作至关重要。因此，需要建立信息共享平台，实现各部门之间的信息共享和交流。同时，要加强沟通协调力度，定期组织会议和座谈会等活动，加强部门之间的沟通和交流，确保各项工作的顺利推进。

还要开展联合演练和培训活动。通过联合演练和培训活动，可以提高各部门的协同作战能力和应对危机水平。联合演练可以模拟危机事件的发生和应对过程，检验各部门的协同作战能力和应急预案的可行性。培训活动可以提高员工的应对能力和协作水平，为应对危机提供有力的人才保障。

要建立跨部门应急响应团队和专家库等资源支持体系。跨部门应急响应团队可以集中各部门的优势资源和专业力量，共同应对危机事件。专家库可以汇聚各领域的专家智慧和经验，为应对危机提供科学决策和技术支持。这些资源支持体系将为应对复杂多变的危机事件提供有力保障。

在加强跨部门合作的过程中，还需要注重以下几点。一是要加强组织领导。各级政府和部门应加强对危机应对工作的组织领导，明确责任分工和协同机制，确保各项工作的顺利推进。二是要加强制度建设。要建立健全危机应对工作的各项制度和规定，明确各部门在危机应对中的职责和任务，确保各项工作的规范化和制度化。三是要加强宣传教育。要通过各种渠道和形式加强危机应对知识的宣传和教育，提高公众的危机意识和应对能力水平。

（7）科技创新与发展

在危机应对策略中，还需要注重科技创新和智能化建设。随着科技的不断发展，智能化技术已经成为应对危机的重要手段之一。可以利用大数据、云计算、人工智能等技术手段，建立智能化预警系统、风险评估模型和资源调配平台等，提高危机应对的效率和准确性。同时，还可以利用智能化技术加强跨部门之间的信息共享和沟通协调力度，实现资源的优化配置和高效利用。

（8）总结

在现代社会，危机事件的复杂性和多样性不断增加，单一主体难以有效应对各类危机。基于多主体参与的危机应对和处理机制应运而生，通过整合政府、社会公众、媒体、建设单位、非政府组织等多方力量，形成协同合作的应对网络，提升危机治理效能（图4-5）。

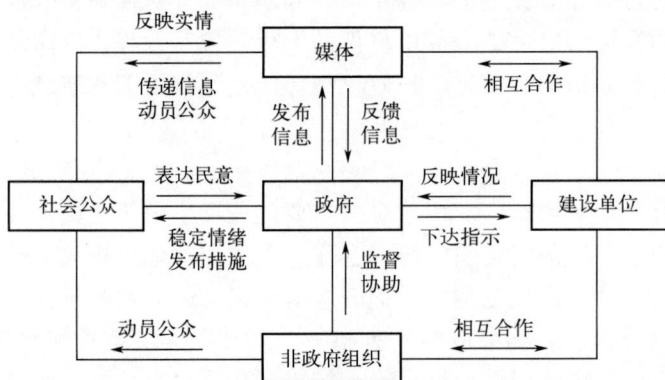

图 4-5 基于多主体参与的危机应对和处理机制

在应对危机的实践中，还需要注重总结经验和教训。每一次危机事件都是一次宝贵的实践机会，可以从中总结经验教训、提炼成功做法，为今后的应对工作提供参考和借鉴。同时，还需要加强与国际社会的合作与交流，学习借鉴其他国家和地区的成功经验和技术手段，共同应对全球性危机挑战。

在未来的发展中，还需要不断完善危机应对策略体系。随着社会的不断发展和变化，危机事件的种类和形式也在不断变化。需要密切关注国内外形势的发展变化，及时调整和完善危机应对策略体系，确保其适应性和有效性。同时，还需要加强危机应对工作的法制化建设，制定和完善相关法律法规和政策措施，为应对危机提供有力的法律保障。

4.2.5　危机后处理

（1）概述

危机后处理是危机管理周期中的重要环节，旨在帮助受灾地区恢复正常生活和经济秩序，以及重建社会结构和提升心理安全感。本章将详细探讨危机后处理的各个方面，包括基础设施的恢复与重建、经济恢复与重建、社会秩序的恢复与稳定、心理援助与心理重建、政策调整与国际合作等。通过分点论证，将深入分析这些领域的挑战与策略，为危机管理和恢复工作提供理论指导和实践参考。

（2）基础设施的恢复与重建

基础设施的恢复与重建是危机后处理的首要任务，对于恢复居民的基本生活需求和重建社会秩序至关重要。

① 评估与规划。在危机发生后，首先需要对受损的基础设施进行全面评估，包括道路、桥梁、电力、供水、通信系统等。评估的内容应包括设施的损坏程度、修复难度和所需资源。基于评估结果，制定详细的恢复与重建计划，明确目标和措施，确保有序进行。

② 关键基础设施的优先恢复。在资源有限的情况下，应优先恢复关键基础设施，如交通、通信、供水、供电设施等，以保障居民的基本生活需求和紧急救援工作的顺利进行。这些设施的快速恢复有助于稳定社会秩序，减少次生灾害的发生。

③ 多方资源的整合与利用。基础设施的恢复与重建需要大量资源，包括资金、物资、人力等。政府应发挥主导作用，整合各方资源，包括政府拨款、国际援助、社会捐赠等，确保恢复工作的顺利进行。同时，鼓励企业和社会组织参与重建工作，提供技术支持和劳务支持。

④ 可持续发展与环境保护。在恢复与重建过程中，应注重可持续发展和环境保护。采用环保材料和节能技术，降低重建过程中对环境造成的影响。同时，结合地区特点和发展需求，调整产业结构，促进经济的可持续发展。

（3）经济恢复与重建

经济恢复与重建是危机后处理的重要任务之一，旨在帮助受灾地区重建生产力，恢复经济发展活力。

① 产业恢复与升级。根据受灾地区的产业特点和发展需求，制定产业恢复与升级计划。对于受损严重的产业，提供必要的资金和技术支持，帮助其恢复生产。同时，鼓励科技创新和产业升级，培育新的经济增长点，提高产业竞争力。

② 创造就业机会。经济恢复与重建过程中，应注重创造就业机会，帮助受灾群众重新获得生计来源。通过投资基础设施建设、发展新兴产业等方式，创造更多就业岗位。同时，提供职业培训和教育，提高劳动者的素养和就业能力。

③ 金融与财政支持。政府应提供金融与财政支持，帮助受灾地区渡过难关。包括提供低息贷款、税收减免等优惠政策，降低企业运营成本，鼓励其积极参与重建工作。同时，建立专项基金，用于支持受灾地区的经济恢复与重建工作。

④ 区域协同发展与合作。加强区域间的协同发展与合作，实现资源共享和优势互补。通过跨区域合作项目，促进不同地区间的经济交流和产业合作，提高整体竞争力。同时，注

重区域发展平衡，缩小地区发展差距。

（4）社会秩序的恢复与稳定

社会秩序的恢复与稳定是危机后处理的重要目标之一，有助于减少社会动荡和不安定因素。

① 加强社会管理与治安维护。在危机后处理过程中，应加强社会管理和治安维护，确保社会秩序的稳定。政府应加大对违法犯罪行为的打击力度，维护社会治安秩序。同时，加强社会矛盾调解和社区建设，促进社会和谐稳定。

② 公共服务系统的恢复对于稳定社会秩序至关重要。包括恢复教育、医疗、文化和社会服务系统等社会基础设施，帮助社区恢复正常生活。这些基础设施的恢复有助于加速社会的复原进程，提高居民的生活质量和幸福感。

③ 政策调整与优化。针对危机后的实际情况，对相关政策进行调整和优化。包括调整税收政策、就业政策等，以适应恢复与重建工作的需要。同时，注重政策的连续性和稳定性，减少政策不确定性对社会秩序的影响。

④ 社区重建与居民参与。社区重建是恢复社会秩序的重要一环。通过修复和重建受损的社区设施，可改善居民生活条件。同时，鼓励居民参与社区建设和公共事务管理，增强社区凝聚力和居民归属感。

（5）心理援助与心理重建

心理援助与心理重建是危机后处理不可或缺的部分，有助于帮助受灾群众缓解心理压力，重建心理安全感。

① 心理评估与干预。在危机发生后，应对受灾群众进行心理评估，了解其心理状态和需求。对于存在心理问题的群众，提供及时的心理干预和心理治疗，帮助他们缓解紧张情绪，树立积极心态。

② 心理支持与辅导。建立心理支持与辅导机制，为受灾群众提供持续的心理支持。通过心理咨询、心理辅导等方式，帮助他们逐步走出心理阴影，培养正面生活态度。同时，为重度心理创伤者提供心理康复辅导，帮助他们重拾自信和重建生活能力。

③ 社区心理教育与宣传。加强社区心理教育与宣传，提高居民对心理健康的认识和重视程度。通过举办讲座、培训等活动，普及心理健康知识，增强居民的心理调适能力和应对危机的能力。

④ 社会心理援助网络的构建。构建社会心理援助网络，整合各方资源，为受灾群众提供全方位的心理援助服务。包括建立心理咨询热线、心理咨询中心等，为群众提供便捷的心理咨询服务。同时，鼓励社会组织、志愿者等参与心理援助工作，形成社会心理援助的合力。

（6）政策调整与国际合作

政策调整与国际合作是危机后处理的重要保障，有助于加快恢复进程和提高重建效率。

① 政策调整与优化。针对危机后的实际情况，对相关政策进行调整和优化。包括调整税收政策、就业政策、社会保障政策等，以适应恢复与重建工作的需要。同时，注重政策的连续性和稳定性，减少政策不确定性对社会秩序和经济恢复的影响。

② 加强国际合作与援助。在危机后处理过程中，应加强国际合作与援助。通过与国际组织、其他国家等建立合作关系，争取更多的资金、物资和技术支持。同时，分享我国在危

机应对和恢复重建方面的经验和技术，提高国际社会的整体应对能力。

③ 跨国救援与物资共享。在危机发生后，国际组织应迅速派遣救援队伍，提供紧急救援和医疗支持。同时，各国应共享救援物资，确保物资及时送达受灾地区。通过跨国救援和物资共享，降低救援成本，提高救援效率。

④ 区域合作与协同发展。加强区域合作与协同发展，促进不同地区间的经济交流和产业合作。通过跨区域合作项目，实现资源共享和优势互补，提高整体竞争力。同时，注重区域发展平衡，缩小地区发展差距，实现区域协同发展。

（7）未来防范机制的建立与完善

危机后处理不仅要解决当前问题，还要着眼于未来，建立和完善防范机制，降低类似危机再次发生的可能性。

① 加强危机预警与监测。建立和完善危机预警与监测系统，增强危机预警的准确性和及时性。通过收集和分析数据，预测可能发生的危机，并及时发出警报。同时，加强对危机征兆的敏感度，提高危机识别的能力。

② 完善应急预案与演练。针对不同类型的危机，制定和完善应急预案。明确各部门的职责和任务，确保在危机发生时能够迅速启动应急预案，进行紧急处置。同时，定期组织应急演练和培训，提高政府和公众在危机中的应对能力和自救互救能力。

③ 加强社会风险防范与应对能力。加强社会风险防范意识教育，提高公众对危机的认识和应对能力。通过宣传和教育活动，普及危机应对知识和技能，增强公众的自我保护意识。同时，鼓励社会组织、企业等积极参与危机应对工作，形成社会风险防范的合力。

④ 推动科技创新与产业升级。推动科技创新和产业升级，提高危机应对的科技水平和效率。加强科技研发和创新投入，提高危机预警、监测和应对的技术水平。同时，结合产业发展需求，推动产业升级和转型，提高产业的竞争力和抗风险能力。

（8）结语

危机后处理是一个复杂而艰巨的任务，需要政府、社会组织、企业和公众等各方共同努力。通过加强基础设施的恢复与重建、经济恢复与重建、社会秩序的恢复与稳定、心理援助与心理重建、政策调整与国际合作以及未来防范机制的建立与完善等方面的工作，可以有效地应对危机带来的挑战，帮助受灾地区恢复正常生活和经济秩序，重建社会结构和心理安全感。未来，应继续加强危机管理工作，提高应对危机的能力和水平，为社会的和谐稳定和可持续发展贡献力量。

4.3　危机管理体系

4.3.1　政府效能与数字化管理

在现代社会，危机管理体系、政府效能与数字化管理三者之间存在着千丝万缕的联系，它们共同构成了现代社会治理的基石。危机管理体系作为一种系统化、规范化的方法，旨在预防、应对各类危机事件，确保组织在危机发生时能够迅速、有效地采取行动，从而减少损失，提升组织的声誉和竞争力。政府作为公共管理的核心主体，其效能的高低直接关系到危机管理的成效与社会稳定。而数字化管理，作为信息时代的新型管理模式，为危机管理体系的构建与政府效能的提升提供了强大的技术支持。本节将深入探讨这三者之间的交织关系，以及它们在现代社会治理中的重要作用。

（1）危机管理体系、政府效能与数字化管理的关系

危机管理体系的构建，首先要求政府具备高度的预见性和应急响应能力。在现代社会，危机事件频发，从自然灾害到社会动荡，从公共卫生事件到经济危机，这些危机事件都可能对社会的稳定与发展造成严重影响。因此，政府必须建立一套完善的危机管理体系，以应对可能出现的各种危机。

在危机管理体系的构建中，政府效能的提升至关重要。政府效能的高低直接关系到危机管理的成效。一个高效的政府能够迅速识别危机、制定应对策略、调动资源、组织救援，从而最大限度地减少危机造成的损失。相反，一个低效的政府则可能因反应迟钝、决策失误等问题而加剧危机的危害。

数字化管理为政府效能的提升提供了有力支持。通过数据分析与预测技术，政府可以更加准确地识别潜在危机，制定科学合理的危机应对策略。在数字化管理的助力下，政府能够实现对危机信息的实时监控与快速处理，确保危机信息的准确传递与共享，为危机决策提供科学依据。同时，数字化管理还促进了政府内部及跨部门的沟通与协作，打破了信息孤岛现象，提升了政府应对危机的整体效能。

数字化管理不仅优化了政府的工作流程，提高了行政效率，还通过数据驱动的方式，实现了对政府资源的精准配置与高效利用。

具体来说，数字化管理在危机管理体系中的深度应用体现在以下几个方面。通过物联网、传感器等技术手段，政府可以实时监测各种危机指标，如关于地震、洪水、疫情等的指标。一旦发现异常情况，系统可以立即发出预警，为政府决策提供及时、准确的信息支持。利用大数据分析平台，政府可以对与危机相关的海量数据进行挖掘和分析，发现潜在的危机因素，预测危机的发展趋势。这有助于政府提前制定应对策略，减少危机造成的损失。在危机发生时，政府需要迅速调动各种资源，如救援物资、医疗设备、人力等。数字化管理可以帮助政府实现对资源的精准调度和配置，确保资源能够迅速到达危机现场，为救援工作提供有力支持。数字化管理打破了政府内部及跨部门之间的信息孤岛现象，促进了信息的共享与协作。这有助于政府各部门之间形成合力，共同应对危机。

在未来的社会治理中，政府应继续深化数字化管理在危机管理体系中的应用，推动政府效能的持续优化。具体来说，可以从以下几个方面入手。

利用人工智能、机器学习等技术手段，构建智能化的危机预警系统，实现对危机的精准预测和预警。这将有助于政府提前制定应对策略，减少危机造成的损失。加强政府各部门之间的数据共享与协作，打破信息孤岛现象，形成合力应对危机。可以通过建立统一的数据共享平台、制定数据共享标准等方式，促进信息的互联互通。在危机管理中，公众的参与度和满意度是衡量政府效能的重要指标。政府应加强与公众的沟通与交流，及时发布危机信息，引导公众理性应对危机。同时，通过数字化手段提供便捷的政府服务，提升公众的满意度和信任度。在全球化背景下，危机往往具有跨国界的特点。政府应加强与其他国家和地区的合作与交流，共同应对全球性危机。可以通过建立国际危机应对机制、开展联合演练等方式，提升国际社会的共同应对能力。

危机管理体系、政府效能与数字化管理之间存在着紧密的内在联系。数字化管理为危机

管理体系的构建提供了技术支持，促进了政府效能的提升。而政府效能的提升，又进一步增强了危机管理体系的韧性与适应性。在未来的社会治理中，政府应继续深化数字化管理在危机管理体系中的应用，推动政府效能的持续优化，为社会的和谐稳定与可持续发展贡献力量。

不断完善危机管理体系、提升政府效能和深化数字化管理应用，可以更好地应对各种危机事件，保障社会的稳定与发展。同时，这也将推动政府治理体系和治理能力现代化的进程，为实现国家治理体系和治理能力现代化的目标奠定坚实基础。

（2）数据安全与对策

尽管数字化管理为政府效能的提升和危机管理体系的构建提供了有力支持，但在实施过程中，政府仍面临着诸多挑战。

随着数字化管理的深入应用，政府处理的数据量越来越大，数据安全成为了一个重要问题。政府需要建立完善的数据保护机制，确保数据的机密性、完整性和可用性。数字化管理涉及的技术日新月异，政府需要不断跟进技术发展，更新升级系统设备，以适应新的需求。这要求政府具备强大的技术实力和持续的创新能力。数字化管理需要高素质的人才队伍来支撑。然而，目前政府在这方面的人才储备还相对不足。

针对以上挑战，政府可以采取以下对策。政府应制定和完善相关法律法规，明确数据保护的责任和义务，为数字化管理提供法律保障。政府应加大对数字化管理技术的研发投入，鼓励创新，推动技术进步。同时，加强与高校、科研机构等合作，共同推动数字化管理技术的发展。政府应加大对数字化管理人才的培养和引进力度，提升政府工作人员的数字化素养和危机应对能力。可以通过举办培训班、开展交流活动等方式，提高政府工作人员的数字化素养。

（3）从重大传染性疾病防控看中国危机管理优势

在人类与重大传染性疾病漫长的斗争历程中，中国凭借一系列卓越的危机管理举措，展现出显著优势。这些优势不仅体现在对疫情的有效控制上，更反映了国家治理体系和治理能力的现代化水平。

① 高效统一的领导决策体系。面对重大传染性疾病，中国建立了高效统一的领导决策体系。从中央到地方，各级政府迅速响应，形成紧密联动的工作格局。以 2003 年非典疫情为例，党中央迅速做出决策部署，成立专门的疫情防控领导小组，统一指挥全国的防控工作。各地政府在中央的领导下，立即启动应急预案，采取严格的隔离、排查等措施，有效阻断了疫情的传播路径。这种自上而下、协调一致的领导决策体系，确保了防控政策能够迅速传达并高效执行，为疫情防控赢得了宝贵时间。

② 强大的资源调配与保障能力。中国在重大传染性疾病防控中，具备强大的资源调配与保障能力。一方面，在医疗资源方面，能够迅速集结各地的医护人员和医疗物资，支援疫情严重地区。如在多次重大传染病疫情中，各大医院纷纷选派经验丰富的医疗团队奔赴一线，医疗物资生产企业加班加点生产口罩、防护服、检测试剂等物资，并通过高效的物流体系及时送达抗疫前线。另一方面，在生活物资保障上，通过协调各方资源，确保疫情期间居民的基本生活需求得到满足。政府组织力量保障粮食、蔬菜等生活必需品的供应，稳定物价，维持社会秩序。这种强大的资源调配与保障能力，为疫情防控工作提供了坚实的物质基础。

③ 科技支撑与创新驱动。科技在中国重大传染性疾病防控中发挥了关键作用。先进的检测技术能够快速准确地诊断病例，为疫情防控提供科学依据。例如，在应对一些不明原因的传染病初期，基因测序等前沿技术迅速锁定病原体，为后续的防控策略制定提供方向。同时，在药物研发和疫苗研制方面，科研人员争分夺秒，不断探索创新。在过往的传染病防控中，我国科研团队通过不懈努力，研发出一系列有效的治疗药物和预防疫苗，为疫情防控提供了有力的科技武器。此外，大数据、人工智能等技术在疫情监测、人员流动分析等方面也发挥了重要作用，助力精准防控。

④ 广泛的民众参与和社会动员。中国拥有广泛的民众参与和强大的社会动员能力。一旦疫情发生，广大民众积极响应政府号召，自觉遵守防控规定，如居家隔离、佩戴口罩等，形成全民抗疫的良好局面。社区工作者、志愿者们踊跃投身疫情防控工作，承担起物资配送、人员排查、社区消杀等任务。社会组织、企业等也纷纷捐款捐物，为疫情防控贡献力量。这种广泛的民众参与和社会动员，形成了抗击疫情的强大合力，极大地增强了疫情防控的效果。

⑤ 完善的公共卫生体系基础。经过多年的建设和发展，中国构建了完善的公共卫生体系。从国家到地方，各级疾病预防控制机构不断强化能力建设，具备了快速应对突发公共卫生事件的能力。全国范围内的疫情监测网络能够及时发现疫情苗头，为早期防控提供预警。同时，基层医疗卫生机构在疫情防控中发挥了重要的网底作用，承担着社区防控、健康宣教等任务。此外，公共卫生人才队伍不断壮大，专业素养不断提升，为疫情防控提供了坚实的人力保障。完善的公共卫生体系基础，是中国在重大传染性疾病防控中展现危机管理优势的重要支撑。

4.3.2 媒体与公众信息传播

（1）媒体在危机管理体系中的核心作用

媒体不仅是信息流通的载体，更是社会稳定与信任构建的基石。在危机管理体系中，媒体扮演着至关重要的角色。它通过及时、准确、全面的信息传播，有效缓解公众的恐慌情绪、稳定社会情绪。同时，媒体还是连接政府、组织与公众的不可或缺的桥梁，通过引导舆论和塑造公众认知，为危机的解决创造有利的社会环境。

（2）媒体在信息传播中的具体作用

① 澄清事实，揭示真相。在危机爆发初期，社会氛围骤然紧张，谣言与无端的猜测如同野火燎原，迅速在人群中蔓延开来，加剧了民众的不安与恐慌。面对这一严峻形势，媒体迅速响应，担当起了信息桥梁的重任。它们通过连续的跟踪报道，深入事件核心，及时传递最新动态；同时，邀请各领域专家进行深度访谈，以专业的视角剖析危机根源，提供科学见解。此外，媒体还运用数据解析等手段，以直观的方式呈现事实真相，有效击碎了谣言，逐步还原了事件的本来面目。这一系列举措不仅迅速澄清了事实，还极大地缓解了公众的恐慌情绪，为社会的稳定与恢复注入了正能量。

② 提供关键信息。在自然灾害和公共卫生事件频发的当下，媒体作为信息传播的重要渠道，承担着传递关键信息的重任。在灾害和疫情初现端倪之时，媒体便迅速行动，第一时间向公众传递救援进展、受灾情况以及预防措施等关键信息。这些信息对于指导公众安全撤离危险区域、寻找合适的避难所、采取必要的自我保护措施具有至关重要的作用。通过实时

更新救援动态，媒体帮助受灾群众了解救援力量分布，引导他们有序撤离；详细的受灾情况通报，则能让公众对灾害规模有清晰的认识，从而做出合理的避险选择。同时，媒体还积极普及预防措施，提高公众的自我保护能力，共同抵御灾害和疫情的冲击。

（3）媒体在舆论引导中的重要作用

① 塑造组织或政府形象。媒体通过对信息的选择性报道和解读，能够影响公众对危机事件的看法和态度，从而引导舆论走向，减少负面影响的扩散。组织或政府通过媒体发布信息，不仅是在传递事实，更是在塑造自身形象。

② 挖掘深层次原因，提出建设性意见。媒体通过深度报道、专题访谈等形式，挖掘危机事件背后的深层次原因，提出建设性的意见和建议，促进社会各界对危机事件的全面理解和理性思考。

（4）媒体信息传播中的风险与挑战

① 虚假信息泛滥。随着社交媒体等新型信息传播工具的兴起，信息传播的速度和广度得到了前所未有的提升，但同时也带来了信息真假难辨、虚假信息泛滥等问题。虚假信息的传播加剧了公众的恐慌情绪，还可能误导救援行动，造成资源的浪费和效率的降低。

② 损害公信力。虚假信息还可能损害组织或政府的公信力，破坏社会信任体系，为危机的解决增添不必要的障碍。

（5）组织或政府与媒体的沟通与合作

① 建立长期、互信的关系。组织或政府应加强与媒体的沟通与合作，建立长期、互信的关系。通过定期召开新闻发布会、提供权威信息、及时回应媒体关切等方式，可确保在危机时刻对危机事件客观、全面地报道。

② 利用媒体进行危机预警和防范。组织或政府还应积极利用媒体进行危机预警和防范。通过媒体发布预警信息、普及危机应对知识等方式，提高公众的危机意识和自救能力。

（6）加强媒体素养与自律性

① 提升媒体从业人员的专业素养和职业道德水平。通过培训等方式，提升媒体从业人员对危机事件的报道能力和敏感度，确保他们能够在危机情境下提供准确、客观、全面的信息。

② 倡导媒体自律和提升社会责任感。鼓励媒体在追求新闻价值的同时，兼顾社会利益和公共利益，避免过度渲染危机事件、制造恐慌情绪等行为。通过建立健全的媒体监督机制和社会评价体系，推动媒体行业的健康发展和社会责任感的提升。

4.3.3　法治保障与社会力量协作

（1）法治保障在危机管理体系中的核心作用

① 法律依据与制度保障。法治保障为危机管理提供了明确的法律依据和制度保障。健全的法律法规体系确保了政府、社会组织和个人在危机应对过程中能够依法行使权利、履行义务和承担责任，避免了法律空白或混乱的情况。

② 高效有序的危机应对。通过法律法规的完善，政府可以迅速启动应急预案，采取必要的紧急措施，如隔离、征用、信息披露等，以维护公共安全和社会秩序。这些措施在法律框架内进行，确保了危机应对的高效性和有序性。

③ 防止权力滥用与增强信任。法治的刚性约束确保了危机管理措施的合法性和正当性，

防止了权力滥用和侵犯公民权利。同时，法律的监督作用促使政府和社会组织在危机应对中的工作保持透明、公正，增强了公众对政府危机管理工作的信任和支持。

（2）社会力量在危机管理体系中的独特作用

① 社会组织在预警与防范中的贡献。社会组织通过建立监测网络、开展风险评估等方式，能够及时发现潜在危机并提前采取防范措施。它们的专业知识和技术手段为政府决策提供了科学依据。

② 志愿者的快速响应与灵活调动。志愿者在危机应对中能够迅速响应，灵活调动资源，为政府提供有力的支持和补充。他们参与人员疏散、物资分发、心理援助等工作，为受灾群众提供了及时有效的帮助。

③ 企业的物资与设备支持。企业在危机应对中提供必要的物资和设备支持，如医疗设备、救援车辆等。同时，它们通过技术创新和产业升级等方式，提高了危机应对的效率和效果。

（3）法治保障与社会力量相互促进

① 法治保障为社会力量提供制度支持。政府需要依法引导、支持社会力量参与危机管理，建立健全社会力量参与危机管理的机制和政策体系。通过立法明确社会力量的参与范围、方式和程序等，为社会力量发挥作用提供了广阔空间和有力保障。

② 社会力量促进法治精神的传播。社会力量的广泛参与有助于增强公众的法律意识和法治观念，推动法治精神的传播和实践。同时，它们的参与还可以促进政府与社会之间的良性互动和合作，增强政府的公信力和执行力。

（4）构建高效有序的危机管理体系的策略

① 加强法律法规建设。通过立法手段，可以明确界定危机管理中的法律依据，清晰划分各方的权力、义务以及责任归属，为危机应对工作提供坚实可靠的制度保障。这一举措能够确保危机管理活动在法律框架内有序进行，有效避免混乱和无序状态。同时，为了保障法律法规的顺利实施，还需要不断完善相关的配套措施和实施细则，对法律法规进行细化和具体化，增强其可操作性和执行力。通过这些努力，将构建起一套科学、合理、高效的危机管理制度体系。

② 完善危机管理机制。为了全面提升危机应对的效率和效果，需要建立、健全一系列关键机制，包括应急预案的制定与更新、监测预警系统的完善、应急处置流程的明确以及恢复重建计划的制定与实施。这些机制的协同作用，将构成危机管理的坚实防线。同时，加强危机管理队伍的建设和培训也至关重要。通过系统的培训和实战演练，不断提升危机管理人员的专业素养，强化其应对复杂局面的能力，确保在危机发生时能够迅速、准确地做出反应，最大限度地减少损失。

③ 发挥社会力量的作用。旨在鼓励和支持社会组织、志愿者团队、企业等多元化的社会力量，积极参与到危机应对的各个环节中来。政府应出台相关政策，为社会力量参与危机管理提供明确的指导和支持，同时加强政府与社会之间的沟通与协作，确保信息的畅通共享和资源的有效整合。通过构建政府与社会共同应对危机的良好局面，可以充分发挥社会力量的灵活性和创新性，提升危机管理的整体效能，为人民群众的生命财产安全提供更加坚实的保障。

④ 加强国际合作与交流。在全球化日益加深的背景下，危机事件往往不再局限于单一

地区或国家，而是呈现出跨区域性和跨国性的特点。面对这样的全球性危机，任何国家都无法独善其身，因此，加强与其他国家和地区的合作与交流显得尤为重要。通过搭建国际合作的平台，各国可以共同分享在危机应对中积累的经验、先进的技术和丰富的资源，形成优势互补，从而有效提升全球危机应对的效率和效果。这种跨国界的合作不仅有助于快速遏制危机的蔓延，还能促进各国在危机管理领域的共同发展。

4.4　危机管理决策

4.4.1　危机决策的智能化支持

（1）数据驱动方法在危机决策领域的优势与转变

① 向科学型、精准型决策的转变。数据驱动方法在危机决策领域的广泛应用，无疑标志着危机管理范式的一次深刻变革，即从传统的经验型、直觉型决策模式，迈向了科学型、精准型决策的新时代。这一转变不仅意味着危机管理在决策依据上发生了根本性变化，更加依赖于严谨的数据分析和科学的预测模型，而非单纯依赖于决策者个人的经验和直觉。数据驱动方法的应用使得危机管理在决策过程中能够充分利用大数据、人工智能等先进技术，对危机事件进行深度剖析和全面预测。这种基于数据的决策方式，不仅提高了决策的准确性和时效性，还增强了危机管理的预见性和针对性。因此，可以说数据驱动方法的引入，为危机管理带来了前所未有的科学性和精准性，推动了危机管理水平的全面提升。

② 提升决策效率与质量。数据驱动方法通过深度挖掘、全面整合与精细分析与危机事件相关的海量数据，为决策者提供了坚实、可靠的决策依据。这些数据不仅涵盖了危机事件本身的发展动态，还包括了与之相关的社会、经济、环境等多方面的信息。基于这些事实数据，决策者能够更加精准地把握危机事件的本质和规律，从而制定出更加科学合理的应对策略。这一方法显著增强了危机管理的预见性。通过对历史数据的分析和模拟，可以预测危机事件的可能发展趋势，为提前采取措施、防范风险提供有力支持。同时，数据驱动方法还提高了危机管理的针对性。根据数据的分析结果，能够明确响应危机事件的关键环节和危机事件涉及的重点区域，实现资源的优化配置和精准投放。此外，数据驱动方法的应用还使得决策更加迅速、准确且高效，为危机管理的快速响应和有效处置赢得了宝贵时间。

③ 技术支持与决策优化。数据驱动方法的应用，为应对日益复杂多变的危机事件提供了前所未有的技术支持，极大地增强了危机管理的效能。这一方法不仅打破了传统危机决策中过度依赖经验、直觉的局限性，还通过引入科学的数据分析和模型预测，推动了决策过程的科学化和规范化。在数据驱动方法的助力下，危机管理变得更加高效。决策者能够基于实时、准确的数据，迅速做出判断，制定有效的应对策略。同时，这种方法还赋予了危机管理更大的灵活性，使其能够根据不同情境和危机发展的不同阶段，动态调整策略，确保响应的及时性和针对性。数据驱动方法的应用还有助于提高危机管理的可持续性。通过对历史数据的深入分析和挖掘，能够总结出危机管理的经验教训，为未来的危机应对提供有益的参考和借鉴。

（2）数据收集与处理的全面性与准确性

① 数据采集技术。在危机管理中，数据采集作为数据驱动方法的首要步骤，扮演着举

足轻重的角色，为后续的数据分析奠定了坚实的基础。数据采集技术涵盖了多种手段，其中，网络爬虫、使用物联网传感器以及社交媒体监测是三种主要的技术方式。网络爬虫技术能够自动化地抓取互联网上的相关信息，包括新闻报道、论坛讨论等，这些信息往往蕴含着危机事件的蛛丝马迹。物联网传感器则能够实时监测环境数据，如空气质量、水位变化等，这些数据对于自然灾害等危机事件的预警具有重要意义。此外，社交媒体监测技术通过分析用户在社交媒体平台上的行为，如发帖内容、情绪倾向等，能够捕捉到公众对于危机事件的反应和态度，为危机管理提供重要参考。这些数据采集技术的综合运用，为危机事件的实时监测和预警提供了全面、准确的数据支持，有助于决策者及时做出反应，有效应对危机。

② 数据预处理与清洗。数据预处理是确保数据质量与一致性的核心环节，对于后续的数据分析与应用至关重要。数据来源具有多样性和复杂性，数据在采集过程中往往会受到各种因素的影响，导致数据中存在噪声、缺失、重复等问题。这些问题如果得不到有效解决，将会对后续的数据分析产生误导，甚至导致错误的决策。在数据分析之前，必须对采集到的数据进行一系列的预处理操作。清洗数据是其中的一项重要任务，它包括对数据进行去噪、填补缺失值、纠正错误值等操作，以确保数据的准确性。同时，去重操作也是必不可少的，它能够有效避免数据冗余，提高数据处理的效率。此外，标准化操作也是数据预处理的重要环节，它通过对数据进行格式统一和单位转换，确保数据的一致性和可比性。

（3）高级分析技术的应用与决策精准度提升

① 数据挖掘技术。数据挖掘技术作为一种强大的数据处理与分析手段，能够从浩瀚如海的数据资源中精准地提取出关键信息，为危机决策提供强有力的数据支撑。在危机管理的实践中，数据挖掘技术的应用尤为关键。它主要用于深入探索危机事件的演变趋势，通过时间序列分析、聚类分析等方法，揭示危机事件在不同阶段的发展规律和变化趋势。数据挖掘技术还能够挖掘出影响危机事件的关键因素，如社会环境、经济状况、自然灾害等，为决策者提供全面的背景信息。此外，该技术还能够识别出危机中的潜在风险，如高风险区域、易受影响的人群等，帮助决策者提前采取措施，降低风险带来的损失。这些应用实例充分展示了数据挖掘技术在危机管理中的独特价值和重要作用。

② 机器学习算法。机器学习算法作为数据驱动方法中的核心技术，在危机管理中的应用价值不可小觑。这类算法具备强大的学习能力，能够从历史数据中挖掘出潜在的规律和模式，并据此构建出高精度的预测模型。这些模型能够对未来的危机发展进行准确预测，为危机管理提供有力的决策支持。在危机管理的广阔领域中，机器学习算法的应用场景极为广泛。以自然灾害预警为例，机器学习算法能够通过对历史灾害数据的分析，识别出灾害发生的前兆特征，从而提前发出预警，为防灾减灾赢得宝贵时间。此外，在危机事件的分类与识别方面，机器学习算法也展现出卓越的性能。它能够快速、准确地识别出危机事件的类型和性质，为应急响应提供精准的指导。这些应用实例充分展示了机器学习算法在危机管理中的巨大潜力和广阔前景。

③ 统计分析方法。统计分析方法作为数据驱动方法中最为基础且常用的技术手段，扮演着至关重要的角色。它借助一系列科学的分析方法，如描述性统计和推断性统计，深入挖掘数据之间的内在联系和潜在规律。描述性统计通过对数据的整理、汇总和描述，提供直观的数据的特征和分布情况。推断性统计则基于样本数据，通过构建统计模型和假设检验，推断总体参数和特征，揭示数据之间的因果关系。在危机管理中，统计分析方法的应用尤为广

泛和重要。它主要用于对不同决策方案的效果与风险进行全面、客观的评估。通过收集和分析相关数据，可以运用统计分析方法，比较不同方案的优劣，预测其可能带来的后果和影响。这些科学、客观的评估结果，为决策者提供了有力的依据，帮助他们更加理性地权衡利弊，选择最优的决策方案。因此，统计分析方法在危机管理中发挥着不可替代的作用，是数据驱动决策的重要支撑。

（4）数据可视化与交互式决策支持系统的应用

① 数据可视化技术。数据可视化技术是一种强大的工具，它能够将复杂的数据分析结果转化为直观、易懂的图形和图像，从而便于决策者理解和应用。在危机管理中，数据可视化技术的应用尤为关键。它主要用于直观地展示危机事件的时空分布特征，如危机发生的时间节点、地理位置以及影响范围等。同时，该技术还能清晰地呈现危机事件的演变趋势，包括危机的发展速度、扩散路径以及可能的影响后果。此外，数据可视化技术还能够揭示危机中的潜在风险，如高风险区域、易受影响的人群以及可能引发的次生灾害等。这些信息对于决策者来说至关重要，能够帮助他们快速理解危机态势，准确把握决策重点，从而做出更加科学、合理的决策。

② 交互式决策支持系统。交互式决策支持系统作为一种先进的数据驱动决策支持工具，其核心价值在于为决策者提供了一个直观、灵活的操作平台。这一系统能够实时接入并分析各类数据，为决策者提供准确的信息支持。在此基础上，决策者可以根据最新的数据与分析结果，动态调整和优化决策方案，实现决策的持续优化。在危机管理中，交互式决策支持系统的作用尤为突出。它能够辅助决策者进行决策方案的初步制定、效果评估以及最终选择，确保决策过程既理性又全面。通过这一系统，决策者可以更加科学地应对各种危机事件，减少决策失误，提高危机管理的效率和增强危机管理的效果。

（5）数据驱动方法在危机决策中面临的挑战与应对策略

① 数据隐私保护。在危机管理中，数据隐私保护是一项至关重要且不容忽视的任务。为了切实保障数据隐私安全，必须采取一系列有效措施。首先，加强数据加密和访问控制是基础。通过对敏感数据进行加密处理，可以确保数据在传输和存储过程中的安全性，防止未经授权的访问。同时，严格的访问控制机制能够限制对数据的访问权限，确保只有经过授权的人员才能访问相关数据。建立数据脱敏机制也是保障数据隐私安全的重要手段。通过对数据进行脱敏处理，可以在保护个人隐私的同时，满足数据分析的需求。加强数据审计和监控也是必不可少的环节。通过定期的数据审计和实时监控，能够及时发现并处理潜在的隐私泄露风险，确保数据隐私安全得到持续保障。

② 数据质量与完整性。数据质量与完整性对于确保数据驱动方法的有效性至关重要。它们是构建可靠分析模型和做出明智决策的基础。为了切实保障数据质量与完整性，首先需要加强数据预处理和清洗工作。这一环节包括识别并剔除无效数据、修正错误数据以及处理数据中的异常值和缺失值，确保输入模型的数据是准确且一致的。建立数据质量监控机制也必不可少。这一机制应涵盖数据的全生命周期，从采集、存储到使用，确保每一步都符合既定的质量标准。通过定期的数据质量检查和报告，能够及时发现并解决潜在的数据问题。加强数据整合与融合工作同样重要。随着数据来源的多样化，如何将这些数据有效地整合在一起，形成一个全面、准确的数据视图，是提升数据价值的关键。

③ 算法偏见。算法偏见作为数据驱动方法中的一个关键问题，对决策结果的公正性和

准确性构成了潜在威胁。为了有效应对算法偏见问题，必须从算法设计和训练阶段就加强公平性考虑，确保算法在处理不同数据时能够保持中立和客观。此外，建立算法审计和评估机制也是至关重要的。这一机制能够定期对算法的性能和公正性进行审查，及时发现并纠正可能存在的偏见。同时，加强算法解释性工作，提高算法决策的透明度和可理解性，也是解决算法偏见问题的重要手段。通过清晰解释算法的逻辑和决策依据，能够更好地理解和评估算法的输出结果，从而避免偏见对决策产生不良影响。

4.4.2　危机决策中的数据驱动方法

（1）危机管理与数据驱动决策的重要性

在日益复杂且快速变化的全球环境中，危机管理已经无可争议地成为了各类组织（无论是公共部门、私营企业还是非营利机构）战略规划中不可或缺的关键一环。危机的多样性和不可预测性，如同变幻莫测的风云，时刻考验着决策者的应变能力和决策智慧。从突如其来的自然灾害到经济市场的剧烈波动，从公共卫生事件的肆虐到技术系统的突发故障，每一种危机都以其独特的方式挑战着决策者的反应速度和决策质量。

面对这样的挑战，数据驱动决策作为一种创新的、科学的决策框架应运而生。它不再仅仅依赖于传统的经验判断和直觉，而是充分利用现代信息技术的力量，整合和分析来自多个渠道的多种类型的数据资源。这些数据可能来源于社交媒体上的公众情绪分析、环境监测系统的实时数据、公共卫生部门的统计数据、经济指标的变化趋势等，它们共同构成了一个庞大而复杂的信息网络。

通过运用大数据、人工智能、机器学习等先进技术，数据驱动决策能够深入挖掘这些数据背后的隐藏信息和潜在规律，为决策者提供及时、准确、全面的决策支持。这种基于数据和事实的决策方式，不仅增强了决策的精准性和有效性，还使得决策过程更加透明和可追溯，从而提高了决策的可信度和公众的接受度。

数据驱动决策在危机管理中发挥着越来越重要的作用，它成为了决策者应对复杂多变危机挑战的有力武器。通过不断优化和完善数据驱动决策的框架和方法，可以更好地应对未来的危机挑战，保护人民的生命财产安全，维护社会的稳定和繁荣。

（2）数据驱动决策在危机管理中的应用步骤

① 数据收集与整合。在危机管理中，数据的来源极为广泛，可能涵盖社交媒体上的公众情绪反馈、环境监测系统提供的实时数据、公共卫生统计机构发布的疫情报告等多个渠道。为了更有效地应对危机，需要构建一个高效的数据共享平台，以整合来自各方的数据资源。这一平台不仅能够实现数据的集中存储和高效处理，还能通过标准化和统一化的数据格式，确保数据的准确性和可比性。通过数据共享平台，各方可以迅速获取到全面、准确的信息，为危机预警和响应提供及时、有力的支持，从而更有效地应对各类危机事件，保障公共安全和社会稳定。

② 数据分析与挖掘。运用统计学、机器学习等先进技术，对广泛收集到的数据进行深入挖掘与分析，能够揭示数据中隐藏的规律和潜在趋势，为决策者提供坚实而科学的依据。这些技术不仅能够帮助决策者从海量数据中提取有价值的信息，还能通过模型构建和算法优化，提高数据分析的准确性和预测能力。例如，在公共卫生危机中，通过综合运用数据分析技术，可以精确追踪疾病的传播路径、快速识别高风险区域和易受影响人群，从而采取针对

性的防控措施。同时，基于历史数据和实时数据的综合分析，还可以构建疾病发展预测模型，为决策者提供未来疫情趋势的科学预测，助力公共卫生部门及时制定和调整应对策略，有效遏制疾病的蔓延。

③ 数据可视化与呈现。将分析结果以图形、图像、仪表盘或动态地图等直观形式呈现出来，可以极大地帮助决策者更迅速地把握数据要点，深入理解数据背后的含义，从而做出更加精准的决策，同时显著提升决策过程的效率。特别是在自然灾害响应这一紧急而复杂的场景中，数据可视化技术发挥着至关重要的作用。通过数据可视化，救援指挥中心能够实时监测灾害现场的救援进展，清晰看到救援队伍的位置、移动路径以及救援物资的分布情况。同时，人员分布图可以直观展示受灾区域内的人员密度和流动情况，为救援人员提供科学的调度依据，确保救援资源得到合理分配，进一步提高救援效率，最大限度地减少灾害带来的损失。

（3）数据驱动决策的优势

数据驱动决策在提升决策质量和效率方面展现出了显著的优势。它能够大幅度减少决策过程中的主观性和盲目性，这是因为数据驱动决策是基于大量客观、可量化的数据进行分析和预测的，从而避免了个人偏见和情绪对决策结果的干扰。这种基于事实的决策模式，使得决策更加精准和科学，能够更准确地反映实际情况和需求。

数据驱动决策具有高度的敏感性和时效性。它能够及时发现危机迹象，通过实时监测和分析数据，迅速捕捉到可能引发危机的关键因素，为决策者提供及时的预警信息。这使得决策者能够提前制定应对策略，采取有效的预防措施，从而避免或减少危机的发生和影响。数据驱动决策还能有效缩短决策周期，提高应对危机的效率。传统决策模式往往需要花费大量时间进行信息收集、分析和讨论，而数据驱动决策则能够利用先进的技术手段，快速处理和分析大量数据，为决策者提供及时、准确的决策支持。这使得决策者能够迅速做出决策，迅速响应危机，降低危机带来的损失。数据驱动决策还能够优化资源配置。通过对数据的深入分析和挖掘，决策者可以更加准确地了解资源的需求和分布情况，从而进行合理的资源调配。这不仅可以提高资源的利用效率，还可以确保救援物资和人力资源能够迅速、准确地到达灾区，提高救援效率和质量。

数据驱动决策能够增强公众对政府的信任和支持。通过公开透明的数据分析和决策过程，政府可以向公众展示其决策的科学性和合理性，从而增强公众对政府的信任感。同时，数据驱动决策还能够提高政府的决策效率和响应速度，使政府更加及时地回应公众的需求和关切，进一步提升公众对政府的满意度和支持度。

（4）数据驱动决策面临的挑战

① 数据质量问题。在数据分析的过程中，数据的完整性、准确性和一致性是至关重要的。数据不完整，意味着数据集中缺失了某些关键信息，这可能导致分析结果偏离实际情况，影响决策的精准性。数据不准确，则可能由于数据录入错误、测量偏差或数据源本身的误差等，分析结果产生误导，无法真实反映数据背后的规律和趋势。而数据不一致，可能是由于不同数据源之间的定义、格式或取值范围存在差异，这会导致数据分析时出现混淆，降低结果的可靠性。因此，在数据分析前，必须对数据质量进行严格把控，确保数据的完整性、准确性和一致性，以提高数据分析的准确性和可靠性。

② 数据安全问题。在数字化时代，涉及大量敏感数据和隐私信息的处理与存储，如何确保这些数据的安全性和隐私性，成为了各行各业都面临的重要挑战。数据的敏感性可能涉

及个人身份信息、财务状况、健康状况等私密内容，一旦泄露或被滥用，将对个人隐私权益造成严重侵犯。同时，企业数据的安全也关乎其商业机密和竞争优势，一旦外泄，可能导致巨大的经济损失和信誉损害。确保数据安全性和隐私性，不仅需要建立健全的数据安全管理体系，还需要采用先进的加密技术、访问控制机制和数据脱敏手段。此外，加强员工的数据安全意识培训，以及定期进行数据安全审计和风险评估，也是不可或缺的一环。只有全方位、多层次地加强数据安全防护，才能有效应对这一挑战。

③ 技术壁垒。数据驱动决策在危机管理中扮演着至关重要的角色，它依赖于大数据、人工智能等先进技术进行精准分析和科学预测。然而，相关技术背景和知识的缺乏是部分决策者可能会面临的问题，这会成为他们充分利用这些技术的障碍。大数据的收集、清洗、分析和解读需要专业的技能和工具，而人工智能的算法和模型更是复杂且深奥。决策者若缺乏相关的技术背景和知识，可能难以有效理解和运用这些技术。技术的快速迭代也可能让决策者感到难以跟上步伐。新的算法、工具和平台不断涌现，决策者需要持续学习，才能保持对新技术的敏感度和提高使用能力。因此，跨越技术壁垒，提升决策者的技术素养，成为实现数据驱动决策的关键挑战之一。

④ 决策者认知局限。决策者在面对数据驱动决策时，其理解和应用可能存在一定的偏差，这种偏差往往会对决策的质量和效果产生深远影响。一方面，部分决策者可能过于依赖数据，而忽视了数据背后的情境、人为判断以及市场变化等动态要素，导致决策过于机械化，缺乏灵活性。另一方面，有些决策者可能对数据的解读不够深入，仅停留在表面现象，未能挖掘出数据背后的深层规律和趋势，从而作出片面或错误的决策。决策者对于数据驱动决策的应用还可能存在方法上的误区，如选用不当的分析工具、模型，或未能正确设置参数，都可能导致分析结果失真，进而影响决策的准确性。因此，决策者需要不断提升自身对数据驱动决策的理解和应用能力，确保决策过程既科学又合理。

（5）应对数据驱动决策挑战的策略

① 加强数据治理与质量控制。为了充分发挥数据的价值，必须建立完善的数据治理体系。这一体系应涵盖数据采集、存储、处理和分析的全过程，确保每一步都有明确的标准和流程可循。在数据采集阶段，要明确数据来源和采集方式，确保数据的准确性和完整性；在数据存储阶段，要采用高效、安全的数据存储方案，保障数据的可靠性和可用性；在数据处理阶段，要制定规范的数据清洗、转换和整合流程，提升数据的质量和价值；在数据分析阶段，要运用先进的分析技术和工具，挖掘数据的潜在规律和趋势。加强数据质量控制和隐私保护也是数据治理体系的重要组成部分。要建立严格的数据质量监控机制，及时发现和纠正数据错误，确保数据的准确性和一致性。此外，还要加强隐私保护措施，确保个人和企业数据的安全，避免数据泄露和滥用。

② 提升数据分析和挖掘能力。为了推动数据驱动决策的发展，必须加强对相关技术和方法（这包括数据挖掘、机器学习等前沿技术，以及统计分析、预测模型等经典方法）的研究与应用。通过深入研究这些技术和方法，能够更有效地从海量数据中提取有价值的信息，为决策提供科学依据。培养一支具备数据分析能力的专业队伍也至关重要。这支队伍不仅需要掌握扎实的数据分析技能，还应具备敏锐的商业洞察力和良好的沟通协调能力。他们将成为连接技术与业务的桥梁，推动数据分析成果在实际工作中的应用与转化。因此，应加大对数据分析人才的培养力度，为他们提供持续的学习和发展机会，确保他们能够适应不断变化

的市场需求和技术挑战。

③ 推动数据可视化与呈现技术创新。为了推动相关领域的发展与创新，必须持续加强对相关技术和工具的研究与开发工作。这不仅意味着要深入探索技术的前沿领域，不断突破技术瓶颈，提升技术的实用性和先进性，还要求在研发过程中，始终将用户体验放在首位。用户体验是衡量技术和工具成功与否的重要标准，它关乎用户能否高效、便捷地使用这些技术和工具，以及在使用过程中是否感到舒适和满意。交互设计也是不容忽视的一环。良好的交互设计能够使用户在使用技术和工具时，更加流畅地完成任务，减少误操作和认知负担。因此，在研发过程中，应注重交互设计的优化，确保用户能够轻松上手，快速掌握使用方法，从而提升整体的用户满意度和忠诚度。

④ 加强决策者培训与教育。为了应对日益复杂多变的决策环境，开展针对性的培训和教育活动显得尤为重要。这些活动旨在系统提升决策者的数据素养，使他们能够熟练地收集、分析并解读各类数据，从而更准确地把握市场动态、预测趋势。数据素养的提升不仅关乎技术的掌握，更在于提升决策者对数据的洞察力，以便在决策过程中更加科学、理性。

教育活动还应着重增强决策者的综合决策能力。这包括培养他们的批判性思维、问题解决能力以及领导力，确保在面对复杂问题时，能够迅速识别关键信息，权衡利弊，作出既符合逻辑又兼顾各方利益的决策。通过理论与实践相结合的方式，培训活动应引导决策者将所学知识灵活应用于实际工作中，不断提高决策效率与质量。

⑤ 建立评估与反馈机制。在决策过程中，系统地收集和分析相关数据与信息是至关重要的环节。这不仅包括定量数据，如市场趋势、成本效益分析等，还涵盖定性信息，如利益相关者意见、文化背景考量等。通过综合运用统计学方法、数据挖掘技术以及专家访谈等手段，可以对决策效果进行客观、全面的评估，确保评估结果既具有科学性，又贴合企业应急处置中的评估与反馈机制。

可以引入危化品泄漏处置决策树这一工具。该决策树能够根据不同的泄漏情况和危化品性质，提供一系列科学、系统的处置步骤，从而指导应急人员迅速做出正确决策。还需要建立相应的评估机制，对应急处置过程进行全面、客观的评价。这包括对决策树的应用效果、应急人员的响应速度、处置措施的有效性等方面进行细致分析。通过反馈机制，可以及时发现应急处置中存在的问题和不足，进而对决策树进行修正和完善，确保其始终符合企业实际情况和外部环境变化的需要。这样的评估与反馈机制，将大大提高化工企业应急处置的科学性和有效性。

在评估过程中，及时发现决策执行中存在的问题和不足同样关键。这要求建立一种敏锐的问题识别机制，能够迅速捕捉到决策实施过程中的偏差和障碍。一旦发现问题，应立即启动改进措施，确保决策调整能够及时响应现实需求。

为确保决策过程持续改进，还需建立有效的反馈渠道和沟通机制。这包括设立专门的反馈平台，鼓励内外部利益相关者积极提出意见和建议；同时，通过定期会议、报告等形式，促进信息的透明流动和多方协作，共同推动决策质量的不断提升。

（6）数据驱动决策的未来展望

随着大数据、人工智能等技术的不断发展和完善，数据驱动决策将在危机预警、响应、恢复和重建等各个环节中发挥更加重要的作用。应加强对数据驱动决策的研究和应用，推动其在危机管理中的深入发展和实践创新，为构建更加安全、稳定、和谐的社会环境贡献力量。

4.4.3 危机决策过程中的心理因素

（1）危机决策的定义与特点

定义：危机决策是指在突发事件或紧急情况下，决策者需要在有限的时间和资源条件下迅速作出判断和行动的过程。主要呈现以下特点。

① 时间的紧迫性。危机往往突如其来，如同风暴般席卷而来，不给决策者任何喘息的机会。这种情况下，决策者必须迅速作出反应，以应对危机的冲击和影响。时间的紧迫性要求决策者必须在极短的时间内做出决策，否则可能会错失应对危机的最佳时机，导致危机进一步升级和扩散。因此，决策者需要具备高度的敏锐性和果断性，以在危机面前迅速作出正确的决策。

② 潜在的消极性。危机往往伴随着一系列的负面后果，如经济损失、社会动荡、信任危机等，这些后果对决策者构成了严峻的挑战。决策者需要在有限的时间和资源条件下，迅速评估危机的影响，制定应对策略，以减少损失并恢复稳定。这一过程中，决策者的智慧和应变能力将受到极大的考验。

③ 资源的有限性。在危机中，决策者往往可能面临资源严重短缺的棘手问题。这些资源可能包括人力、物力、财力等多个方面，每一项都至关重要。因此，决策者需要冷静分析形势，精准判断需求，以确保资源的合理分配和高效利用。只有这样，才能在有限的资源条件下，制定出最优的应对策略，从而有效化解危机。

④ 高风险性。危机决策往往伴随着极高的风险，每一个选择都可能如同双刃剑，既可能带来转机，也可能直接导致组织的生死存亡。在这样的关键时刻，决策者必须深思熟虑，权衡利弊，因为他们的每一个决定都可能对组织的未来产生深远且不可逆转的影响。

⑤ 高不确定性。危机决策往往伴随着极高的风险不确定性，每一个选择都可能如同双刃剑，既可能带来转机，也可能直接导致组织的生死存亡。在这样的关键时刻，决策者必须深思熟虑，权衡利弊，因为他们的每一个决定都可能对组织的未来产生深远且不可逆转的影响。

（2）心理因素在危机决策中的作用机制

① 情绪的作用。

a. 影响认知加工。情绪状态可以深刻地影响决策者的认知资源分配和信息处理方式。具体而言，当决策者处于积极情绪状态时，他们往往更加乐观、自信，倾向于分配更多的认知资源去探索新的选项和可能性，采用更为开放和灵活的信息处理方式，从而可能发现更多解决问题的创造性方案。这种状态下，他们更易于注意到信息中的积极面，对风险的评估也可能相对较为宽松，有助于促进创新和尝试。

b. 直接作用于决策行为。情绪本身作为一种内在的信息来源，能够深刻影响决策者的判断和选择。它反映了决策者当前的心理状态和价值取向，为决策过程提供了除逻辑分析外的另一重要参考维度。情绪的正负、强度及类型均会作用于决策者的风险偏好、信息解读和行动倾向，从而塑造其最终的选择与判断。因此，在决策时，充分认识和利用情绪信息，有助于做出更加全面和合理的决策。

c. 情绪信息等价性。决策者可能会根据自身当下的情绪状态来解读和评估面临的危机情境，这种个人情绪成为影响判断的重要因素。积极情绪可能使决策者更乐观地看待危机，倾向于寻找解决方案和机遇；而消极情绪则可能放大危机的严重性和紧迫性，导致采取过度悲观或保守的应对策略。因此，情绪管理对于决策者准确评估危机、做出合理决策至关重要。

② 认知的作用。

a. 信息加工能力。危机情境下，决策者如同站在信息洪流的风口浪尖，亟须具备高效的信息加工能力来应对如潮水般涌来的大量信息。他们需迅速筛选关键信息，剔除冗余干扰，确保决策过程既迅速又精准，以有效应对瞬息万变的危机局势，为化解危机争取宝贵的时间和资源。

b. 思维方式。灵活的思维方式是决策者不可或缺的素质，它能够使决策者在面对复杂多变的问题时，迅速从不同的角度和层面进行思考和分析，从而快速作出判断和决策。这种思维方式有助于打破传统思维模式的束缚，提高决策的创新性和有效性，确保决策者能够在关键时刻果断行动，把握机遇，应对挑战。

c. 认知偏见的影响。认知偏见作为一种心理现象，可能潜移默化地影响决策者的思维过程，导致他们对危机情境做出错误解读和判断。这种偏见可能源于个人经验、情感倾向或固有观念，使决策者难以客观审视问题，从而做出偏离实际的决策，增加了危机处理的难度和风险。

③ 动机的作用。

a. 推动行动的内部力量。动机是推动决策者采取行动的重要力量，它涵盖多个方面，包括保护自身安全不受威胁、维护组织利益不受损害，以及积极履行社会责任等。这些动机相互作用，共同驱使决策者在面临各种情境时，能够果断地采取行动，以保障个人、组织乃至社会的整体利益。

b. 影响决策目标和策略选择。动机水平的高低在很大程度上决定着决策者的行动意愿和努力程度。强烈的动机能够激发决策者内心的动力，促使他们积极主动地采取行动，并全力以赴地投入其中。相反，动机不足则可能导致决策者行动迟缓，甚至缺乏必要的努力和决心。

c. 对解释责任的影响。决策者不仅需要做出决策，还需向他人证明自己决策的正当性和合理性。这一需求增加了决策者的心理压力和负担，因为他们必须确保决策过程透明、逻辑清晰，并能够有效回应他人的质疑和挑战。这种额外的责任往往让决策者在制定和执行决策时更加谨慎和周到。

（3）心理因素之间的相互作用与影响

① 情绪与认知的相互作用。

a. 情绪影响认知加工。情绪状态在很大程度上能够影响决策者的认知加工过程和信息处理方式。当决策者处于积极情绪时，他们可能更倾向于乐观地解读信息，做出更为开放的决策。相反，在消极情绪状态下，决策者可能更加谨慎，对信息进行更为细致的分析，有时甚至可能过度解读风险。

b. 认知加工影响情绪。认知加工的结果不仅能够反映决策者的思维过程，也可以反过来对其情绪状态和行为反应产生显著影响。当认知加工表明决策是明智且可行的时候，决策者可能会感到自信和乐观，从而采取更加积极的行为。反之，若加工结果不利，决策者可能会陷入焦虑或沮丧，导致行为上的迟疑或退缩。

② 动机与情绪的相互作用。

a. 动机激发和调节情绪。动机水平的高低在决策过程中扮演着重要角色，它能够激发和调节决策者的情绪状态。高动机水平通常会使决策者充满热情，对目标充满渴望，从而引发积极的情绪状态，如兴奋和专注。相反，低动机水平可能导致决策者缺乏动力，情绪低落，影响决策的效率和质量。

b. 情绪影响动机水平。情绪状态不仅受动机水平的影响，同时也可以反过来深刻影响决策者的动机水平和行为倾向。当决策者处于积极情绪状态时，他们的动机水平往往会得到提升，更倾向于追求目标并采取行动。相反，消极情绪可能削弱动机，使决策者变得被动，甚至产生逃避行为。

（4）心理传导机制的形成与作用

① 心理传导机制的定义。心理因素在危机决策过程中相互作用和相互影响，共同构成了一个复杂而精细的系统。这个系统内的各个心理因素，如认知、情绪、动机等，彼此交织，共同作用于决策者的思维和行为，使得危机决策过程变得既充满挑战又极具复杂性。

② 心理传导机制的形成过程。

a. 动态变化。随着危机情境的不断发展和变化，心理传导机制也处于不断的调整和变化之中。这种调整不仅是对危机情境的即时反应，更是决策者心理适应性的体现。通过灵活的心理传导机制，决策者能够更有效地应对危机，确保决策的合理性和有效性。

b. 心理网络的形成。情绪、认知、动机等心理因素在个体内部相互作用、相互影响，共同编织成一个错综复杂的心理网络。这个网络中的每一个节点，即每一种心理因素，都与其他节点紧密相连，彼此交织，形成了一个不可分割的整体。它们共同作用于个体的思维过程、情感体验和行为反应，使得人的心理状态呈现出高度的多样性和动态性。这种多样性和动态性不仅体现在不同个体之间，也体现在同一个体在不同时间和情境下的心理变化上。

③ 心理传导机制的作用。

a. 信息转化。在危机情境中，决策者面临的任务尤为艰巨，他们需要将来自四面八方、复杂多变的信息进行有效整合与深入分析。这一步骤不仅要求决策者具备敏锐的洞察力，能够捕捉到信息中的关键要点，还要求他们拥有强大的逻辑思维，能够将零散的信息碎片拼接成完整的决策依据。随后，决策者需要将这些经过加工的信息转化为明确的判断，这要求他们具有高度的概括与提炼能力。最终，这些判断将作为指导，帮助决策者迅速作出合理的行为选择。整个过程对决策者的信息处理能力和决策效率提出了极高的要求。

b. 影响决策质量和效果。心理网络的形成及其复杂的作用机制，在危机情境中发挥着至关重要的作用。它不仅在微观层面深刻影响着决策者的判断准确性和行为选择质量，还在宏观层面从根本上决定着危机决策的整体效果和可能产生的长远社会影响。一个稳定且有效的心理网络，能够使决策者在面对危机时保持冷静与理性，从而作出更为科学、合理的判断。因此，构建并维护这样一个心理网络，是确保危机决策过程科学性、合理性的关键所在，也是实现危机管理目标的重要保障。

（5）未来研究方向与展望

① 深入探讨心理因素的具体作用机制和相互关系。需要进一步深入且细致地分析各种不同心理因素在危机决策过程中的具体作用机制，诸如情绪状态、认知偏差、风险偏好等。同时，还需要探讨这些心理因素之间存在的复杂且微妙的相互关系，例如情绪状态如何影响认知偏差的产生，以及风险偏好如何调节情绪反应等。通过这样全面的分析，能够更深刻地理解这些心理因素是如何共同作用于决策过程，进而在潜移默化中影响危机决策的制定和实

施，从而为优化危机决策过程提供更为精确的指导。

② 外部环境因素的影响和制约。迫切需要深入研究心理因素如何受到复杂且多变的外部环境因素的影响和制约，这包括但不限于经济环境、政治局势、社会文化以及自然灾害等。通过这些研究，可以更全面地揭示危机决策过程的本质特征和内在规律，理解在特定环境下，决策者如何受到外部因素的冲击而调整其心理状态，从而影响决策过程和结果。这一研究将为优化决策过程、提高决策质量提供坚实的科学依据，帮助决策者在面对危机时，能够更加从容不迫地做出科学、合理的决策。

③ 综合性研究。需要将心理因素与其他至关重要的决策因素，诸如组织因素、技术因素以及资源因素等，紧密结合在一起，开展综合性和系统性的研究工作。这意味着需要从组织结构的合理性、技术手段的先进性以及资源分配的合理性等多个维度出发，全面审视和深入分析危机决策过程的复杂性和动态性。通过这种跨领域的综合研究，能够更准确地把握危机决策的内在规律，为优化决策过程提供科学依据。

④ 实证化研究。需要将心理学理论与危机管理实践紧密结合，通过深入的实证研究来验证心理学在危机管理决策中的实际应用价值和效果。这一研究过程旨在发现和解决理论与实践之间的脱节问题，进一步完善心理学在危机决策领域的理论体系，并提升其在实践中的指导作用和应用效果。

习题4

一、选择题

1. 危机一词在希腊语中的原意是指（　　）。
A. 紧急事件　　　　　　　　　　B. 关键难题
C. 危险信号　　　　　　　　　　D. 不可预测的事件

2. 以下（　　）强调了危机的四大特征包括迅速决策的需求、训练有素人员的匮乏等。
A. 赫尔曼　　　　　　　　　　　B. 福尔特
C. 罗森塔尔　　　　　　　　　　D. 班克斯

3. 提出公共危机管理四阶段论的学者是（　　）。
A. 史蒂文·芬克　　　　　　　　B. 罗伯特·希斯
C. 赫尔曼　　　　　　　　　　　D. 福尔特和罗森塔尔

4. 在危机管理中，数据驱动方法的一个重要应用是（　　）。
A. 收集个人敏感数据　　　　　　B. 构建高精度的预测模型
C. 设计算法偏见解决方案　　　　D. 监测经济指标变化

5. 媒体在舆论引导中的重要作用不包括（　　）。
A. 塑造组织或政府形象　　　　　B. 传播虚假信息
C. 挖掘深层次原因，提出建设性意见　　D. 引导公众理性思考

二、简答题

1. 简述数据隐私保护在数字化转型中的重要性，并说明如何在危机管理中加强数据隐私保护。

2. 描述史蒂文·芬克的四阶段模型，并解释每个阶段的特点。

3. 列举并解释危机管理中媒体信息传播可能面临的风险与挑战。

4. 数据可视化在危机管理决策中起到了什么作用？请举例说明。

5. 在危机管理决策过程中，如何确保决策质量和效率？请提出至少三种方法。

第5章

新时代综合应急保障

5.1 综合应急保障的定义与理论来源

5.1.1 应急保障的系统边界与要素构成

安全系统论认为，任何一个系统都处在一定的环境之中，且由多个相互关联、相互作用的要素组成。应急保障作为一个复杂的系统，同样遵循这一理论框架。

从定义层面上，人们普遍意义上将其等同于应急物资，应急物资是指在突发事件应急救援和处置过程中所用到的各类物资的总称。除了少数专用应急物资外，大多数应急物资都是日常生产生活中常用的物资，例如，救灾用的帐篷、衣被、食品、饮用水、药品和医疗器械等。但由于在突发事件应急救援和处置时，对相关物资的需求急迫、需求量大、性能要求高等，因此需要建立应急物资储备和调用制度，保障应急物资的及时可靠供应。

依据《中华人民共和国突发事件应对法》，应急保障主要包括应急救援与处置、基本生活保障、应急物资与设施保障以及市场秩序与社会治安维护等内容。在突发事件中，需迅速组织营救和救治，确保基本生活必需品供应，启用应急物资并维护市场秩序与社会治安。因此要全面系统地把握应急保障的深层含义。

从系统边界来看，应急保障系统的边界并非固定不变，而是动态且具有弹性的。它会随着突发事件的类型、规模、影响范围以及应急响应阶段的不同而发生变化。例如，在一场区域性的洪涝灾害中，应急保障系统的边界可能涵盖受灾区域及其周边直接参与救援和保障工作的地区；而对于一场大规模的传染病疫情，其边界则可能扩展至全国乃至全球范围内涉及疫情防控、物资调配、医疗资源支持等的相关区域。应急保障系统的要素主要包括人、机、环、管四个方面，且这四个要素相互协同，共同发挥作用。

① 人。人是应急保障系统中最具能动性的要素。它涵盖了应急救援人员、受灾群众、应急指挥与管理人员以及参与应急保障的社会志愿者等各类群体。应急救援人员直接参与现场救援行动，如消防队员灭火抢险、医疗救护人员救治伤员等；受灾群众不仅是应急保障的对象，其行为和反应（例如他们的自救互救能力、对救援指令的配合程度等）也会对整个应急保障工作产生影响；应急指挥与管理人员负责制定应急策略、调配资源、协调各方行动，是保障工作有序开展的关键；社会志愿者则能在物资分发、心理疏导等方面提供补充支持。

② 机。"机"指的是应急保障所涉及的各种设备、设施、应急物资和技术手段。这包括救援装备，如消防车、救护车、起重机等专业救援车辆，生命探测仪、破拆工具等救援工具；通信设备，如卫星电话、对讲机、应急通信基站等，可保障应急指挥处与现场之间的信

息畅通；各类应急物资，如食品、饮用水、帐篷、药品等；先进的技术手段，如大数据分析用于灾害预警和资源调配，地理信息系统（GIS）用于灾害评估和救援路径规划等，也属于"机"的范畴。这些设备、设施和技术手段是应急保障工作得以高效实施的物质基础。

③ 环。"环"代表应急保障所处的环境，包括自然环境和社会环境。自然环境如地震、洪水、台风等自然灾害的发生区域，地形地貌，气象条件，等等，会对应急保障工作产生直接影响。例如，在山区发生地震，复杂的地形可能会阻碍救援队伍和物资的快速抵达，增加救援难度；恶劣的气象条件，如暴雨、暴雪等，会影响救援行动的开展和应急物资的运输。社会环境涵盖受灾地区的人口密度、社会经济状况、文化习俗等方面。若人口密集地区发生突发事件，救援和保障工作面临的压力更大，对物资的需求量也更多；不同地区的文化习俗可能影响受灾群众对救援方式的接受程度以及志愿者的参与方式等。

④ 管。"管"即应急保障的管理体系，包括应急管理体制、机制和法制。应急管理体制明确了各应急管理主体的职责、权力和相互关系，如政府部门之间的分工协作、政府与社会组织的合作模式等。应急管理机制涵盖了应急预防、监测预警、应急响应、恢复重建等各个环节的运行机制，如预警信息的发布机制、应急资源的调配机制、应急救援队伍的联动机制等。应急管理法制为应急保障工作提供法律依据和保障，规范应急管理行为，确保应急保障工作在法治轨道上进行。

⑤ 人、机、环、管四个要素相互依存、相互影响。例如，先进的技术设备（机）需要经过专业培训的人员（人）来操作才能发挥最大效能；自然环境（环）的变化可能促使管理体系（管）调整应急策略和资源调配方案；而良好的管理体系能够保障人员的合理调配和设备的有效利用，提高应对环境变化的能力。只有实现人—机—环—管的协同运作，才能构建一个高效、稳定的应急保障系统。

5.1.2 韧性城市理论在应急保障中的应用

韧性城市理论强调城市系统在面对各种冲击和压力（如自然灾害、人为灾害、公共卫生事件等）时，能够通过自身的适应能力、恢复能力和发展能力，维持城市基本功能的正常运行，并在灾后实现快速恢复和可持续发展。《安全与韧性 应急管理 事件管理指南》（ISO 22320：2018）标准为韧性城市理论在应急保障中的应用提供了具体的指导框架。

（1）预警与监测

依据 ISO 22320：2018 标准，韧性城市应建立全面、精准的预警与监测体系。通过多种传感器、监测网络以及大数据分析技术，实时收集城市运行过程中的各类信息，包括气象数据、基础设施运行状态、公共卫生指标等。如图 5-1 所示。

（2）应急资源调配

标准要求城市具备高效的应急资源调配能力。这包括应急物资的储备、管理和快速分发。城市应根据自身可能面临的灾害风险，合理确定应急物资的种类、数量和储备地点。

例如，在易发生地震的地区，储备足够的帐篷、食品、饮用水和医疗用品等应急物资，并建立科学的物资管理系统，确保物资在有效期内且随时可调配。在突发事件发生时，能够迅速启动应急资源调配机制，通过合理规划运输路线、利用多种运输方式（如公路运输、铁路运输、航空运输等），将应急物资及时送达受灾地点，满足受灾群众和救援工作的需求。

（3）应急救援队伍协同作战

韧性城市须组建多类型、专业化的应急救援队伍，并促进其协同作战。这些队伍包括消

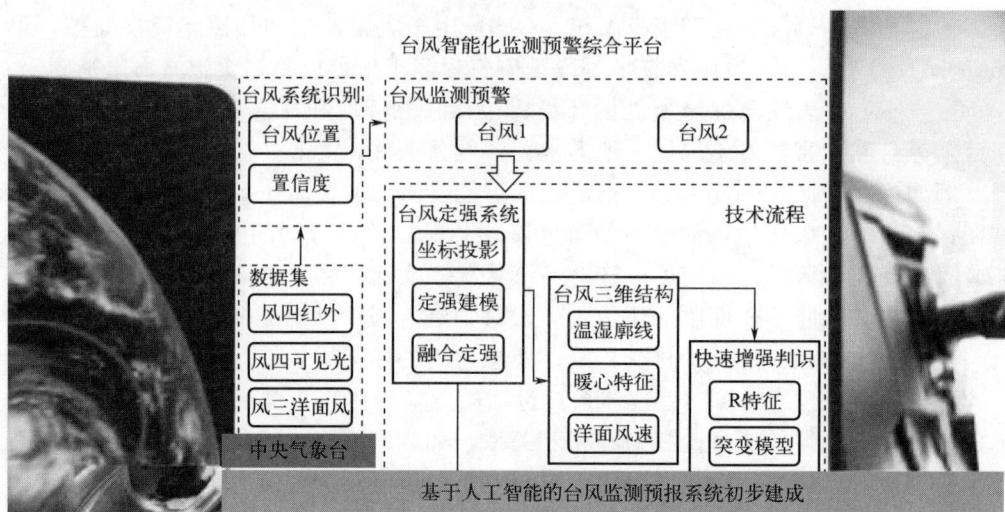

图 5-1　中央气象台：基于人工智能的台风监测预报系统初步建成

（来源：央视）

防、医疗、公安、工程抢险等专业力量，以及经过培训的社会志愿者队伍。根据 ISO 22320：2018 标准，不同救援队伍之间应建立统一的指挥协调机制，明确各自职责和任务分工，通过定期的联合演练提高协同作战能力。

（4）基础设施恢复

城市基础设施的快速恢复是城市恢复正常运行的关键。在遭受灾害破坏后，依据 ISO 22320：2018 标准，应制订科学的基础设施恢复计划。首先对受损的基础设施进行全面评估，包括供水、供电、供气、通信、交通等系统。

（5）社会经济恢复

灾害不仅会对城市基础设施造成破坏，还会对社会经济发展产生负面影响。韧性城市在恢复与重建过程中，应注重社会经济的恢复。一方面，通过政府出台相关政策，如税收减免、财政补贴等，帮助受灾企业尽快恢复生产经营，稳定就业；另一方面，推动产业结构优化升级，提高城市经济的抗风险能力。

（6）社区恢复与重建

社区是城市的基本单元，社区的恢复与重建对于城市的整体恢复至关重要。ISO 22320：2018 标准强调充分发挥社区居民的主体作用，鼓励社区参与恢复与重建规划的制定和实施。通过组织社区居民开展自救互救培训、心理疏导等活动，提高社区居民的自我恢复能力。同时，在社区重建过程中，注重提升社区的防灾减灾能力，如建设避难场所、完善排水系统、加强建筑物的抗震加固等。

5.1.3　风险管理与能力评估模型

风险管理与能力评估是应急保障工作的重要环节，通过科学的方法识别、评估，能够提高应急保障的针对性和有效性。在传统的风险管理与能力评估模型基础上，新增灾害脆弱性分析框架，有助于更全面地了解城市或区域在面对灾害时的脆弱性特征，为制定合理的应急保障策略提供依据。

（1）暴露性分析

暴露性分析指的是分析城市或区域内的人口、基础设施、经济活动等要素暴露于灾害风险之下的程度。通过地理信息系统（GIS）技术，绘制城市各类要素的空间分布地图，并结合历史灾害数据，可分析不同区域在不同类型灾害（如地震、洪水、飓风等）中的暴露情况。例如，在分析洪水灾害暴露性时，将城市的居民区、商业区、工业园区等按照地势高低和与河流的距离进行分类，统计不同区域内的人口数量、建筑物价值、工业产值等，评估其在洪水灾害中的潜在损失。对于地势较低、靠近河流的区域，其人口和经济活动的暴露程度较高，是洪水灾害防范的重点区域。

（2）敏感性分析

敏感性衡量的是城市或区域内各要素对灾害影响的敏感程度。不同的要素对灾害的反应各不相同，例如，医院、学校等公共服务设施在灾害发生时需要持续运行，其对灾害的敏感程度较高，一旦受到破坏，将对社会秩序和人民生命健康产生严重影响；而一些工业企业，由于生产流程的特殊性，可能对停水、停电等灾害影响更为敏感，生产中断可能导致巨大的经济损失。通过建立敏感性评估指标体系，对各类要素的敏感性进行量化评估，可确定在应急保障中需要重点保护和优先恢复的对象。

（3）适应性分析

适应性反映了城市或区域应对灾害的能力和采取的适应措施的有效性。这包括城市的应急管理的体制和机制、基础设施的抗灾能力、社会公众的防灾减灾意识和自救互救能力等方面。一个城市建立了完善的应急物资储备和调配体系（如图 5-2），在灾害发生时能够迅速将物资送达受灾地点，说明其在物资保障方面具有较强的适应性；如果城市居民普遍接受过防灾减灾培训，掌握基本的自救互救技能，那么在灾害发生时能够更好地保护自己和他人，提高整个城市的抗灾能力。

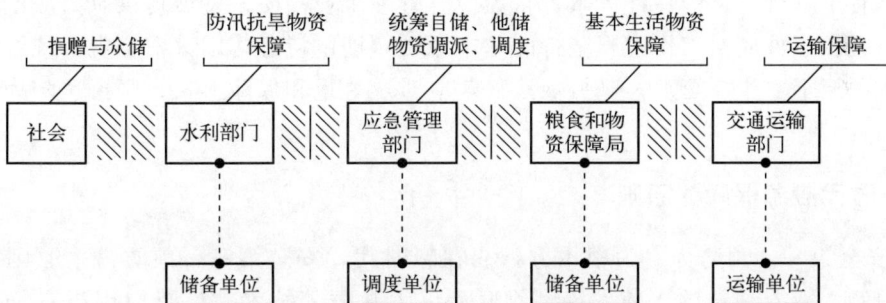

图 5-2　应急物资储备和调配体系

（4）风险识别

风险识别综合运用历史灾害数据、专家经验、实地调研等方法，识别城市或区域可能面临的各类灾害风险，包括自然灾害（如地震、洪水、台风等）、人为灾害（如火灾、爆炸、恐怖袭击等）和公共卫生事件（如传染病疫情）等。同时，分析这些风险可能对城市的人口、基础设施、经济社会等方面造成的影响。

（5）风险评估

利用灾害脆弱性分析框架，对识别出的风险进行评估。根据暴露性、敏感性和适应性分析的结果，计算各类风险发生的可能性和可能造成的损失程度，确定风险等级。

（6）能力评估

对应急保障能力进行全面评估，包括应急救援队伍的数量、专业素养和装备水平，应急物资的储备种类、数量和调配能力，应急通信、交通等基础设施的保障能力，以及应急管理体制、机制的运行效率等方面。通过建立评估指标体系，采用定性与定量相结合的方法，对各项能力进行量化评估，找出能力短板。

（7）风险管理策略制定

根据风险评估和能力评估的结果，制定针对性的风险管理策略。对于高风险区域和薄弱环节，加大资源投入，采取强化措施，如加强基础设施的抗震加固、提高应急物资储备水平、加强应急救援队伍的培训等；同时，优化应急管理体制、机制，提高应急响应的效率和协同能力。

（8）持续监测与改进

风险管理与能力评估是一个动态的过程，需要持续监测城市或区域内的风险变化情况和应急保障能力的提升效果。定期收集和分析相关数据，根据实际情况对风险评估和能力评估结果进行更新，及时调整风险管理策略和措施。

5.2　综合应急保障的原则

2024 年 6 月 28 日，第十四届全国人民代表大会常务委员会第十次会议通过修订后的《中华人民共和国突发事件应对法》，自 2024 年 11 月 1 日起施行。《中华人民共和国突发事件应对法》是突发事件应对领域的基础性、综合性法律，这次全面修订，是应急管理法治建设进程中具有里程碑意义的一件大事，将为应急管理事业高质量发展提供有力法治保障。其中，明确了突发事件应对工作应当坚持的基本原则，即坚持总体国家安全观，统筹发展与安全；坚持人民至上、生命至上；坚持依法科学应对，尊重和保障人权；坚持预防为主、预防与应急相结合。

5.2.1　新时代应急保障的原则

① 以安全第一、预防为主为根本方针。在新时代，安全第一、预防为主原则被赋予了更丰富的内涵。随着科技的飞速发展，物联网、大数据等技术被广泛应用于安全领域。例如，在工业生产中，借助物联网设备可以实时采集设备运行数据，利用大数据分析技术对这些数据进行深度挖掘，提前发现潜在的安全隐患，实现风险的精准预测和防控。同时，在政策保障方面，除了法治、科技、人才支持外，还应关注社会共治，鼓励企业、社会组织和公众积极参与安全管理，形成全社会共同维护安全的良好氛围。例如，一些城市推行的"安全隐患举报奖励制度"，激发了公众参与安全管理的积极性，有效补充了专业监管力量的不足。

② 全生命周期管理原则。在数字化时代，全生命周期管理原则在应急保障领域有了新的发展。灾前，利用虚拟现实（VR）和增强现实（AR）技术进行应急预案的模拟演练，让参与人员更直观地感受灾害场景，提高演练效果；借助地理信息系统（GIS）技术进行精准

的风险评估和物资储备规划，确保物资储备的科学性和合理性。灾中，通过 5G 技术实现救援现场与指挥中心的高清视频实时传输，为指挥决策提供更准确的信息；运用智能机器人参与救援行动，如危险环境下的搜索救援、物资运输等，提高救援效率和安全性。灾后，利用区块链技术对恢复重建资金的使用进行全程追溯，确保资金使用的透明和公正；通过心理健康监测系统对受灾群众进行长期的心理跟踪和干预，帮助他们彻底走出心理阴影。

③ 以人为本原则。在新时代，必须以保障人民生命财产安全为根本任务。以人为本原则不仅体现在保障人民生命安全和身体健康上，还体现在对人权的全面尊重和保障上。例如，在灾害应对过程中，充分考虑特殊群体的需求，为残疾人、老年人、儿童等提供特殊的救援和保障服务。同时，随着社交媒体的发展，公众在应急保障中的参与度和话语权不断提高。政府和相关部门应更加注重通过社交媒体平台倾听群众的声音，及时回应社会关切，让应急保障工作更加贴近群众需求。

④ 可持续发展原则。随着全球对气候变化的关注度不断提高，可持续发展原则在应急保障工作中的重要性日益凸显。在应急保障过程中，要充分考虑气候变化对灾害发生频率和强度的影响，提前做好应对措施。例如，在沿海地区加强防洪防潮设施建设时，要考虑海平面上升的因素，提高设施的抗灾能力。同时，积极推广可再生能源在应急保障中的应用，如利用太阳能、风能为应急救援设备和临时安置点供电，减少对传统能源的依赖，降低碳排放。此外，在应急保障资源的管理上，要建立资源循环利用的长效机制，不仅对救援设备进行回收再利用，还要对救援过程中产生的废弃物进行环保处理，实现资源的最大化利用和环境的最小化破坏。

⑤ 协同合作原则。其在应急保障工作中的应用更加广泛和深入。国际的应急合作日益紧密，各国在应对跨国灾害时相互支持、共享经验和资源。例如，在跨国传染病防控、跨境自然灾害救援等方面，国际社会通过建立联合应急机制，共同应对挑战。在国内，除了加强跨区域、跨部门的协同合作外，还应注重政府与企业、社会组织之间的合作。鼓励企业和社会组织参与应急救援和保障工作，发挥它们在技术、资金、物资等方面的优势。例如，一些互联网企业利用自身的大数据和云计算技术，为应急指挥提供数据支持和决策辅助；社会组织在受灾群众的心理疏导、生活救助等方面发挥了重要作用。同时，通过建立应急产业联盟等形式，促进应急产业的协同发展，提高应急保障的整体能力。

⑥ 创新驱动原则。创新驱动原则是提升应急保障能力的关键。除了利用大数据、人工智能等技术提升应急监测、预警和指挥调度能力外，还应关注新兴技术在应急保障领域的应用潜力。例如，量子通信技术具有极高的安全性和抗干扰性，可应用于应急指挥通信，确保信息传输的安全可靠；基因编辑技术在生物灾害防控方面具有潜在的应用价值，通过基因编辑技术培育抗灾作物品种，减少生物灾害对农业生产的影响。此外，在应急管理机制创新方面，探索建立"互联网＋应急管理"的新模式，利用互联网平台整合应急资源，实现应急管理的智能化、高效化。例如，一些地方政府开发的应急管理 APP，实现了公众举报、救援物资申请、应急知识普及等功能的一体化，提高了应急管理的社会参与度和效率。

⑦ 灾变链式演化响应原则。灾变链式演化响应原则强调基于对灾害态势的实时感知，实现应急保障资源的动态部署。随着信息技术的发展，态势感知能力得到了极大提升。借助传感器网络、卫星遥感、无人机监测等技术手段，可以实时获取灾害现场的地理信息、气象数据、人员分布等多源数据。基于这些数据，利用基于态势感知的应急保障资源动态部署模

型进行分析和决策。

以 NIST（美国国家标准与技术研究院）框架应用案例为例进行介绍。在某城市发生地震灾害后，通过传感器网络实时监测到建筑物倒塌区域、人员被困情况以及道路损坏程度等信息。利用 NIST 框架，将这些信息进行整合和分析，快速确定应急救援的重点区域和所需资源类型，如在人员密集的倒塌区域优先调配生命探测仪、破拆设备和专业救援队伍；根据道路损坏情况，合理规划救援物资的运输路线，确保救援资源能够及时、精准地投放到最需要的地方。同时，随着灾害态势的发展变化，动态调整资源部署方案，实现对灾害的高效应对。

⑧ 复杂适应系统构建原则。复杂适应系统构建原则强调利用分级响应机制和多 Agent 协同仿真技术提高应急保障的科学性和有效性。分级响应机制根据灾害的严重程度、影响范围等因素，制定不同级别的响应措施，确保应急资源的合理配置。

例如，在火灾事故中，根据火势大小、火灾区域内人员数量等指标划分响应级别，小火情启动社区级应急响应，由社区消防力量和志愿者进行扑救；较大火灾启动区级响应，调动全区消防资源进行救援；特大火灾则启动市级或更高层级的响应，整合全市乃至周边地区的救援力量。多 Agent 协同仿真技术通过模拟多个智能体（Agent）在复杂环境中的相互作用和行为，为应急决策提供科学依据。以 SWARM 平台为例进行介绍。在模拟城市洪涝灾害应急救援过程中，将救援队伍、救援物资、受灾群众等抽象为不同的 Agent，赋予它们各自的属性和行为规则。通过在 SWARM 平台上进行多次仿真实验，可以分析不同救援策略下的救援效果，如救援时间、人员伤亡情况等，从而为实际救援决策提供参考。

5.2.2 预防优先与极限救援

在应急保障领域，"预防优先"与"极限救援"是两个重要的理念，它们在实际应用中存在一定的价值权衡。在 2024 年 7 月 9 日，四川甘孜雅江县遭遇强降雨，突发山洪。山洪来临前，雅江县应急管理局接到暴雨蓝色预警以及地质灾害橙色预警。基于预防优先的理念，相关部门迅速行动，全面排查重点区域隐患。一方面，应急管理局组织会商研判，提前规划应对措施；另一方面，提前转移 121 人、疏导 11000 余人、管控车辆 3800 余辆。在此次灾害中，尽管泥水石块从山上倾泻而下，道路瞬间被洪流冲毁，但由于预防工作到位，成功实现无人员伤亡。这一案例体现了在灾害预警阶段，通过提前预防、积极排查隐患以及人员的及时转移，能够有效降低灾害损失，是预防优先原则在自然灾害防范中的成功实践。以 FEMA（美国联邦紧急事务管理署）和日本《灾害对策基本法》采取的措施为例进行对比分析。FEMA 在应急管理中注重预防和减灾工作，通过投入大量资金用于灾害风险评估、基础设施加固、公众教育等方面，从源头上降低灾害发生的可能性和影响程度。

例如，在飓风频发地区，FEMA 支持开展沿海防护工程建设，提高海岸带的抗风能力；同时，加强对公众的飓风防范知识教育，提高民众的自我保护意识。这种"预防优先"的理念在长期实践中取得了显著成效，减少了灾害造成的人员伤亡和财产损失。

日本《灾害对策基本法》则在强调预防的同时，也非常重视"极限救援"。日本作为一个自然灾害频发的国家，在面对诸如地震、海啸等重大灾害时，往往需要进行极限救援。日本建立了完善的应急救援体系，包括专业的救援队伍、先进的救援设备和高效的指挥协调机制。在灾害发生后，救援力量迅速投入行动，不惜一切代价抢救生命。例如，在东日本大地震后，日本自卫队、消防队伍等迅速展开救援行动，同时国际社会也提供了大量援助，尽最大努力减少人员伤亡。

5.3 应急物资保障体系

应急物资保障体系的重要性在于它是国家应急管理体系建设的核心内容，直接关系到国家治理体系和治理能力的现代化。它不仅为应对和处置突发公共事件提供物资基础保障，而且在决定突发事件应急处置成败中扮演着关键角色。例如，在新冠疫情期间，应急物资保障体系的高效运作对于控制疫情扩散、救治患者起到了至关重要的作用。

应急物资保障体系还涉及平时服务和灾时应急的双重功能，要求在非紧急状态下也要做好物资的储备和管理，以便在灾害发生时能够迅速调拨和使用。根据集中管理、统一调拨的原则，应急物资保障体系能够确保在关键时刻物资调得出、用得上，为社会稳定和人民安全提供坚实保障。因此，构建一个科学、高效的应急物资保障体系（如图 5-3）对于提升国家应急管理水平、保障公共安全具有重大意义。

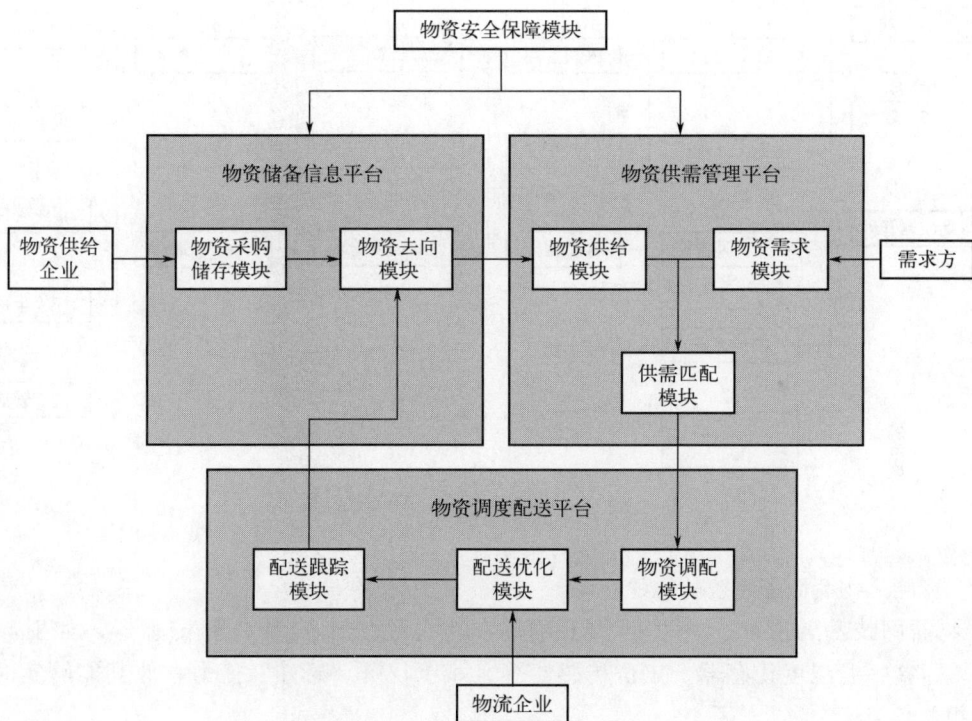

图 5-3　应急物资保障体系

5.3.1 智能化物资储备与管理

（1）智能化物资储备与管理的背景与意义

在新时代，随着科技的飞速发展以及各类突发事件复杂性和不确定性的增加，传统的应急物资储备与管理模式面临着诸多挑战。以往依靠人工记录、纸质档案和相对简单的仓库管理方式，已难以满足快速、精准调配应急物资的需求。例如，在面对大规模自然灾害（如地震、洪水等）时，需要迅速知晓各类物资的准确库存、存放位置以及其质量状态等信息，传统模式下获取这些信息往往耗时较长，容易导致物资调配延误，影响应急救援的及时性和有效性。而智能化物资储备与管理模式的引入，为解决这些问题提供了有效途径。如图5-4所示的应急物资智能仓储管理系统。它借助先进的信息技术，如物联网、大数据、人工智能、云计算等，能够实现对应急物资从采购、入库、存储到出库等全流程的实时监控、精准管理和高效调配。这不仅可以极大提高物资管理的效率和准确性，还能确保在紧急时刻应急物资能够迅速、有序地投入使用，最大限度地满足受灾地区和群众的需求，增强整个应急保障体系的韧性和应对能力，对于维护社会稳定、减少灾害损失具有至关重要的意义。

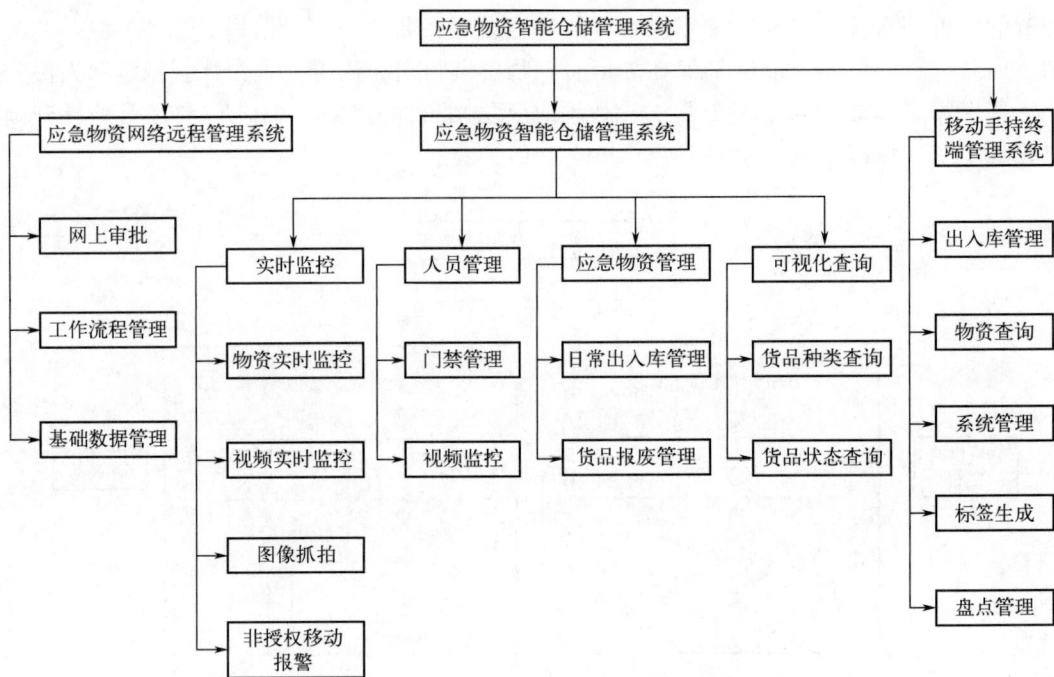

图 5-4　应急物资智能仓储管理系统

（2）智能化物资储备系统的构建

① 物联网技术的应用。物联网技术通过在应急物资上安装各种传感器，如射频识别（RFID）标签、温湿度传感器、定位传感器等，赋予物资"感知"能力，使其能够实时传递自身的相关信息。

以 RFID 标签为例，每一件应急物资都可以贴上这种标签，标签内存储着物资的名称、规格、型号、生产日期、入库时间等详细信息。当物资进出仓库时，通过安装在仓库门口的 RFID 读写器，就能自动识别物资信息，实现快速的入库登记和出库记录，无需人工手动录入，大大提高了物资出入库的效率和记录的准确性。同时，温湿度传感器可以安装在仓库的不同区域以及对存储环境有特殊要求的物资周边，实时监测环境温湿度情况。一旦温湿度超出设定的适宜范围，系统会立即发出警报，提醒管理人员。此外，借助物联网技术，还能实现物资运输过程中的实时监控。在运输车辆上安装车载物联网设备，能够实时获取车辆的位置、行驶速度、行驶路线以及车厢内的温湿度、振动等情况，确保物资在运输途中的安全，防止意外情况的发生，如道路颠簸导致物资损坏、丢失或者因运输路线错误而延误送达时间等。

② 大数据平台的搭建。搭建大数据平台是智能化物资储备与管理的核心环节之一，它能够收集、整合来自各个渠道的物资相关数据，并进行深度分析，挖掘出有价值的信息，为决策提供支持。首先，大数据平台汇聚了物资采购数据，包括采购时间、采购渠道、采购价格、供应商信息等，通过分析这些数据，可以评估不同供应商的信誉、物资质量以及价格优势，帮助优化采购策略，选择性价比最高的采购渠道，降低采购成本。

在库存管理方面，大数据平台整合了物联网传感器收集到的物资实时库存信息、出入库记录以及仓库环境数据等。通过数据分析，可以实现库存的动态监测和智能预警。而且，大数据平台还能分析物资在不同地区、不同灾害场景下的调配规律，为优化物资调配方案提供依据。比如，通过对比分析多次洪水灾害中各受灾地区对帐篷、救生衣、沙袋等物资的需求差异以及调配时间、运输路线等情况，总结出最佳的调配模式，以便在未来类似灾害发生时能够迅速、精准地进行物资调配。

③ 人工智能与云计算的协同作用。人工智能技术在智能化物资储备与管理中发挥着重要作用，它可以对大数据平台分析后的海量数据进行进一步的智能学习和预测，实现更精准的决策支持。

例如，利用机器学习算法，根据过往的灾害数据、物资储备情况以及社会经济发展等多方面因素，建立物资需求预测模型。这个模型能够自动学习数据中的规律，准确预测出不同地区、不同季节、不同灾害类型下可能需要的应急物资种类和数量，帮助管理人员提前做好物资储备工作，提高应急响应的前瞻性。同时，人工智能还可以应用于物资质量检测方面，通过图像识别技术对物资外观进行自动检查，识别是否存在破损、变形、霉变等质量问题，相较于传统的人工肉眼检查，人工智能大大提高了检测的效率和准确性。

云计算则为整个智能化物资储备与管理系统提供了强大的计算资源和数据存储支持。由于应急物资相关数据量庞大，且在应急救援期间需要快速处理和分析这些数据，本地服务器往往难以满足计算和存储需求。云计算平台可以按需提供强大的计算能力和海量的数据存储空间，确保系统在高并发访问和大数据处理时能够稳定运行。

（3）智能化管理机制的实现

① 人员管理智能化。智能化管理机制不仅涉及物资本身，也涵盖了对管理人员的科学管理。通过建立人员管理信息系统，实现对应急物资管理相关人员的全面数字化管理。在人员信息管理方面，系统记录每个管理人员的基本信息、岗位信息、专业技能、培训经历等内容，方便根据工作需求合理安排人员岗位，例如，在需要进行物资质量检测时，能够快速筛选出具备相关检测技能的人员参与工作。同时，利用系统可以对人员的工作绩效进行实时评估，根据物资出入库记录的准确性、及时性，物资盘点的误差率，以及对突发问题的处理情况等指标，客观公正地评价每个管理人员的工作表现，为奖惩、晋升等提供依据，激励管理人员积极提升工作效率和质量。

② 流程优化与自动化执行。智能化管理致力于优化应急物资储备与管理的各项流程，实现从采购到调配全流程的自动化执行，减少人为操作带来的误差和延误。在物资采购流程中，基于大数据分析和人工智能预测的结果，系统自动生成采购计划，明确采购物资的种

类、数量、供应商等信息，并按照设定的采购流程自动发起采购申请、进行招投标（如果需要）、签订合同等操作，整个过程实现线上化、透明化，提高采购效率的同时确保采购的合规性。物资入库时，借助物联网技术实现自动识别和登记，随后系统按照预设的存储规则，自动分配物资的存放位置，例如根据物资的类别、体积、重量以及仓库的布局等因素，将其放置在最合适的货架或区域，方便管理和取用。

在物资存储期间，通过智能监控系统实时监测物资状态和仓库环境，一旦出现异常情况，如物资库存低于预警值、温湿度超标、设备故障等，系统自动触发相应的处理流程，向相关管理人员发送提醒信息，并根据预设的解决方案指导管理人员采取措施进行处理。

在出库调配环节，当接到应急救援任务时，系统根据灾害类型、受灾地区需求以及物资储备情况，迅速生成最优的物资调配方案，包括调配物资的清单、运输方式、运输路线等，同时自动下达出库指令，完成物资的快速出库和装车运输，确保物资能够及时送达受灾地点。

③ 安全与风险管理智能化。智能化管理机制高度重视应急物资储备与管理中的安全与风险管理，通过运用智能技术实现全方位的风险监测、预警和防控。从安全角度来看，可利用视频监控系统结合智能图像识别技术，对仓库内外的人员、车辆活动进行实时监控，识别并预警非法闯入、异常行为等安全隐患。例如，当系统检测到有人在非工作时间试图进入仓库或者在仓库内出现可疑的搬运物资行为时，会立即发出警报并通知安保人员进行核实和处理。

同时，加强对仓库消防、电气等设施设备的智能监测，通过安装烟雾传感器、温度传感器、漏电检测装置等，实时掌握设施设备的运行状态，一旦发现火灾、漏电等安全风险，自动启动相应的消防、断电等应急措施，保障仓库及物资的安全。

在风险管理方面，通过大数据分析和风险评估模型，对可能影响应急物资储备与管理的各类风险因素进行全面识别和量化评估，如市场供应波动导致的物资采购风险、自然灾害对仓库造成破坏的风险、物流运输中断的风险等。

根据风险评估结果，制定针对性的风险应对策略，并且利用智能预警系统实时监测风险因素的变化情况，当风险指标超出设定的阈值时，提前发出风险预警信息，提醒管理人员及时采取风险防控措施，如调整采购计划、加强仓库防护、优化运输路线等，确保应急物资储备与管理工作的稳定开展，降低各类风险可能带来的不利影响。

5.3.2 物资调配管理与全球协作

（1）技术赋能路径与国际对标

① 新一代信息技术集成。星地协同通信保障。在当今全球化且对通信依赖程度极高的时代，星地协同通信保障体系的构建至关重要。北斗三号系统与伽利略系统在定位误差补偿方案上存在显著差异：

a. 北斗三号采用了独具特色的星间链路技术，通过卫星之间的相互通信，实现了对卫星轨道和钟差的精确测定。其地面监测站分布广泛，能够实时监测卫星状态，并将数据通过星间链路传输至其他卫星，进而实现对定位误差的有效补偿。例如，在复杂地形区域，如山区，北斗三号通过星间链路快速传递周边卫星信息，对信号遮挡导致的误差进行修正，使定位精度能够稳定在米级范围。

b. 伽利略系统则侧重于采用高精度的原子钟技术，以减小时间误差对定位的影响。同时，其地面监测站利用先进的算法对卫星信号进行处理，实现定位误差补偿。在欧洲部分平原地区，该系统凭借高精度原子钟技术，定位精度可达亚米级。但在面对大范围复杂环境时，由于其未部署星间链路，在补偿因环境因素导致的定位误差方面，效率略低于北斗三号。

② 数字孪生灾害推演平台技术要求。数字孪生灾害推演平台可借鉴达沃斯全球风险评估体系的多维度评估思路。达沃斯全球风险评估体系从经济、环境、社会等多个维度对全球风险进行评估。数字孪生灾害推演平台也应如此，从气象数据、地质结构、人口分布、基础设施状况等多维度收集数据。如在气象方面，需要高精度实时的气象数据，包括风速、降水量、气压等，以模拟台风、暴雨等气象灾害的演变过程。在地质结构上，详细了解地下岩石层、土壤类型等信息，用于推演地震、山体滑坡等地质灾害的发生机制。结合人口分布数据，能够精准预估灾害对不同区域人群的影响程度。对于基础设施状况，如交通线路、能源供应设施等的掌握，有助于评估灾害对社会运转的冲击。通过建立全面的数字模型，利用大数据分析和人工智能算法，对各类灾害进行精准推演，提前为防灾减灾提供科学依据。

③ 国际经验本土化路径。表 5-1 是国际经验本土化路径的两个对比案例。

表 5-1　国际经验本土化路径参考

对比维度	欧盟经验本土化	日本经验本土化
原机制特点	欧盟成员国应急通信资源整合，快速信息协同	物资储备点分布广、种类全（食品/医疗/照明等），管理体系完善
本土化挑战	① 地理环境复杂（地形多样、人口不均） ② 行政体系差异（中央统筹 vs 国家联盟）	① 区域差异大（产业/人口分布不均） ② 气候湿润、洪灾风险高
本土化改造措施	① 技术适配：山地采用卫星＋短波通信 ② 机制调整：强化中央统一指挥，分级明确权责，构建高效信息通道	① 储备优化：工业区增配修复物资，城市强化生活物资储备 ② 环境适配：增加防潮防水物资，改善仓储条件 ③ 调配升级：结合区域交通网络优化物流机制

（2）国内物资调配的优化策略与实践

① 建立统一的物资调配平台。为了解决信息不对称和协调沟通难题，建立全国性的统一物资调配平台势在必行。这个平台整合了来自各地应急物资储备仓库、生产企业、社会组织捐赠等多渠道的物资信息，涵盖物资的种类、数量、存放位置、质量状态等详细内容，同时实时收集受灾地区上报的物资需求信息以及物资运输过程中的动态数据。通过大数据分析和智能算法，平台能够根据受灾地区的灾害类型、受灾人口数量、受损程度等，迅速精准地匹配出最适合的物资供应源，并生成最优的物资调配方案，明确物资的调配路径、运输方式以及预计送达时间等。如图 5-5 所示。

例如，在某地区发生地震灾害后，平台依据该地区上报的帐篷、棉被、食品等物资需求数量以及当地的交通路况信息，从周边地区库存充足且运输便利的仓库中筛选出相应物资，规划好通过公路运输或铁路运输（根据实际情况选择最优方式）的具体路线，确保物资能够以最快的速度运往受灾地区。

② 加强区域间与部门间协作机制。国内物资调配需要强化区域间以及部门间的协作，

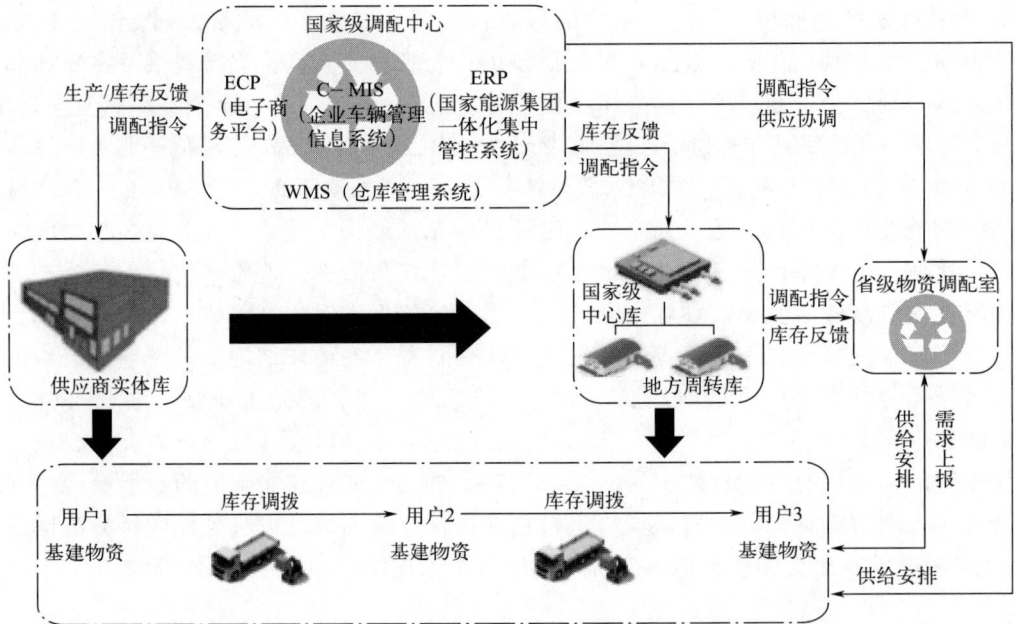

图 5-5　基于物资调配中心的国家电网物资供应保障体系

形成上下联动、左右协同的良好格局。在区域协作方面，建立跨区域的应急物资互助协议，明确不同地区在物资调配中的责任和义务。

在经济发达地区与自然灾害多发地区之间可以达成长期的互助合作，在平时，发达地区帮助受灾频发地区建设和充实应急物资储备仓库；在灾害发生时，受灾地区所在的周边区域能够迅速响应，按照统一调配要求，优先提供本地的物资支援，实现区域间的资源互补。同时，加强区域间应急物流网络的协同建设，优化运输枢纽布局，提高区域间的物资运输效率，确保物资能够顺畅地在不同地区之间流转。

应急管理部门负责总体的物资调配指挥协调工作，制订物资调配计划并监督实施；交通运输部门保障物资运输的道路畅通，及时调配运力，对运输车辆给予优先通行等政策支持；民政部门做好受灾群众物资需求的统计和反馈工作，协助确定物资调配的重点和优先级；发展改革部门则对物资的生产、储备等环节进行宏观调控，确保物资的供应稳定。通过建立定期的联席会议制度、信息共享机制以及联合应急演练等方式，加强部门间的沟通协调，消除工作中的衔接障碍，共同推动物资调配工作高效开展。

③ 优化应急物流体系。构建高效的应急物流体系是实现国内物资调配优化的关键支撑。一方面，加强应急物流基础设施建设，完善公路、铁路、航空、水运等多种运输方式的衔接，提高交通枢纽的应急保障能力。例如，在重要的物流节点城市建设应急物资转运中心，配备先进的装卸设备、仓储设施以及应急发电、供水等保障设备，使其具备在灾害期间快速转运物资的能力。同时，提高运输通道的抗毁能力，加强对桥梁、隧道等关键交通设施的加固和维护，确保其在遭受自然灾害等破坏后能够迅速恢复，保障物资运输的畅通。

另一方面，发展智能应急物流技术，运用物联网、大数据、地理信息系统（GIS）等技术手段，实现对物流运输全过程的智能化管理。通过物联网技术实时监控运输车辆、船舶、飞机等运输工具的运行状态和物资的运输环境；利用大数据分析预测运输需求、优化运输路线、调配运力资源；借助 GIS 技术直观展示运输网络、交通路况以及物资调配的动态流向，为物流调度提供科学依据。此外，建立应急物流专业队伍，加强对物流从业人员的应急培训，提高其在特殊情况下的物流操作技能和应急处置能力，确保应急物流能够高效、稳定地运行。

（3）全球协作在应急物资保障中的重要性与实践模式

① 全球协作的重要意义：

a. 资源整合——统筹各国物资生产与储备优势（医疗物资、生活物资等），实现跨国精准调配，快速填补灾国缺口；

b. 能力互补——通过技术标准互认、应急经验共享，推动救援装备协同与管理机制互鉴；

c. 体系共建——以协作机制化解单边主义局限，促进预警、物流、数据等关键环节全球标准化，构筑人类命运共同体防线。

② 国际组织主导的协作模式。国际组织在全球应急物资协作中发挥着重要的牵头和协调作用，例如世界卫生组织（WHO）在全球公共卫生事件应对中扮演着核心角色。

在公共卫生危机期间，WHO 利用其遍布全球的监测网络，及时收集各国的疫情信息，评估全球公共卫生物资的需求情况，然后协调各国政府、制药企业、医疗器械生产企业等相关方，推动医疗物资如疫苗、检测试剂、防护用品等的全球生产、调配和捐赠。它通过建立国际物资供应数据库，记录各国可提供和急需的物资信息，按照公平、公正、透明的原则，根据受灾国家的疫情严重程度、医疗资源匮乏程度等因素，制定物资分配方案，组织国际运输，确保医疗物资能够精准送达最需要的地区。

联合国人道主义事务协调厅（OCHA）同样在跨国自然灾害等应急情况下发挥关键作用，它负责协调各国政府、国际非政府组织、慈善机构等多方力量，开展国际人道主义救援行动，包括应急物资的筹集、调配和分发。OCHA 会设立应急响应基金，接受各国和各界的捐赠资金，用于购买和运输受灾地区急需的食品、饮用水、帐篷等生活物资，同时协调各方建立联合物流机制，保障物资能够跨越国界，顺利抵达受灾群众手中。

③ 国家间双边与多边合作模式。除了国际组织主导的协作模式外，国家间的双边与多边合作也是全球应急物资协作的重要实践形式。双边合作常见于地理位置相邻或有着密切经济、文化联系的国家之间。如表 5-2 所示。

表 5-2　国际合作模式案例

合作模式	参与主体	核心机制	实践案例	核心效益
双边合作	中国与东盟国家	应急救援合作协议	① 灾害时物资援助、技术共享、人员互派 ② 共建应急物资储备库，联合生产（如订单采购、产能互补）	快速响应、资源互补
多边合作	欧盟成员国	区域应急物资调配平台	① 统一整合医疗、救灾、生活物资 ② 联合救援队派遣 ③ 灾后资金与技术协同支持	区域协同、效率最大化
	亚洲国家	多边协作平台	① 联合储备规划与应急演练 ② 灾害信息实时共享 ③ 协调运输与捐赠（如跨国洪水、公共卫生事件物资调度）	信息透明化、区域稳定有保障

④ 全球供应链在应急物资调配中的作用与优化。全球供应链是实现全球应急物资协作调配的关键基础，它连接着世界各国的物资生产、采购、运输、仓储等环节。在正常情况下，全球供应链依据市场规律高效运转，保障各类物资在全球范围内的流通与供应。然而在应急状态下，全球供应链往往面临着诸多挑战，比如因贸易限制、交通管制、生产停滞等因素导致的物资供应中断或延迟等问题。

为了优化全球供应链在应急物资调配中的作用，一方面需要建立应急物资供应链的弹性机制。各国可以通过政策引导，鼓励企业在应急物资生产环节保留一定的冗余产能，以便在突发灾害时能够迅速扩大生产规模，增加物资供应。同时，推动供应链的多元化布局，避免过度依赖单一地区或少数企业的生产供应，例如在医疗物资生产上，不能仅集中于某个特定国家或地区的少数几家工厂，而是要分散布局，提高供应链整体的抗风险能力。另一方面，加强供应链的数字化管理与信息共享。利用区块链、大数据等技术手段，构建透明、可追溯的应急物资供应链体系，让参与各方能够实时了解物资的生产进度、运输位置、库存情况等关键信息，便于精准调配与协同管理。例如，在跨国运输应急物资时，通过区块链技术记录物资的每一个流转环节，从出厂、装船、运输到入关等，各方都能准确获取信息，防止出现物资丢失、延误交付等情况，提高供应链的运作效率与可靠性。此外，国际社会还应共同制定与应急物资供应链相关的国际规则与标准，规范各国在物资进出口、运输、质量检验等方面的行为，消除因规则差异带来的贸易壁垒和协调障碍，保障应急物资能够在全球范围内顺畅地调配流通，为跨国应急协作提供有力的制度保障。

⑤ 民间力量参与全球应急物资协作的方式与影响。民间力量在全球应急物资协作中也发挥着不可或缺的作用，众多国际非政府组织、慈善机构、志愿者团体以及跨国企业等纷纷参与其中，为应急物资保障增添了强大的助力。如表5-3所示。

表5-3　全球应急物资协作方式

分类	主体	运作模式	实施内容	重要意义
国际非政府组织	无国界医生组织等	专业医疗团队＋全球网络覆盖	① 筹集、运输医疗物资（药品/器械） ② 深入灾区提供免费救治	填补官方援助盲区，提升医疗救援效率
慈善机构	红十字会与红新月会国际联合会等	全球募捐＋分支机构协同	① 灾害响应期调配物资、组织志愿者分发 ② 长期传播人道主义精神	缓解生活困难，强化人道主义响应
跨国企业	① 物流企业（如DHL） ② 生产型企业（如食品公司）	全球运输网络，灵活调整生产	① 物流企业：保障跨国物资高效送达 ② 生产型企业：优先生产应急物资并低价供应或捐赠	利用全球化布局缩短救援链条，降低物资获取成本
国际志愿者团体	跨国热心人士组成的非正式团体	跨国自发协作＋基层参与	① 参与物资筹集、分拣、分发等末端环节 ② 集体行动传递希望与支持	推动全球协作实践，增强社会凝聚力

5.3.3　物资保障的可持续发展

（1）物资保障对可持续发展的意义与重要性

物资保障的可持续发展是指在应急保障体系中，确保应急物资能够长期、稳定、有效地供应和使用，既能满足当下各类突发事件对应急物资的需求，又能兼顾未来可能出现的变化和挑战，实现应急物资在经济、社会、环境等多方面的协调发展。

在经济层面，可持续的物资保障可以避免因过度储备或不合理采购造成的资源浪费和财政负担。例如，若盲目大量采购应急物资而不考虑实际的使用频率和保质期等因素，可能导致物资过期报废，造成资金浪费；同时，合理规划物资储备和生产，能引导相关产业健康发展，通过稳定的市场需求激励企业提升生产效率、优化产品质量，促进经济的良性循环。

在社会层面，它关乎着受灾群众以及全社会对应急保障的信心和安全感。当人们知道应急物资能够持续可靠地提供时，在面对突发事件时会更加从容，社会秩序也能更稳定地维持。而且，可持续发展的物资保障体系有助于培养公众的应急意识和自救互救能力，通过让公众参与到与物资保障相关的宣传教育、培训演练等活动，可增强整个社会的应急韧性。

在环境层面，考虑物资保障的可持续性意味着要注重物资的生命周期管理，减少物资生产、使用、废弃等过程对环境造成的负面影响。比如选择环保型的应急物资材料，优化物资回收利用机制，降低对自然资源的消耗以及废弃物排放，实现应急物资保障与环境保护的和谐共生。

（2）可持续的物资采购策略

① 绿色采购原则的应用。绿色采购是物资保障可持续发展的重要举措，其核心在于优先选择符合环保标准、对环境影响小的应急物资产品。在采购过程中，对应急物资的原材料来源、生产工艺、使用后的可回收性等方面进行严格考量。

例如，对于帐篷、睡袋等户外应急居住用品，优先采购采用可降解、可再生材料制作的产品。以天然纤维（如麻、棉）等为主要原料的帐篷布，相较于传统的化学合成纤维材料，在废弃后能够自然分解，减少对土壤和水体的污染。在照明设备采购上，选择节能、低汞甚至无汞的灯具，降低因电池和灯管废弃后含汞等有害物质对环境的危害。同时，关注物资生产过程中的能源消耗情况，鼓励采购那些通过清洁生产工艺制造的产品，即生产过程中注重资源的高效利用、减少废弃物排放以及降低能源消耗的物资，推动供应商向绿色生产转型。此外，要求供应商提供产品的环境认证信息，如 ISO 14001 环境管理体系认证等，确保所采购的物资在整个生命周期内都符合绿色环保要求，通过绿色采购的引导作用，促使整个应急物资生产行业朝着更加环保、可持续的方向发展。

② 本地采购与区域合作的平衡。在物资采购中，平衡本地采购与区域合作具有重要意义。本地采购能够减少运输距离，降低运输成本和因长途运输带来的碳排放，同时支持本地企业发展，增强本地经济的韧性。例如，在食品类应急物资采购上，优先选择本地的农产品加工企业生产的食品，既能保证食品的新鲜度和供应及时性，又能带动本地农业和食品加工业的发展，保障农民和企业的利益。然而，完全依赖本地采购可能存在物资种类有限、供应能力不足等问题，尤其是对于一些本地无法生产或产量不能满足需求的特殊物资。这时就需要开展区域合作采购，与周边地区或有物资生产优势的地区建立合作关系，实现资源互补。

比如，对于一些高科技的应急救援设备，本地可能缺乏相关的生产技术和企业，通过与科技发达地区合作采购，可以获取高质量的设备，满足应急救援的专业需求。通过合理平衡本地采购与区域合作，既能保障物资的多样性和充足供应，又能在经济和环境等方面实现可持续发展。

③ 长期合作与供应商多元化。建立与供应商的长期合作关系有助于实现物资采购的可持续性。长期合作可以使采购方与供应商之间形成稳定的信任机制，供应商更了解采购方的需求特点，能够提供更符合质量要求、价格合理的物资，同时双方可以共同开展研发、优化物资性能等工作。

例如，与专业生产应急医疗用品的供应商长期合作，在面对公共卫生事件等不断变化的应急需求时，双方可以一起探讨如何改进产品包装、提高产品的便携性和实用性等，提高物资的适用性。同时，保持供应商的多元化也是必要的。过度依赖单一供应商会带来供应风险，如一旦该供应商出现生产故障、经营问题等，可能导致物资供应中断。通过与多个供应商合作，分散采购风险，即使某个供应商出现问题，也能从其他供应商处获取所需物资。而且不同供应商在产品质量、价格、创新能力等方面各有优势，多元化的供应商选择可以促使供应商之间形成良性竞争，推动整个行业提升产品质量和服务水平，为可持续的物资采购提供有力保障。

（3）物资储备的可持续管理

① 库存优化与资源循环利用。库存优化是物资储备可持续管理的关键环节。通过运用大数据分析、需求预测模型等技术手段，结合过往的灾害发生频率、物资使用情况以及社会经济发展趋势等因素，精准确定各类应急物资的合理储备量，避免出现库存积压或物资短缺现象。

例如，根据某地区多年来洪水灾害的发生规律以及受灾群众数量变化趋势，科学计算出沙袋、救生衣、冲锋舟等物资的最佳储备数量，定期对库存进行盘点和调整，确保物资储备既能满足应急需求，又不会造成资源闲置浪费。同时，注重资源的循环利用，对于一些可重复使用的应急物资，如救灾帐篷、应急照明设备等，建立完善的回收、检测、维修和再利用机制。在灾害过后，及时组织人员对可回收物资进行收集，经过专业检测和维修，使其恢复性能，重新纳入储备体系。

② 仓储设施的绿色建设与运营。仓储设施作为应急物资储备的重要载体，其绿色建设与运营对于物资保障的可持续发展至关重要。在建设方面，选择环保节能的建筑材料，如采用具有良好隔热性能的墙体材料和屋顶材料，减少仓库在夏季制冷、冬季保暖方面的能源消耗；使用太阳能光伏发电系统为仓库提供部分电力，降低对传统电网电力的依赖，实现清洁能源的利用。另一方面，合理规划仓库布局，提高仓储空间的利用率，减少土地资源的占用，并且注重仓库周边的生态环境建设，种植绿化植物，改善局部气候，减轻热岛效应等环境影响。在运营过程中，实施节能管理措施，安装智能照明系统和节能型通风、空调设备，通过自动化控制实现按需照明、通风和温度调节，降低能源消耗。加强仓库的水资源管理，采用雨水收集系统收集雨水用于仓库的绿化灌溉、清洁等用途，提高水资源的利用效率。此外，对仓库运营过程中产生的废弃物进行分类收集和妥善处理，鼓励采用环保的包装材料，减少包装废弃物对环境的污染，确保仓储设施在整个运营周期内都符合可持续发展的要求。

③ 应急物资储备的动态监测与评估。为了实现物资储备的可持续管理，需要建立动态的监测与评估机制，实时掌握物资储备的状态和效能。利用物联网技术和信息化管理系统，

对应急物资的库存数量、质量状况、存放位置等信息进行实时监测，及时发现物资的损耗、过期、变质等问题，并采取相应的处理措施。

例如，通过温湿度传感器实时监测仓库内的环境，对于对温湿度敏感的物资如药品、食品等，一旦环境参数超出适宜范围，系统立即发出警报，提醒管理人员及时调整环境控制措施，保障物资质量。定期开展物资储备的效能评估，从物资的适用性、储备量合理性、调配效率等多个维度进行分析评价。通过与实际应急救援案例相结合，考察储备的物资是否能够在灾害发生时真正满足需求，是否存在因储备不足或物资不适用导致救援受阻的情况，根据评估结果及时调整储备策略，优化物资储备结构，提高物资储备的可持续保障能力。

（4）公众参与和社会意识培养

① 公众在物资保障可持续发展中的角色与作用。公众在物资保障的可持续发展中扮演着重要角色，其参与程度和行为方式直接影响着整个体系的可持续性。

首先，公众可以通过参与应急物资的捐赠活动，为物资储备增添力量。在灾害发生后，许多热心公众会自发地捐赠生活用品等物资，这些捐赠不仅在一定程度上补充了应急物资的缺口，也体现了社会的爱心与凝聚力。而且，公众在日常生活中的理性消费行为也对应急物资保障有着积极影响，例如不过度囤积应急物资，避免造成市场供应紧张和资源浪费，按照实际需求合理储备一些常用的应急物品，如家庭急救箱、应急照明工具等，形成良好的家庭应急物资储备习惯，提高全社会的应急保障基础水平。此外，公众还可以作为志愿者参与与物资保障相关的工作，如协助物资的分拣、包装、运输以及在社区开展应急物资储备知识宣传等活动，以实际行动支持物资保障体系的建设和运行，为可持续发展贡献自己的力量。

② 应急物资保障宣传教育活动的开展。开展广泛深入的应急物资保障宣传教育活动是提高社会意识、促进可持续发展的重要手段。

通过多种渠道，如电视公益广告、社区宣传栏、学校教育课程、社交媒体平台等，向公众传播应急物资保障的重要性以及可持续发展的理念。制作生动有趣的科普视频、图文资料等，介绍各类应急物资的功能、使用方法以及家庭应急物资储备清单等内容，让公众了解如何在突发事件中正确使用应急物资进行自救互救。例如，以动画形式展示在地震发生时如何利用应急食品和饮用水维持生存、如何使用急救箱处理简单伤口等。同时，举办专题讲座、培训演练等活动，邀请专家深入讲解应急物资保障的可持续发展策略，如绿色采购、资源循环利用等知识，以及如何参与社区的应急物资储备管理工作。在社区层面，可以组织模拟应急物资调配演练，让公众亲身体验物资调配的流程和重要性，增强其对应急物资保障工作的参与感和责任感，引导全社会形成关注、支持并积极参与物资保障可持续发展。

③ 激励机制与政策引导促进公众参与。为了进一步鼓励公众参与物资保障的可持续发展，需要建立相应的激励机制并通过政策加以引导。

在激励机制方面，可以设立一些荣誉奖项或表彰活动，对在应急物资捐赠、志愿服务、家庭应急物资储备等方面表现突出的公众或家庭给予表彰和奖励，通过媒体宣传他们的先进事迹，激发更多人参与的积极性。例如，评选年度"优秀应急物资捐赠个人""最佳家庭应急物资储备示范户"等，并给予一定的物质奖励或荣誉证书，提高公众的荣誉感和参与热情。

从政策引导角度来看，政府可以出台相关优惠政策，如对积极参与社区应急物资储备建设的企业给予税收减免或财政补贴，鼓励企业支持社区的应急物资储备工作；对于开展应急物资保障宣传教育活动的社会组织，提供活动经费支持，扩大宣传教育的覆盖面。同时，制定法规政策规范公众的应急物资储备和捐赠行为，明确捐赠物资的质量要求、接收流程等，确保公众参与的规范性和有效性。通过激励机制与政策引导双管齐下，可营造有利于物资保障可持续发展的社会环境。

5.4　新时代应急保障的应对机制与转变

目前我国应急管理已经从以事故应急为导向转变为全方位常态化风险应对处置，基本形成了统一指挥、专常兼备、反应灵敏、上下联动的中国特色应急管理体制，应急管理能力和水平显著提升。党中央强调：要统筹高质量发展和高水平安全，坚持底线思维，增强斗争意识，提高斗争本领。发展新质生产力是推动高质量发展的内在要求和重要着力点，必须继续做好创新这篇大文章，推动新质生产力加快发展。

5.4.1　新时代应急保障应对机制

（1）新时代应急保障面临的挑战

① 灾害复杂性与多样性增加。在新时代，各类自然灾害和人为灾害呈现出更为复杂和多样的特点。例如，极端气候事件频发，暴雨、洪涝、干旱、台风等气象灾害强度不断增大，影响范围更广，以往相对少雨的地区也可能突然遭遇罕见暴雨袭击，引发城市内涝、山体滑坡等多种次生灾害。同时，随着科技发展和工业化进程加快，生产活动中的安全风险增多，化工品泄漏、火灾爆炸等事故一旦发生，往往涉及多种危险物质，处置难度极大，对应急保障在专业技术、资源调配等方面都提出了更高要求。图 5-6 为我国自然灾害造成的直接经济损失。经济损失年际变化大，我国在应急保障方面面临的挑战依然严峻。

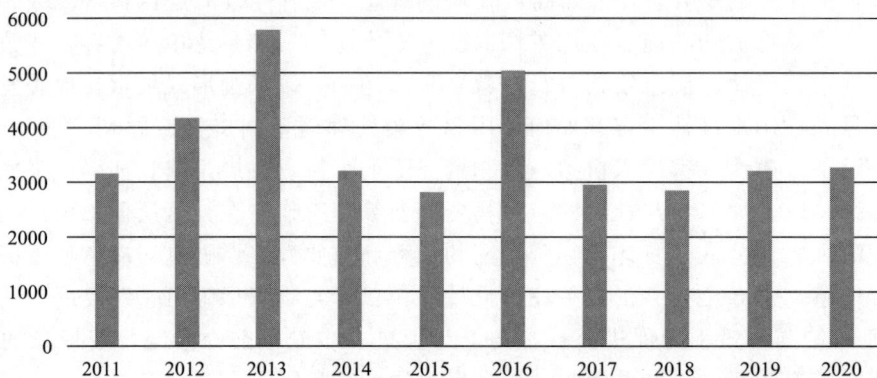

图 5-6　2011～2020 年中国自然灾害造成的直接经济损失（单位：亿元）
（来源：中华人民共和国应急管理部）

② 社会关联性增强与影响扩大。现代社会的高度关联性使得灾害的影响不再局限于局部地区。一个地方发生突发事件，借助交通、通信、网络等发达的纽带，很容易在短时间内波及更广泛区域，甚至对整个产业链、供应链产生冲击。

③ 信息传播快速与舆情应对压力。互联网和社交媒体的普及让信息传播速度达到了前

所未有的程度，突发事件发生后，相关信息会迅速在网络上扩散。一方面，不实信息容易滋生和传播，误导公众，引发社会恐慌；另一方面，公众对事件处置的关注度和参与度极高，对应急保障工作的透明度、及时性要求严格。

④ 资源需求的精准性与时效性提高。不同类型的突发事件对应急资源的需求差异明显，并且在救援的不同阶段需求也在动态变化。比如地震救援初期，急需大量的生命探测仪、破拆工具、医疗急救物资以及专业的救援队伍去搜救被困人员；随着救援推进，受灾群众的安置物资如帐篷、食品、饮用水等需求又会凸显。而且在当今快节奏的社会背景下，这些资源需要在最短时间内精准调配到位，对应急保障的资源储备管理、调配机制等都是严峻挑战。

（2）应对挑战的策略与措施

① 强化多灾种综合监测预警体系。要整合气象、地质、水利等多部门的监测资源，利用卫星遥感、物联网、大数据分析等先进技术手段，构建全方位、多层次的灾害监测网络。例如，在一些地震多发区域设置密集的地震监测站点，实时收集地壳运动数据，结合大数据分析预测地震发生的概率和可能影响范围；对于气象灾害，通过气象卫星实时监测云层变化、气温、湿度等情况，提前发布准确的预警信息，为应急保障争取更多准备时间。

② 完善跨区域、跨部门协同机制。建立健全国家、省、市、县等不同层级以及不同部门之间的应急联动机制，明确各主体在应急保障中的职责和分工。在面对跨区域的灾害事件时，如流域性洪水，上下游地区的政府部门、应急管理机构、物资储备部门等要能够迅速协同作战，统一调配救援力量、物资资源，实现信息共享、资源互补。

③ 提升舆情引导与信息公开能力。设立专门的应急舆情监测团队，实时关注网络舆情动态，及时甄别和辟谣不实信息。制定科学合理的信息发布制度，在突发事件发生后，按照一定的时间间隔和内容规范，通过官方网站、社交媒体、新闻发布会等多种渠道，向公众准确通报应急保障工作的进展情况，包括救援人员投入、物资发放、受灾群众安置等关键信息，主动回应社会关切，引导公众理性看待事件，营造良好的应急保障舆论环境。

④ 优化应急资源管理与调配模式。运用现代信息技术建立智能化的应急资源管理平台，对各类应急物资、救援设备、专业队伍等资源进行实时盘点、动态跟踪，掌握其储备数量、分布位置、使用状态等信息。根据不同灾害场景制定精准的资源调配预案，结合地理信息系统（GIS）等技术，规划最优的调配路线，实现资源的快速、精准投放。同时，加强应急物资的储备体系建设，采用政府储备与企业代储、社会捐赠等多种方式相结合，确保物资的充足供应。

5.4.2 应急保障机制的全方位创新发展

（1）理念创新

① 从被动应对到主动预防转变。传统的应急保障，往往侧重于灾害发生后的应对处置，而在新时代，更强调主动预防理念。通过开展风险评估、隐患排查治理等常态化工作，提前识别潜在的灾害风险，采取针对性的防范措施。

② 全生命周期管理理念。将应急保障工作贯穿于突发事件的全生命周期，即包括灾前的预防准备、灾中的应急响应以及灾后的恢复重建等各个阶段。在灾前阶段，做好应急预案制定、物资储备、人员培训等工作；灾中确保救援力量迅速集结、物资精准投放、救援行动高效开展；灾后积极组织受灾地区的恢复重建，不仅要恢复基础设施等物质层面，还要关注

受灾群众的心理疏导、社会秩序的恢复等方面，实现应急保障的全方位、全过程覆盖，提升整体应急管理效能。

③ 以人为本与可持续发展并重。始终把保障人民群众的生命安全和身体健康作为应急保障的核心目标，在资源调配、救援行动等各个环节优先考虑人的需求。

（2）技术创新

① 智能化应急指挥系统应用升级。在新型应急保障体系中，智能化应急指挥系统依托人工智能、大数据、云计算等前沿技术，实现了全方位的功能拓展与升级。其中，智能决策支持系统发挥着核心作用，知识图谱构建和数字化预案动态生成技术是其关键组成部分。知识图谱构建采用 CBR（基于案例的推理）＋RBR（基于规则的推理）融合推理架构。CBR部分通过收集和整理大量历史应急案例，构建起案例库。当突发事件发生时，系统首先从案例库中检索与当前事件相似度较高的历史案例，快速获取类似情况下的应对策略和经验教训，表 5-4 中的三个例子从决策能力、响应速度、执行效率等维度体现了智能化升级优势。

表 5-4　各个领域的技术升级运用

应用案例	应用技术	应用过程	核心功能	效果
地震应急指挥	CBR＋RBR 融合推理架构	检索历史地震案例（震级、受灾区域等），匹配救援方案；规则库处理新情况	历史案例匹配与规则推理结合	提升决策科学性和复杂情况应对能力
火灾事故处置	CBR＋RBR 融合推理架构	根据火灾类型（A/B 类）、火势大小、燃烧物质等，动态推理灭火方法和救援措施	多因素动态分析与规则适配	提高救援措施准确性和响应速度
洪水预案动态生成	BPMN（业务流程建模符号）2.0 流程建模技术	基于实时水位、地理信息等数据，自动生成图形化预案（疏散、救援、物资调配等）	可视化流程建模与动态调整	提升指挥效率，确保流程与实际匹配

② 数字孪生技术与智能决策的深度融合。数字孪生技术构建的虚拟灾害场景和应急保障模型，与智能决策支持系统深度融合，为应急保障决策提供了更具前瞻性和科学性的依据。利用数字孪生技术将现实中的城市、基础设施、应急资源等进行数字化映射，在虚拟模型中模拟不同灾害情况下的应急响应过程。在模拟过程中，智能决策支持系统的知识图谱构建和数字化预案动态生成技术发挥关键作用。知识图谱为模拟提供各类知识和规则支持，数字化预案则根据模拟情况实时生成和调整。

（3）机制创新

① 社会力量参与机制多元化。鼓励和引导社会组织、企业、志愿者等社会力量广泛参与应急保障工作，形成政府主导、多方参与的良好格局。建立规范的社会力量参与登记、培训、对接等机制，比如搭建志愿服务平台，志愿者可以在平台上注册登记自己的专业技能、服务时间等信息，应急管理部门根据灾害需求精准匹配志愿者参与救援、物资分发、心理疏导等工作。企业方面，引导有能力的企业参与应急物资生产储备、应急技术研发等，通过税收优惠、政策扶持等方式调动企业积极性，充分发挥社会力量在应急保障中的补充作用。

② 应急保险与金融服务。创新拓展应急保险的覆盖范围和保障功能，开发针对不同灾害类型、不同群体的特色保险产品，如针对农业生产的巨灾保险，在发生洪涝、干旱等自然

灾害影响农作物收成时，能够及时为农户提供经济补偿，减轻受灾损失，帮助其尽快恢复生产。同时，创新金融服务模式，设立应急产业发展基金，为应急物资生产企业、应急技术研发机构等提供资金支持，促进应急保障产业的发展壮大，提升整个应急保障体系的韧性和可持续发展能力。

③ 国际合作与交流机制拓展。加强与国际组织、其他国家在应急保障领域的合作与交流，积极参与国际应急救援行动、分享应急管理经验、开展联合演练等。

（4）人才创新

① 构建跨学科的应急保障专业教育体系。在新时代背景下，应急保障工作所面临的挑战日益复杂多元，这决定了单一学科知识已难以满足实际需求，构建跨学科的应急保障专业教育体系迫在眉睫。高等院校作为人才培养的重要阵地，在应急保障专业设置上应具备前瞻性与综合性。以应急管理专业为例，其课程体系不应局限于传统的公共管理范畴内的灾害应对理论等基础内容。从自然科学层面来看，计算机科学的融入不可或缺。目前，大数据分析、人工智能、地理信息系统（GIS）等技术在应急保障中扮演着关键角色。学生需要学习如何运用大数据技术收集、整理海量的灾害数据，挖掘其中的潜在规律，为灾害预警和决策提供有力支撑；掌握人工智能在智能监测、救援机器人操控等方面的应用原理。

② 开展多层次的在职培训与继续教育。对于已经投身应急保障事业的广大从业者而言，持续学习和能力提升是适应不断变化的应急保障工作形势的必然要求，因此，开展多层次的在职培训与继续教育显得尤为重要。针对基层应急救援人员，他们是应急保障行动的一线力量，实操技能的熟练程度直接影响救援效果。定期组织专业技能培训是关键举措，例如消防技能培训，要详细讲解不同类型灭火器的适用范围、操作方法以及灭火的战术技巧，如如何在火灾现场根据火势风向、燃烧物质等因素选择正确的灭火位置和进攻路线；对于地震救援技能培训，着重教授救援人员如何使用生命探测仪准确判断被困人员位置、操作液压破拆工具在确保废墟结构稳定的前提下开辟救援通道，以及掌握绳索救援技术在复杂地形下安全转移伤员等内容。

通过案例分析研讨，选取国内外典型的应急保障案例，深入剖析其中在应急指挥、资源调配、部门协同等方面的成功经验和失败教训，引导从业者从中汲取智慧，思考如何优化本地区、本部门的应急管理策略。模拟演练则搭建起接近真实情况的应急指挥平台，让干部们在模拟的灾害情境中扮演指挥角色，锻炼他们在复杂多变环境下迅速收集信息、分析形势、制定决策并有效协调各方资源的能力。

此外，邀请应急管理领域的专家学者举办专题讲座，介绍最新的应急管理理念、政策法规以及国际前沿的应急保障技术和模式，拓宽干部们的管理视野，使其能够站在更高的角度审视和完善本地的应急保障体系。在继续教育方面，充分利用线上线下多种渠道，为在职人员提供丰富的学习资源。线上平台汇聚各类与应急保障相关的专业课程、学术讲座视频、行业研究报告等资料，方便从业者根据自己的时间和需求自主学习，随时更新知识体系。线下则可以组织集中培训、学术交流会议等活动，促进同行之间的经验分享和思想碰撞。例如，定期举办应急保障技术研讨会，邀请科研机构、企业、政府部门等不同领域的专业人士共同探讨新技术在应急保障中的应用前景、面临的问题及解决方案等，推动整个行业的知识更新和技术创新，确保在职人员能够紧跟应急保障领域的发展动态，不断提升自身素质和工作水平。

③ 建立应急保障人才激励与评价机制。完善的人才激励与评价机制是吸引、留住优秀应急保障人才，激发其工作积极性和创造力的重要保障。在激励机制方面，设立多样化的奖励措施，全方位体现对应急保障人才的认可与尊重。对于在重大灾害救援中表现突出的专业人才，或在应对突发公共卫生事件时坚守一线，为疫情防控做出卓越贡献的医护人员、防疫工作者等，在职务晋升上给予优先考虑，打破常规的晋升年限限制，让他们能够凭借出色的工作表现更快地走上更重要的岗位，承担更大的责任，发挥更大的作用。

同时，设立专项的应急保障突出贡献奖等荣誉称号，通过隆重的表彰大会、颁发荣誉证书等形式，增强人才的荣誉感和使命感。通过上述等综合评价机制，能够客观公正地反映人才的真实价值，营造良好的人才竞争环境，引导应急保障人才不断提升自己各方面的素养，为应急保障事业的长远发展注入源源不断的动力。

（5）资源整合创新

在应急保障工作中，高效的资源整合与调配至关重要。多模态资源调配网络致力于打破不同类型应急资源之间的调配壁垒，通过运用针对性的调度算法，确保各类资源在关键时刻能够快速、精准地抵达需求点，以满足应急救援的迫切需求。

① 应急救援装备。基于改进遗传算法（IGA）的快速响应调配应急救援装备及时到位是救援行动顺利开展的关键。改进遗传算法（IGA）在应急救援装备调度中发挥着核心作用。该算法以传统遗传算法为基础，针对应急调度场景进行了优化改进。

它通过模拟生物进化过程中的选择、交叉和变异操作，在庞大的解空间中搜索最优的装备调配方案。在实际应用中，算法将各装备储备点的位置、装备数量、类型以及救援现场的需求信息等作为输入。例如，在火灾救援场景下，系统会根据火灾的规模、火势蔓延方向以及各消防站点的消防车、灭火器材等装备储备情况，利用改进遗传算法快速计算出最佳的装备调配路径和数量组合。通过优化算法参数、结合实时交通数据以及建立高效的装备储备和预调配机制，可不断提升应急救援装备的响应速度，保障救援行动能够迅速展开。

② 医疗物资。多层分形网络模型实现医疗物资的准确配送对于保障受灾群众的生命健康至关重要。多层分形网络模型用于医疗物资的调度，该模型基于分形理论，能够有效处理复杂的网络结构和动态变化的需求。它将医疗物资配送网络划分为多个层次，每个层次根据地理区域、需求规模等因素进行细分，形成具有自相似性的分形结构。在实际操作中，模型首先根据受灾地区的医疗需求、医院和医疗物资储备库的位置与库存信息，构建初始的多层分形网络。如图 5-7 所示。

③专业人员。3D 空间匹配算法增强专业人员的合理调配是应急救援成功的重要保障。3D 空间匹配算法用于专业人员的调度，该算法综合考虑了救援现场的地理空间位置、任务需求以及专业人员的技能水平、所在位置等多个维度的信息，实现人员与任务的精准匹配。例如，在地震救援中，救援现场可能存在不同类型的救援任务，如废墟搜索与营救、医疗救治、基础设施抢修等。算法根据每个救援点的具体任务需求，如需要的救援技能（如破拆技能、医疗急救技能等）、任务紧急程度以及专业人员的技能熟练度、当前所在位置等信息，进行 3D 空间维度的综合匹配。通过计算人员与任务之间的匹配度，优先选择技能适配度高且距离较近的专业人员参与救援任务。设定技能适配度≥0.85 作为关键指标，以确保参与救援的专业人员具备完成相应任务所需的技能水平。为了提高技能适配度，建立专业人员技能数据库，实时更新人员的技能培训和实践经验信息；同时，加强对救援任务的分析和分

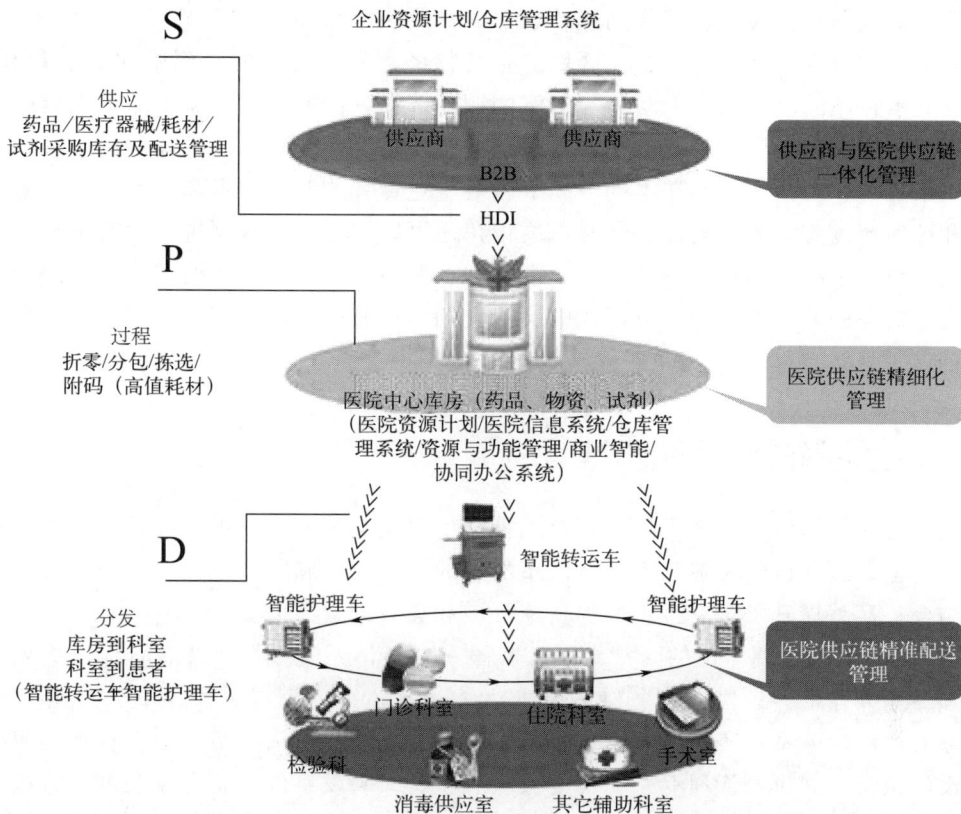

图 5-7　医院物流多层分形模型

类，使技能匹配更加精准。此外，通过在线培训和远程指导等方式，提升专业人员在应急情况下的技能应用能力，确保救援任务的高效完成。

④ 决策树展示。在多应急资源调度指挥中，采用决策树可视化呈现便于后期调研与实际应用直观地展示调度情况。决策树以图形化的方式展示了在不同条件下（如灾害类型、规模、资源储备情况等），各类应急资源（应急救援装备、医疗物资、专业人员）的调度决策过程。如图 5-8 所示。

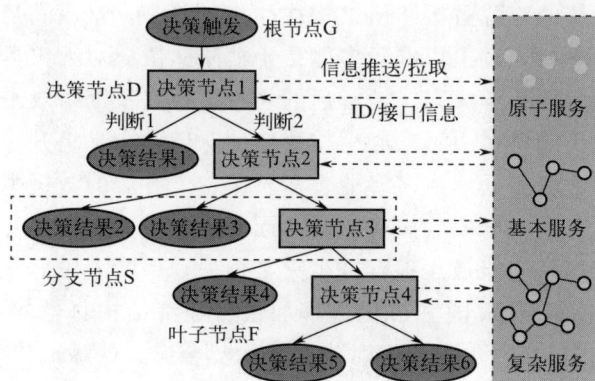

图 5-8　决策树拆分示意

决策树的根节点代表应急事件的起始状态，如突发事件的类型和规模。从根节点出发，根据不同的条件分支，如不同的受灾区域、资源储备点等，逐步展开到中间节点和叶节点。中间节点表示在不同决策条件下对各类资源的调度选择，例如选择从哪个储备点调配应急救援装备、调配多少数量等；叶节点则表示最终的调度结果，即资源的具体调配方案。通过决策树，决策者可以清晰地看到在不同情况下各类应急资源的调度逻辑和决策依据，有助于快速理解和评估调度方案的合理性。同时，决策树还可以根据实时数据进行动态更新，当救援过程中出现新的情况（如资源储备变化、救援需求调整等）时，及时调整决策树的分支和结果，为应急资源的调度指挥提供可视化的决策支持，提升应急保障工作的整体效率和决策科学性。

5.5 应急保障的救援队伍建设

应急救援队伍建设对于维护国家安全和社会稳定至关重要。它不仅能够保护人民群众的生命财产安全，减少自然灾害和安全生产事故中的人员伤亡和财产损失，还通过专业化和社会化的结合，显著提升了对灾害事故的快速反应和高效处置能力。

2021年12月国务院印发的《"十四五"国家应急体系规划》（以下简称《规划》）强调，加强专业人才培养；建立应急管理专业人才目录清单，拓展急需紧缺人才培育供给渠道，完善人才评价体系；实施应急管理科技领军人才和技术带头人培养工程；加强应急管理智库建设，探索建立应急管理专家咨询委员会和重特大突发事件首席专家制度；将应急管理纳入各类职业培训内容，强化现场实操实训。近年来，我国不断健全产学研协同育人机制，积极培养符合现代化应急管理需要的交叉学科、技能融合的复合型人才，特别是具备学科背景、熟悉生产运作、掌握应急管理技能的高水平应急管理人才。一些高校成立应急管理学院，建立应急管理专业，提供更具针对性的人才培养方案，推动应急管理队伍能力水平提高。

5.5.1 新型队伍结构与多元化能力建设

（1）新型队伍结构的构建背景与意义

在新时代，各类突发事件呈现出复杂性、多样性和高发性的特点，对应急救援队伍提出了前所未有的挑战。传统的应急救援队伍结构往往相对单一，难以满足应对不同类型、不同规模灾害事故的需求。例如，过去可能较多侧重于消防队伍应对火灾类事故，而对于如今时常出现的化工品泄漏引发的化学灾害、地震后的复杂废墟以及网络攻击导致的信息安全危机等情况，单一类型的队伍就显得力不从心。构建新型队伍结构是提升应急救援整体效能的关键所在。它能够整合各方资源，形成多专业、多层次、全方位的救援力量布局，确保在面对各种灾害时都能迅速、有效地开展救援行动。不同专业背景的队伍相互协作、互补短板，不仅可以提高救援的成功率，还能最大程度减少灾害损失，保障人民群众的生命财产安全以及社会的稳定运行。而且，随着我国城市化进程加快、经济结构日益复杂、科技应用越发广泛，新型队伍结构（如图5-9）也是适应时代发展、契合应急保障现代化要求的必然选择。

① 专业消防队伍的拓展与深化。传统消防队伍在灭火救援方面有着丰富的经验和专业技能，但在新时代背景下，其职能也在不断拓展深化。除了扑救常规的建筑火灾、森林火灾

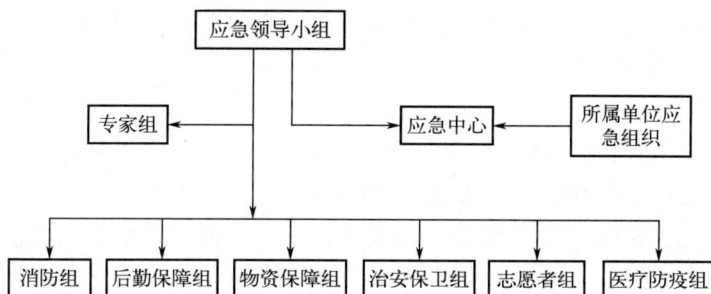

图 5-9　新型队伍结构

等，他们还需掌握应对高层建筑火灾、地下空间火灾、大型商业综合体火灾等复杂场景的技能。

例如，在高层建筑火灾救援中，消防员要熟悉建筑内部的消防设施布局，掌握利用云梯消防车、举高喷射消防车与室内消防系统配合灭火的技巧；同时，要具备高空索降、破拆外墙玻璃等进入建筑内部搜救被困人员的能力，还需要了解建筑结构力学知识，防止在救援过程中因操作不当引发建筑坍塌等二次事故。此外，消防队伍还须加强对新型火灾的应对能力，像新能源汽车火灾、锂电池储能电站火灾等。这些火灾因涉及特殊的燃烧物质和复杂的能量释放机制，扑救难度极大，需要消防员掌握其独特的灭火原理和处置方法，比如针对锂电池火灾不能简单用水灭火，而要采用专门的灭火剂或采取隔离、降温等特殊手段来控制火势蔓延。

② 专业抢险救援队伍的兴起。由中央财政支持建设的安全生产专业应急救援队伍不断壮大，覆盖全国 31 个省（自治区、直辖市）和新疆生产建设兵团，配备了大功率潜水泵、大口径钻机、高喷消防车、水上消防船、无人机等先进救援装备，是应对重特大生产安全事故的主力军。其次，救援队伍覆盖领域：矿山、危险化学品、油气、隧道、水上救援、地震救援等。

a. 地震救援队伍通常由具备结构工程学、医学、地质学等多学科知识背景的人员组成。他们掌握先进的生命探测技术，能够运用多种类型的生命探测仪在废墟中精准定位被困人员；熟悉破拆、顶升、支撑等废墟救援技术，根据不同的建筑废墟结构，选择合适的工具和方法开辟救援通道，同时保障救援人员自身安全以及废墟的稳定性；并且具备现场急救技能，在救出被困人员的第一时间能进行必要的医疗处理，提高伤员的生存概率。

b. 矿山救援队伍则精通地下矿山的复杂环境特点，了解通风、排水、支护等矿山安全系统的运行原理，在发生煤气爆炸、透水、冒顶等事故时，能迅速下井开展救援工作。他们携带专业的气体检测设备，实时监测井下有害气体浓度，确保救援环境安全；熟练操作各类矿山救援专用设备，如液压支架、排水泵等，恢复井下通风和排水功能，解救被困矿工。

c. 水上救援队伍针对江河湖海等水域环境的救援需求，掌握游泳、潜水、划船、水上救生等技能。他们配备有各类先进的水上救援装备，像高速救援艇、水下机器人、水上漂浮担架等，能够在复杂的水流、气象条件下迅速抵达落水者位置，实施救援行动。无论是应对洪水灾害中的群众转移，还是海上船舶事故的人员搜救，都发挥着关键作用。

d. 危化品事故救援队伍的成员需要具备深厚的化学专业知识，熟悉各类危险化学品的理化性质、危险特性以及应急处置方法。在危化品泄漏、爆炸等事故现场，他们能够准确识别泄漏物质，穿戴好相应的防护装备，采取堵漏、中和、稀释、转移等措施控制事故态势；同时，还要负责对周边环境进行监测，评估事故对空气、土壤、水体等造成的污染情况，并指导后续的环境修复工作。

③ 医疗应急队伍的强化与优化。医疗应急队伍在应急救援中承担着保障伤病员生命健康的重要职责。中共中央、国务院印发的《"健康中国2030"规划纲要》指出，到2030年，建立起覆盖全国、较为完善的紧急医学救援网络，突发事件卫生应急处置能力和紧急医学救援能力达到发达国家水平。一支完善的医疗应急队伍不仅要有临床经验丰富的医生、护士，还应包括公共卫生专家、心理医生等专业人员。各个层次的医护人员对于医疗的不同阶段也应该进行相应的调整和细化。

在现场急救阶段，医护人员要熟练掌握心肺复苏、止血包扎、骨折固定、搬运等基本急救技能，能够在复杂、危险的灾害现场迅速对伤病员进行初步诊断和紧急处理，稳定病情，为后续的转运和进一步治疗争取时间。对于公共卫生专家而言，他们在应对突发公共卫生事件时发挥着核心作用。他们要能及时开展疾病监测、流行病学调查、疫情防控指导等工作，分析判断病原体的传播途径、致病特点等，制定针对性的防控策略，防止疫情扩散。心理医生则关注受灾群众以及救援人员的心理健康状况，通过心理评估、心理疏导、心理干预等手段，帮助他们缓解因灾害带来的恐惧、焦虑、创伤后应激障碍等心理问题，促进其心理康复。

④ 志愿者队伍整合。志愿者队伍作为应急救援中的一股重要社会力量，来源广泛、充满热情且各具专业技能。他们有的是来自各行各业的普通民众，有的是户外运动爱好者、无线电爱好者等具有特定技能的群体。

例如，户外运动爱好者志愿者凭借其良好的体能、野外生存技能以及熟悉地形地貌的优势，在山地救援、户外探险事故救援中能够协助专业队伍开展搜救工作；无线电爱好者志愿者利用其通信技术专长，在通信中断的灾区帮助建立临时通信网络，保障信息传递。对志愿者队伍进行整合，需要建立规范的招募、培训、管理机制。通过设立统一的志愿者招募平台，明确志愿者的准入条件、服务内容以及权益保障等事项；开展系统的培训课程，涵盖应急救援基本知识、个人安全防护、特定救援技能等方面，提高志愿者的专业素养；同时，制定完善的管理制度，对志愿者的服务时长、表现情况等进行记录和评估，激励志愿者积极参与应急救援工作，使其更好地融入应急救援体系，发挥出应有的作用。

⑤ 新兴领域应急队伍的发展。随着科技的飞速发展，新兴领域如网络安全、航空航天等方面的突发事件也逐渐增多，相应的应急队伍应运而生。网络安全应急队伍由网络技术专家、信息安全工程师等专业人员组成，他们主要应对黑客攻击、网络病毒传播、数据泄露等网络安全事件，具备网络监测、漏洞扫描、应急响应、数据恢复等能力，能够在短时间内发现网络安全隐患，采取有效的防护措施阻断攻击源，修复受损系统，保障关键信息基础设施的安全运行，维护社会正常的生产生活秩序。航空航天应急队伍则聚焦于飞行器故障、卫星失控、航天发射事故等特殊情况。他们熟悉飞行器的结构、飞行原理以及各种复杂的航天技术，在发生事故时，能够运用专业设备进行空中监测、故障诊断，协助开展空中救援、残骸回收等工作，确保航空航天活动的安全，减少事故对地面人员和环境造成的潜在威胁。

（2）多元化能力建设的途径与方法

① 跨学科培训体系的建立。为了提升应急救援队伍的多元化能力，建立跨学科培训体

系至关重要。这一体系应整合不同专业领域的知识和技能,打破学科界限,为救援人员提供全面、系统的学习平台。应急管理学科以防范和应对突发事件为核心内容,涉及领域包括安全生产、自然灾害、公共卫生、恐怖袭击、社会稳定等,而这些领域的应急管理问题都需要跨学科的知识和方法来应对与解决。在学科体系建设方面,一是重视跨院系、跨学科、跨专业建设,突出应急管理学科交叉融合的学科特性。通过整合不同学科的知识和方法,形成立体综合的应急管理学科知识、理论和实践体系。二是强化学科交叉融合的激励保障制度,推动应急管理学科跨学科交流合作。借鉴国外高校先进经验,构建柔性聘任制度、健全人才流动制度,为吸引优秀人才创造有利条件。三是搭建多层次、多元化的学科交叉融合平台,形成针对中国应急管理问题的综合解决方案,发挥平台在跨学科、跨领域交流融合中的重要作用。

② 联合演练与实战经验积累。联合演练是提升应急救援队伍协同作战能力、促进多元化能力融合的有效手段。通过组织不同专业队伍参与的联合演练,可以模拟各种复杂的灾害场景,检验和完善各队伍之间的协调配合机制。

③ 技术装备更新与应用能力培养。先进的技术装备是应急救援队伍提升多元化能力的重要支撑,但仅有装备还不够,关键是要培养救援人员对这些装备的熟练应用能力。对表 5-5 中的几个领域开展技术装备更新变化,将对应急队伍建设产生更为重大的意义。

表 5-5　不同领域的技术装备提升

领域	技术装备类型	核心功能与技术优势	应用能力要求
消防	细水雾灭火系统	高效灭火/低水损/环保	掌握工作原理、适用场景及操作规范
	远程供水系统	长距离供水/保障大规模灭火	熟练铺设管道、快速连接接口及系统调控技术
	消防无人机	火情侦察/三维建模/应急投送	掌握飞行控制、多光谱成像分析及协同作战能力
地震救援	高精度生命探测仪	多模感知(声波/红外/雷达)	精通信号识别算法、干扰排除方法及定位数据分析方法
	智能破拆机器人	重型破拆/狭小空间作业/危险环境替代	掌握远程操控、路径规划及人机协同战术
医疗应急	便携式自动体外除颤仪(AED)	院前心脏复苏/智能诊断	ECG(心电图)快速解读及急救流程衔接
	移动 CT 扫描仪	现场影像诊断/5G 远程会诊	掌握快速部署、辐射防护及创伤影像判读

④ 国际交流与合作借鉴学习。国际交流与合作是拓宽应急救援队伍视野、学习借鉴国外先进经验和技术的重要渠道。不同国家在应急救援领域都有各自的特色和优势,通过与他们开展交流合作,可以汲取有益的养分,提升我国应急救援队伍的多元化能力。

例如，日本在地震灾害预防和救援方面有着丰富的经验，其先进的地震预警系统、科学的建筑抗震设计以及成熟的废墟救援技术都值得我们学习。我国的地震救援队伍可以与日本相关机构开展人员互访、联合演练、技术研讨等活动，了解他们在地震监测、应急响应、救援组织等环节的具体做法，结合我国国情加以应用和改进。

德国在化工行业应急管理方面处于世界领先水平，其危化品事故应急预案制定、现场处置流程、环境监测与修复技术等都很完善。我国的危化品事故救援队伍可以与德国同行进行交流合作，学习其对危化品企业进行风险评估、在事故现场高效协调各方资源开展救援以及确保周边环境安全等方面的经验，提升我国在危化品事故应急救援领域的能力。

此外，积极参与国际应急救援行动也是锻炼队伍的良好机会。在应对全球性的自然灾害、公共卫生事件等过程中，我国应急救援队伍与其他国家的队伍并肩作战，在国际舞台上展示我国应急救援的实力，同时学习其他国家队伍的组织管理、救援技术、协作模式等优点，不断完善自身的多元化能力建设，更好地服务于我国乃至全球的应急保障事业。

5.5.2　高效管理与智能调度

（1）高效管理的重要性与目标

应急救援队伍的高效管理是确保在面对突发事件时能够迅速、有序、有效地开展救援行动的关键所在。

在复杂多变的灾害场景下，若管理不善，队伍可能出现职责不清、协调不畅、行动混乱等问题，进而影响救援效率，甚至危及救援人员和受灾群众的生命安全。高效管理的首要目标是实现队伍的规范化、标准化运作。通过制定明确的岗位职责、工作流程、操作规范等制度，让每一位救援人员清楚知道自己在不同阶段、不同任务中的具体职责和工作要求，确保救援行动的每一个环节都能有条不紊地进行。如图 5-10 所示。

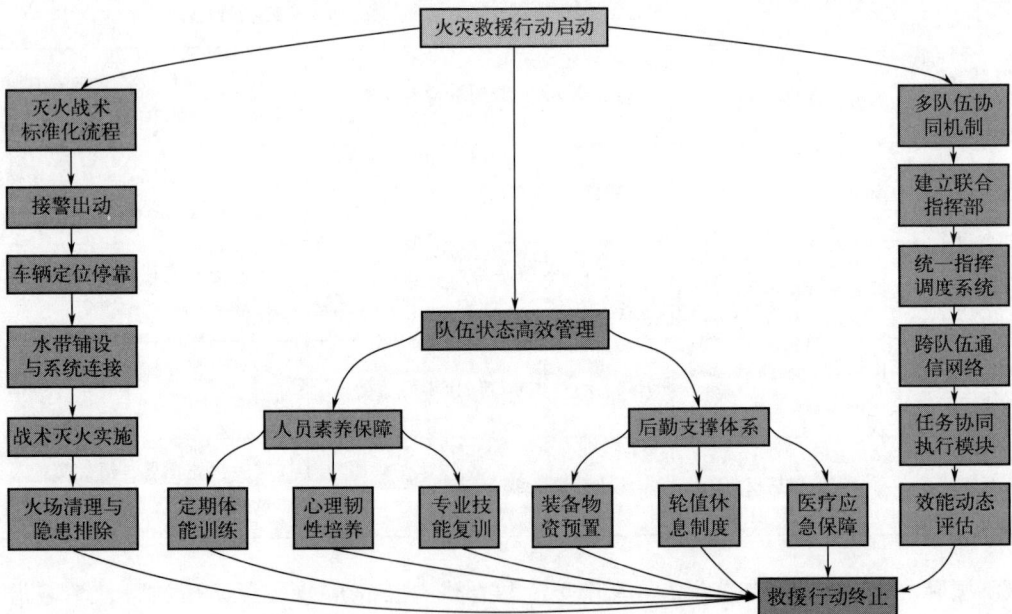

图 5-10　火灾救援现场高效管理流程

（2）高效管理的具体措施与实践

① 完善的规章制度建设。建立健全的、涵盖队伍组建、人员管理、训练考核、任务执行、装备维护等全方位的规章制度体系。在队伍组建方面，明确各类应急救援队伍的人员构成、准入条件、选拔标准等，确保进入队伍的人员具备相应的基本素养和专业技能。

a. 专业消防队伍的消防员选拔要经过严格的体能测试、文化考试、心理测评等环节，同时还要考查其对消防业务知识的了解程度以及是否具备培养潜力。人员管理规章制度要规范救援人员的日常行为、考勤制度、奖惩机制等；制定详细的考勤办法，记录救援人员的出勤情况，对于无故缺勤、违反纪律等行为要有相应的处罚措施；设立合理的奖惩机制，对在训练中表现突出、在救援任务中做出重要贡献的人员给予表彰和奖励，激励全体人员积极进取。训练考核制度规定了不同专业队伍的训练内容、训练强度、考核标准等。

b. 地震救援队伍的训练内容应包括地震基础知识、废墟救援技术、现场急救技能等方面，按照一定的时间周期进行考核，考核成绩与人员的晋升、岗位调整等挂钩，促使救援人员不断提升自己的专业能力。任务执行制度明确了在接到应急救援任务后，队伍的出动流程、现场指挥原则、信息报告要求等；规定从接警到队伍出发的时间限制，确保能够快速响应；在现场指挥上，要确立统一指挥、分级负责的原则，避免出现多头指挥的混乱局面；同时，要求队伍及时将救援进展、遇到的问题等信息向上级报告，以便及时调整救援策略。装备维护制度则针对各类应急救援装备，制定详细的日常保养、定期检查、故障报修等流程，确保装备始终处于良好的可用状态，保障救援任务的顺利开展。

② 科学的人员培训与能力提升计划。根据不同类型应急救援队伍的特点和实际需求，制定科学合理的人员培训与能力提升计划。对于新入职的救援人员，开展入职培训，涵盖应急救援基础知识、职业道德、队伍规章制度等内容，使其尽快熟悉工作环境和要求，融入队伍。例如，新消防员入职后，要先进行为期数月的集中培训，学习消防法律法规、火灾基础知识、消防器材的使用等基础内容。

5.6　应急科技与产业发展

应急科技与产业的发展对于提升国家应急管理能力和公共安全水平至关重要。它不仅能够推动传统应急装备和服务的技术更新，催生新的业态和模式，如远程医疗救援、灾害风险评估服务等，还能通过新技术的应用实现对应急资源的实时监控与调度，提升整个产业链的响应速度与服务质量。例如，在北京市低空安全应急产业园中，无人机技术被用于高空灭火，展示了应急科技在现代救援中的高效应用。此外，应急产业的发展还涉及救援处置装备、监测预警诊断设备、预防防护产品以及应急教育培训咨询服务等多个方面，形成了覆盖面广、产业链长的产业体系。随着物联网、云计算、人工智能等科技的迅速发展，应急产业下游应用领域将快速扩张，产业跨界合作加深，推动应急产业向有序化、标准化方向发展。因此，应急科技与产业的发展不仅增强了社会对突发事件的应对能力，也为保障人民生命财产安全提供了坚实的技术支撑。

5.6.1　智能科技与创新

（1）智能科技在应急领域的现状

在当今时代，智能科技正以前所未有的速度融入应急领域，为应急管理带来了深刻变革。人工智能、大数据、云计算等先进技术在应急管理中发挥着至关重要的作用。人工智能技术通过对大量数据的学习和分析，能够快速准确地预测灾害风险，为应急决策提供科学依据。例如，在地震预警方面，人工智能可以结合历史地震数据和实时监测数据，提前预测地震发生的可能性和强度，为人们争取宝贵的避险时间（图 5-11）。

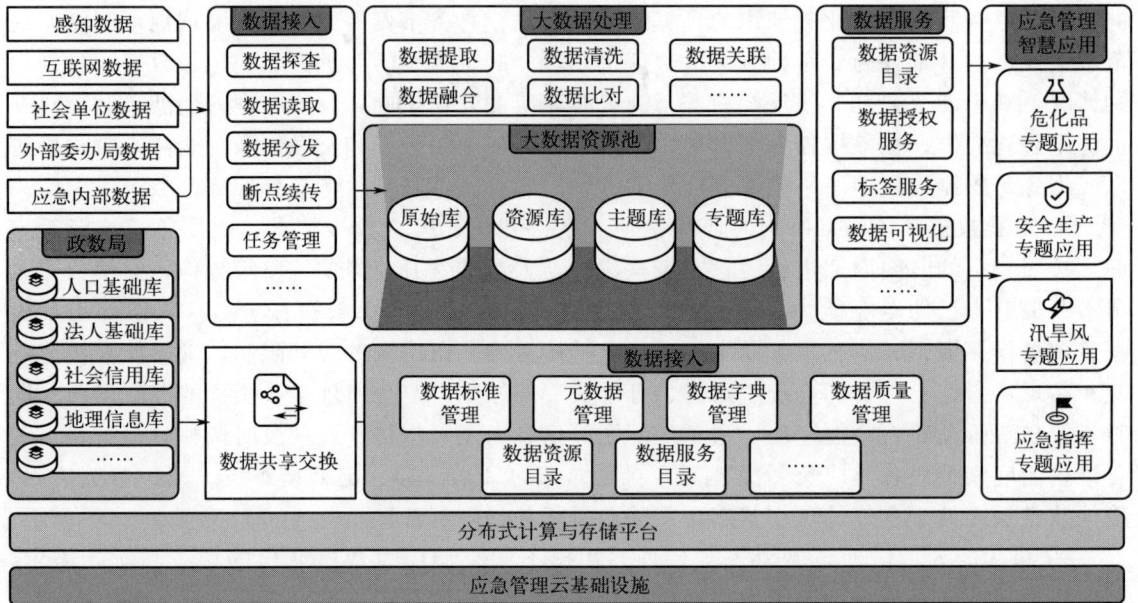

图 5-11　应急大数据治理

总之，智能科技在应急领域的应用，极大地提高了应急管理的科学性、精准性和高效性，为保障人民生命财产安全发挥了重要作用。

（2）智能科技的创新应用案例

① 人工智能技术。人工智能（AI）在应急管理领域的应用广泛且深入，为提升应急响应效率、优化决策制定和增强救援能力提供了关键支持。在自然灾害监测与预警方面，基于人工智能的图像识别和数据分析技术被用于对卫星图像、无人机航拍图像以及地面监测数据的处理。

a. 通过对地震灾区的卫星图像进行深度学习分析，能够快速识别建筑物的受损情况，为救援力量的部署提供精准信息；利用人工智能算法对气象数据进行实时分析，提前预测台风、暴雨等极端天气的路径和强度，大大提高了预警的准确性和及时性，使相关地区能够提前做好防范措施，减少人员伤亡和财产损失。

b. 搜索与救援机器人配备了先进的传感器和人工智能算法，能够在火灾、地震后的废墟中自主导航，探测生命迹象，并将现场信息实时传输回指挥中心。这些机器人可以进入人类难以到达的危险区域，如狭窄的通道、不稳定的建筑物内部等，大大提高了救援效率，降低了救援人员的风险。此外，人工智能还被应用于智能调度系统，通过对救援资源（如消防车辆、医疗队伍、物资储备等）的实时监控和数据分析，优化救援力量的调配方案，确保在最短的时间内将最合适的资源投放到最需要的地方。

② 大数据技术。大数据技术对应急管理的变革体现在数据的收集、整合、分析和应用

的全流程中，为应急决策提供了全面而精准的数据支持。在数据收集阶段，通过整合来自多个数据源的数据，包括政府部门的统计数据、社交媒体上的实时信息、传感器网络收集的环境数据等，构建了庞大而全面的应急数据库。

a. 在城市应急管理中，交通摄像头、环境监测站、气象传感器等各种设备不断产生海量数据，这些数据被实时收集并存储到大数据平台中。利用大数据技术对这些多源异构数据进行清洗、整合和预处理，使其能够为后续的分析和应用提供高质量的数据基础。在数据分析方面，大数据技术能够挖掘数据背后的潜在规律和趋势。

b. 通过对历史火灾数据的分析，包括火灾发生的地点、时间、原因、周边环境等因素，建立火灾风险预测模型，提前识别高风险区域，指导消防部门制定有针对性的巡逻和防范措施。同时，大数据分析还可以对应急事件中的舆情进行监测和分析，了解公众的关注点和情绪变化，为政府部门的信息发布和舆论引导提供依据，避免不实信息的传播引发社会恐慌。在应急资源管理中，大数据技术同样发挥着重要作用。通过对物资储备、调配和需求数据的分析，实现应急物资的精准管理和优化配置。可根据不同地区的人口密度、灾害历史数据以及实时的应急响应情况，预测各个地区在灾害发生后的物资需求，提前进行物资调配和储备，确保在紧急情况下物资的及时供应，避免出现物资短缺或浪费的情况。

③ 物联网技术。物联网（IoT）通过将各种设备、传感器和物体连接到互联网，实现了物理世界与数字世界的深度融合，为应急管理带来了全新的能力和机遇。在基础设施安全监测领域，物联网传感器被广泛应用于桥梁、隧道、建筑物等关键基础设施的监测中。

在应急物资管理方面，物联网技术实现了物资的智能化追踪和管理。通过在应急物资上粘贴射频识别（RFID）标签或使用其他物联网定位技术，能够实时掌握物资的位置、数量、状态等信息，从物资的采购、入库、存储、调配到使用的全过程对其进行精准管理。例如，在大型自然灾害救援中，救援物资的运输和分发过程复杂，利用物联网技术可以确保物资能够准确、及时地投放到受灾地区，提高物资的使用效率，避免物资在运输途中丢失或延误。在环境监测与应急响应中，物联网传感器网络可以实时监测空气、水质、土壤等环境参数，为应对环境污染事件和生态灾害提供数据支持。

④ 区块链技术。区块链技术以其去中心化、不可篡改、可追溯等特性，在应急管理领域的信息安全、资源调配和信任机制建设方面展现出独特的优势和应用潜力。在应急信息管理中，区块链技术可以确保信息的真实性和安全性。例如，在灾害事件发生后，来自各个渠道的信息繁杂，包括救援进展、受灾情况、物资捐赠等信息，这些信息的真实性和准确性对于应急决策至关重要。区块链技术构建的信息平台，将各类信息以分布式账本的形式进行存储和管理，每一条信息的产生、修改和传播都被记录在区块链上，不可篡改且可追溯，保证了信息的可信度，避免了虚假信息的干扰，为应急指挥部门提供可靠的决策依据。

在应急物资捐赠与调配方面，区块链技术可以实现物资的透明化管理和精准分配。捐赠者的物资捐赠信息、物资的流向和使用情况都被记录在区块链上，公众和监管部门可以实时查询和监督物资的分配过程，确保捐赠物资能够真正用于受灾群众，提高捐赠者的信任度和参与度。同时，区块链技术还可以与智能合约相结合，根据预设的规则和条件，实现物资的自动分配和发放，提高物资调配的效率和公正性。在应急协同合作中，区块链技术有助于建立跨部门、跨地区的信任机制。在应急响应过程中，往往涉及多个政府部门、社会组织和企业之间的协同合作，区块链技术可以为这些不同主体提供一个安全、可信的信息共享和协作平台，使得各方能够在信任的基础上高效地开展工作，共同应对突发事件，提高应急响应的整体效能。

⑤ 云计算技术。云计算技术为应急管理提供了强大的计算资源和灵活的服务模式，支持了应急科技与产业的快速发展和高效运行。

在应急数据存储和处理方面，云计算平台具有高扩展性和弹性计算能力，能够轻松应对应急管理过程中产生的海量数据存储和复杂计算任务。例如，在应对大规模自然灾害时，大量的监测数据、救援信息、地理信息等需要进行快速存储和分析处理，云计算平台可以根据实际需求动态分配计算资源和存储空间，确保数据的及时处理和应用，避免因本地计算资源不足而导致系统瘫痪或响应延迟（图 5-12）。

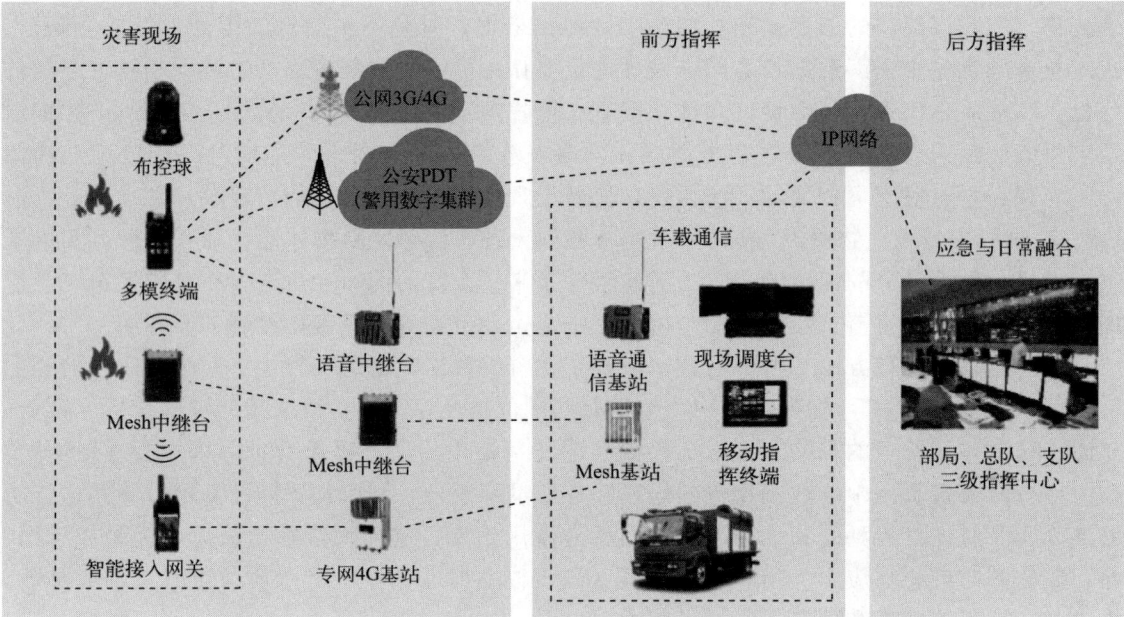

图 5-12　城市重大事故救援应急通信解决方案

综上所述，智能科技在应急科技与产业发展中发挥着关键作用，通过人工智能、大数据、物联网、区块链和云计算等技术的综合应用，实现了应急管理的智能化、精准化、高效化和协同化，为保障人民生命财产安全和社会稳定提供了有力支撑，也为应急产业的创新发展开辟了广阔的空间。在未来，随着这些智能科技的不断发展和融合创新，应急管理能力将进一步提升，为应对各种复杂多变的突发事件提供更加坚实的保障。

5.6.2　应急产业的跨界融合

（1）应急产业跨界融合的重要性

① 资源整合与优化配置。应急产业涉及多个领域，包括但不限于安防、消防、医疗、交通、通信等。通过跨界融合，能够将各领域分散的资源进行整合，避免重复建设和资源浪费，实现资源的优化配置。以应急通信产业与信息技术产业融合为例，信息技术产业的软件开发人才和先进技术可以助力应急通信设备的智能化升级，同时应急通信产业的特殊应用场

景需求又为信息技术研发提供了新的方向，促进双方技术的共同进步和人才的交流培养，提高整个产业链的资源利用效率。

② 创新驱动与技术升级。跨界融合能够激发创新活力，不同产业的技术交叉融合能够催生新的应急产品和服务。例如，物联网技术与安防产业的融合，产生了智能安防监控系统，通过传感器网络实时监测安全隐患，并利用物联网的远程数据传输和智能分析功能，实现对安全事件的提前预警和精准处置，大大提升了安防的效率和准确性。

③ 促进应急产业的技术迭代升级。如生物技术与医疗应急产业的融合，推动了新型应急药物和医疗器械的研发，基因检测技术在传染病快速诊断中的应用，使得医疗应急响应更加迅速和精准，提高了救治成功率，满足了不断增长的应急需求，增强了应急产业的核心竞争力。

④ 满足复杂应急需求。现代突发事件往往具有复杂性和综合性的特点，单一产业的产品和服务难以全面应对。例如，在大型自然灾害救援中，不仅需要建筑工程产业提供临时安置房屋和基础设施修复技术，还需要食品、饮用水等生活物资保障产业的支持，以及医疗、卫生防疫产业确保受灾群众的健康。跨界融合能够整合这些不同产业的力量，形成全方位、多层次的应急解决方案，提高应急响应的整体性和有效性。

⑤ 应对新兴风险挑战。网络安全威胁在应急管理中的影响日益凸显。应急产业与网络安全产业的融合，可以研发出具备网络防护功能的应急指挥系统和关键基础设施保护方案，保障应急信息的安全传输和应急设施的稳定运行，适应新形势下应急管理的需求。

（2）应急产业跨界融合的主要领域及案例

应急产业跨界融合的案例如表 5-6 所示。

表 5-6　应急产业跨界融合案例

融合领域	案例以及描述	融合优势
应急产业与制造业融合	典型案例：徐工集团消防车 技术特点：融入液压技术、智能控制系统、高强度材料制造工艺 产品创新：登高消防车配备火灾探测与定位系统，自动化控制精准操作，新型材料减轻重量，提升机动性和作业范围	① 增强设备性能：提高灭火救援效率 ② 多产业协作：实现多领域技术资源整合 ③ 车辆轻便化：优化作业灵活性与效率
应急产业与信息技术融合	典型案例：阿里云应急指挥系统 平台功能：整合地理、人口、企业、交通数据等多元数据；通过大数据分析和 AI 算法实现风险预测与预警 核心优势：实时生成应急方案，涵盖救援力量调配、物资运输路线规划，指令实时下达，提高指挥效率	① 提升指挥效率：精准高效的救援指挥 ② 科学决策支持：基于智能分析生成优化方案 ③ 实时监测：全方位信息整合确保快速响应
应急产业与生物医药融合	典型案例：迈瑞医疗在新冠疫情中的实践 合作内容：研发核酸检测仪器、抗体检测试剂；与生物企业共同开展产品优化与临床试验 形成链条：从疾病诊断、病情监测到治疗方案实施，建立完整医疗应急链	① 完善防控体系：技术合作增强疫情应对能力 ② 快速应急研发：设备与药物研发无缝协作 ③ 构建生态链：涵盖诊断、治疗、监测全流程

续表

融合领域	案例以及描述	融合优势
应急产业与新能源融合	典型案例：阳光电源应急电源系统 技术方案：结合太阳能光伏发电板与储能电池，实现偏远地区应急发电 实际应用：供应救援设备、临时医疗设施电力与照明；减少燃油发电的依赖	① 可持续性：利用新能源降低环境污染 ② 灵活性：适应偏远及特殊环境供电需求 ③ 成本与环保并重：降低能源运输成本并减少污染

（3）应急产业跨界融合的局限性

① 技术标准不统一。不同产业在技术研发和产品生产过程中遵循各自的标准和规范，在跨界融合时，容易出现技术标准不兼容的问题。应急通信设备与智能安防系统进行融合时，通信行业的信号传输标准与安防行业的视频编码标准存在差异，导致数据传输和设备互联互通困难，需要耗费大量的时间和成本进行标准的协调和适配，影响了融合产品的开发进度和推广应用。

② 利益分配与协调难题。跨界融合涉及多个产业的企业和机构，各方在合作过程中存在利益诉求不一致的情况。在应急产业与旅游业融合开发应急旅游安全产品和服务时，应急产业注重产品的安全性能和技术研发投入回报，而旅游业则更关注产品对游客体验的影响以及市场推广效果和旅游收入的提升。在利益分配上，如合作项目的盈利分成、成本分担等方面容易产生分歧，缺乏有效的协调机制，可能导致合作项目的停滞或失败。

③ 人才复合型需求与短缺。应急产业的跨界融合需要既懂应急管理知识，又具备相关专业技术技能的复合型人才。然而，目前高校和职业教育机构的专业设置相对单一，培养的人才往往专注于某一特定领域，缺乏跨学科、跨产业的知识和实践能力。例如，在应急产业与人工智能产业融合的项目中，既懂应急救援流程又能熟练运用人工智能算法进行数据分析和模型构建的人才稀缺，企业不得不花费大量的时间和成本对员工进行内部培训或从外部高薪聘请，这在一定程度上制约了产业融合的发展速度和质量。

④ 监管与政策滞后。应急产业的跨界融合产生了许多新的业态和商业模式，现有的监管政策和法律法规难以完全覆盖和适应这些新变化。在应急金融服务与保险产业融合推出的应急产业风险投资基金和创新型保险产品方面，监管部门在风险评估、资金运作规范、保险条款制定等方面缺乏明确的指导和监管措施，导致市场存在一定的风险和不确定性，影响了社会资本进入应急产业跨界融合领域的积极性，也不利于产业的健康有序发展。

应急产业的跨界融合对于提升应急管理能力和推动产业发展具有重要意义，但同时也面临着技术、利益、人才和政策等方面的局限性。为了充分发挥跨界融合的优势，需要政府、企业、科研机构和社会各方共同努力，加强技术标准制定、利益协调机制建设、复合型人才培养和监管政策创新，促进应急产业跨界融合的持续健康发展。

5.6.3 未来趋势与技术前沿

（1）智能化与自动化趋势

① 智能决策系统。随着人工智能技术的不断发展，未来应急管理将依赖高度智能化的决策系统。这些系统能够实时收集、分析海量的各类数据，包括地理信息、气象数据、人口分布、基础设施状况以及突发事件的实时动态等。通过深度学习算法和机器学习模型，快速

准确地预测突发事件的发展趋势，为决策者提供多种优化的应对方案，并根据实际情况的变化实时调整策略。

② 自主应急机器人。自主应急机器人将成为未来应急救援的重要力量。这些机器人具备高度的自主性和适应性，能够在复杂危险的环境中执行任务，如火灾、地震、爆炸后的废墟搜索与救援、危险化学品泄漏现场的检测与处理等。它们配备先进的传感器，如视觉传感器、热成像传感器、气体传感器等，能够精确感知周围环境信息，并通过人工智能算法进行实时分析和决策。

（2）大数据与精准化趋势

① 大数据驱动的风险评估与预警。大数据技术将使应急管理中的风险评估和预警更加精准和高效。通过整合来自多个领域和渠道的数据，包括社交媒体、物联网传感器、政府部门统计数据等，构建全面、动态的风险数据库。利用大数据分析工具和模型，对这些数据进行深度挖掘和分析，能够精准识别潜在的风险因素和风险区域，提前预测突发事件的发生概率和可能的影响范围。

② 精准应急资源调配。基于大数据的精准应急资源调配将成为未来的发展方向。通过对历史应急事件数据的分析和实时监测数据的反馈，准确掌握不同地区、不同类型突发事件对应急资源的需求规律和特点。在突发事件发生时，能够根据实时的灾害情况和资源储备、分布信息，利用智能算法快速制定出精准的资源调配方案，确保应急物资、救援设备和人员能够在第一时间准确投放到最需要的地方。

（3）物联网与实时化趋势

① 实时监测与态势感知。物联网技术的广泛应用将实现应急管理的实时监测和全面态势感知。通过在城市基础设施、自然环境、工业生产等各个领域部署大量的物联网传感器，如温度传感器、压力传感器、位移传感器、摄像头等，能够实时采集各类物理量和状态信息，并通过无线网络将这些数据传输到应急管理指挥中心。指挥中心可以利用这些实时数据构建可视化的应急态势图，全面掌握突发事件的发展态势，包括灾害的范围、强度、影响对象等信息，为及时、准确的决策提供有力支持。

② 应急响应联动的实时化。物联网技术将促进应急响应联动的实时化和高效化。通过应急指挥系统与各相关部门、单位以及社会力量的物联网设备进行互联互通，开展实现信息的实时共享和协同作业。在突发事件发生时，各部门能够迅速响应，根据实时共享的信息同步开展救援行动。

（4）生物技术与生物安全趋势

① 生物检测与诊断技术。随着生物技术的不断进步，未来应急管理中将出现更加快速、准确、灵敏的生物检测和诊断技术。这些技术将在应对公共卫生事件、生物恐怖袭击等方面发挥重要作用。例如，基于基因测序技术和生物芯片技术的新型病原体检测方法，可以在短时间内对未知病原体进行快速鉴定和基因分析，为疫情防控提供关键的技术支持。同时，便携式、现场可操作的生物检测设备将得到广泛应用，能够在突发事件现场快速进行样本检测，及时获取准确的检测结果，为疫情的早期发现和防控措施的实施争取宝贵时间。

② 生物防护与修复技术。针对生物安全威胁，生物防护和修复技术将不断发展。例如，研发新型的生物防护材料和装备，如具有高效过滤和灭活病原体功能的口罩、防护服等，提高应急救援人员在生物危险环境中的防护能力。同时，生物修复技术将用于应对环境污染和

生态破坏等问题，利用微生物、植物等生物手段对受污染的土壤、水体和空气进行修复和治理，恢复生态平衡。在石油泄漏等环境污染事件中，通过投放特定的微生物菌群，加速石油污染物的降解和转化，降低环境污染的程度和缩小环境污染范围，促进生态环境的恢复和重建。

（5）新能源与可持续发展趋势

① 应急能源保障的新能源应用。在应急能源保障方面，新能源技术将逐渐取代传统能源技术，成为未来的主流选择。与太阳能、风能、水能相关的新能源技术和储能电池将广泛应用于应急发电、照明、通信等领域。例如，在偏远地区的应急救援行动中，便携式太阳能发电设备和储能电池可以为救援设备、临时医疗设施、通信基站等提供稳定可靠的电力供应，减少对传统燃油发电机的依赖，降低能源运输成本和减少环境污染。同时，新能源技术的应用还将提高应急能源系统的可靠性和韧性，在电网遭受破坏等情况下，能够迅速启动分布式新能源发电系统，保障关键应急设施的正常运行。

② 应急产业的绿色可持续发展。未来应急产业将更加注重绿色可持续发展理念的贯彻。在应急产品的设计、生产和使用过程中，将充分考虑环境保护和资源节约的要求。例如，采用可降解材料制造应急防护用品和救援设备，减少一次性塑料制品的使用；推广应急物资的循环利用和回收再制造技术，降低资源消耗和减少废弃物排放。同时，应急产业的发展将与生态环境保护相结合，在自然灾害的恢复重建过程中，注重生态修复和环境改善，实现应急管理与可持续发展的有机统一。应急科技与产业发展正朝着智能化、大数据精准化、物联网实时化、生物技术安全化以及新能源可持续化等方向迈进，这些技术前沿的不断突破和应用将为有效应对各类突发事件、保障人民生命财产安全和社会稳定提供更加坚实的技术支撑和产业保障。

习题5

❓

国家物资储备体系改革实践

（一）基于 SWOT 模型的棉帐篷储备优化路径

案例介绍：

棉帐篷在自然灾害救援等应急场景中应用广泛。可运用 SWOT 模型对棉帐篷储备进行分析，优势方面：棉帐篷具有一定的保暖性和舒适性，适合在低温环境下使用；其材料相对环保，可降解。劣势方面：棉帐篷防水性能有限，在暴雨等恶劣天气下防护效果不佳；储存时占用空间较大，且容易受潮发霉。未来发展方面，随着科技的发展，新型棉织物材料不断涌现，可提高棉帐篷的性能；同时，国家对应急物资储备的重视程度不断提高，为棉帐篷储备优化提供了政策支持。威胁方面：其他新型帐篷材料如轻量化的合成材料帐篷与棉帐篷的市场份额形成竞争；全球气候变化导致极端天气增多，对棉帐篷性能提出更高挑战。

问题：

1. 运用 SWOT 模型分析某一应急物资（如应急食品）储备的现状，并提出改进建议。

2. 简述棉帐篷储备优化对提升我国应急救援能力的重要意义。

3. 棉帐篷储备优化可提升应急救援能力，在自然灾害等紧急情况下，能为受灾群众提供更安全、舒适的临时住所，提高受灾群众的生活质量，体现国家对应急救援工作的重视和对人民生命财产安全的保障，增强国家应急管理体系的韧性。

（二）国产 ECMO 设备应急认证体系取得突破

案例介绍：

ECMO（体外膜肺氧合）设备在危重症救治中发挥着关键作用。过去，我国 ECMO 设备长期依赖进口，价格昂贵且供应不稳定。近年来，国内科研团队和企业加大研发投入，成功实现了国产 ECMO 设备的突破。在应急认证体系方面，相关部门简化、优化认证流程，同时严格把控产品质量，使得国产 ECMO 设备能够快速进入市场，为疫情防控等应急医疗救治工作提供了有力支持。这一突破不仅降低了医疗成本，提高了医疗救治的及时性，还推动了我国高端医疗器械产业的发展。

问题：

1. 简述国产 ECMO 设备应急认证体系取得突破的主要过程和关键因素。

2. 对比国产和进口 ECMO 设备在性能、价格和供应方面的差异，并分析国产设备的发展前景。

参考文献

［1］石佳，郭紫楠，胡向南．复合型灾害中公众多重应对行为特征与影响因素研究［J］．公共行政评论，2024，17（2）．

［2］焦建彬，王海燕，詹伟．应急管理 2.0：基于数字化及多学科交叉融合的智慧应急管理［J］．工程研究，2022，14（1）：40-47.

［3］朱文伟，王增杰．新时代我国面临的风险挑战问题论析［J］．中州学刊，2021（4）：8-13.

［4］伍勇，曲政澍．中国智慧应急研究进展与趋势——基于 CiteSpace 的可视化分析［J］．灾害学，2024，39（3）：214-219.

［5］曹海峰．新兴风险治理体系：框架构建与路径选择［J］．中州学刊，2020（1）：79-86.

［6］王琳琳，秦承志，孙圣君，等．森林火灾应急救援指挥体系机制初探——以山东蒙阴县为例［J］．森林防火，2024，42（4）：89-92.

［7］张伟．新能源火灾应急救援中的人员培训与技能提升策略研究［C］//中国人民警察大学，中国消防协会．2024 年度灭火与应急救援技术学术研讨会论文集-消防队伍建设与能力建设．内蒙古自治区乌兰察布市消防救援支队，2024：3.

［8］赵艳．建筑火灾应急疏散与救援技术研究［C］//中国消防协会学术工作委员会消防科技论文集（2024）——建筑火灾防治技术．河北省廊坊市安次区消防救援大队，2024：3.

［9］刘英华，谭庆全，刘爱华，等．地震应急指挥技术系统自动触发及远程控制功能的实现与应用［J］．防灾减灾学报，2024，40（4）：63-68.

［10］张雪华，许建华，严瑾，等．地震现场应急中的无人机技术应用及趋势——以甘肃积石山 MS6.2 地震为例［J］．四川地震，2024（4）：8-13，46.

［11］赵文强，寇建新，朱笑然，等．复杂地形灾害应急救援机器人综合效能测试评价指标体系构建［C］//中国地震应急搜救中心．中国地震应急搜救中心 20 周年论文集．中国地震应急搜救中心，2024：9.

［12］段俊俊．空天地网一体化智慧监测体系在自然灾害应急处置中的应用［J］．黑龙江科学，2024，15（24）：139-142.

［13］朱先任．关于自然灾害工程应急救援中安全管理工作的实践探究［J］．中国应急管理，2024（11）：75-78.

［14］包晓斌．加快推进自然灾害综合防治体系建设［J］．群言，2024（8）：33-35.

［15］武东军．石油化工企业生产安全管理与应急预案制定［J］．中国石油和化工标准与质量，2024，44（23）：1-3.

［16］王刚，杨志军，弓联兵．公共危机管理［M］．北京：清华大学出版社，2024.

［17］李妮．公共危机管理导论［M］．北京：清华大学出版社，2024.

［18］张志鹏．应急科技发展趋势及对策建议［J］．中国应急管理，2020（3）：45-47.

［19］樊良优，姚小强，王刚，等．基于决策树的指挥控制决策方法［J］．电光与控制，2023，30（7）：73-77.

［20］马宝成．应急管理体系和能力现代化［M］．北京：国家行政学院出版社，2022.

［21］代海军．新时代应急管理法治化的生成逻辑、内涵要义与实践展开［J］．中共中央党校（国家行政学院）学报，2023，27（4）：139-149.